赛迪研究院研究丛书 2023

数据要素市场

全球数字经济竞争新蓝海

王伟玲　王　蕻　贾子君　等　著

电子工业出版社
Publishing House of Electronics Industry
北京·BEIJING

内容简介

当前，数据已经成为数字经济时代的基础性资源、重要生产力和关键生产要素。但整体来看，数据要素市场尚处于探索初期，相关概念不清、总体框架不明、制度规则缺失等问题，阻碍了数据作为生产要素作用的发挥。

本书针对数据要素市场这一热点问题，从概念、总体、制度、生态、技术等不同视角，深入分析数据要素市场建设路径，通过厘清数据、数据要素、数据要素市场三者之间的演进关系，对数据要素市场建设进行深入的总结和思考。本书根据数据要素市场自身特色和运行机理，创新性地构建了数据要素市场"供给、流通、应用、监管、制度、基础设施"六位一体的总体框架体系。本书聚焦数据产权、会计认定、资产登记、定价、收益分配等制度难点和热点，创新性地提出了一套数据基础制度理论，并且对数据要素市场发展生态和技术演进进行了深入研究，以期为数据要素市场建设的各方参与者提供参考和借鉴。

未经许可，不得以任何方式复制或抄袭本书之部分或全部内容。
版权所有，侵权必究。

图书在版编目（CIP）数据

数据要素市场：全球数字经济竞争新蓝海 / 王伟玲等著. —北京：电子工业出版社，2023.6
（赛迪研究院研究丛书.2023）
ISBN 978-7-121-45800-2

Ⅰ. ①数… Ⅱ. ①王… Ⅲ. ①信息经济－经济发展－研究－世界 Ⅳ. ①F491

中国国家版本馆 CIP 数据核字（2023）第 108309 号

责任编辑：管晓伟　　文字编辑：杜　皎
印　　刷：北京天宇星印刷厂
装　　订：北京天宇星印刷厂
出版发行：电子工业出版社
　　　　　北京市海淀区万寿路 173 信箱　　邮编：100036
开　　本：720×1000　1/16　印张：23.25　字数：596 千字
版　　次：2023 年 6 月第 1 版
印　　次：2025 年 1 月第 6 次印刷
定　　价：89.00 元

凡所购买电子工业出版社图书有缺损问题，请向购买书店调换。若书店售缺，请与本社发行部联系，联系及邮购电话：（010）88254888，88258888。
质量投诉请发邮件至 zlts@phei.com.cn，盗版侵权举报请发邮件至 dbqq@phei.com.cn。
本书咨询联系方式：（010）88254460，guanxw@phei.com.cn。

赛迪研究院研究丛书
2023

编委会

主　编：张　立

副主编：刘文强　牟宗庆　胡国栋　乔　标　张小燕
　　　　王世江　高炽扬　秦海林

编　委：王　乐　李宏伟　程　楠　何　颖　关　兵
　　　　韩　健　纪丽斌　杨柯巍　赵芸芸　李艺铭
　　　　邵立国　梁一新　彭　健　王伟玲　林佳欣
　　　　张昕嬙　曹　方　乔宝华　张文会　韩　力
　　　　曹慧莉　路煜恒　魏国旭

数据要素市场——全球数字经济竞争新蓝海

课 题 组

课题顾问

陈煜波　清华大学经济管理学院党委书记、教授
李广乾　国务院发展研究中心研究员
穆　勇　北京市大数据中心高级工程师
齐红威　数据堂联合创始人、CEO
杜小军　北京中润普达（集团）有限公司 CEO

课题负责人

王伟玲　信息化与软件产业研究所数据治理研究室主任、研究员；新型工业化研究所研究员

课题组成员

王　蕤　信息化与软件产业研究所数据治理研究室副主任、副研究员
李书品　信息化与软件产业研究所数据治理研究室助理研究员
高婴劢　信息化与软件产业研究所数字经济研究室主任、副研究员
姚　磊　信息化与软件产业研究所所长、正高级工程师
贾子君　信息化与软件产业研究所副所长、副研究员
蒲松涛　信息化与软件产业研究所副所长、副研究员

序

数字化转型已成为当今世界社会经济发展的主流趋势。在我国，实施国家大数据战略、发展数字经济、建设数字中国已成为国家战略选择，这不仅关乎我国在全球数字经济发展格局中的竞争优势和地位，还关乎我国社会经济的高质量发展以及全面建设社会主义现代化国家的目标实现。发展数字经济的关键是数据的生产要素化，即通过各种手段让数据参与到社会生产经营活动的过程当中。国家高度重视数据要素市场的培育和发展。2019年10月31日，中国共产党第十九届四中全会审议通过的《中共中央关于坚持和完善中国特色社会主义制度推进国家治理体系和治理能力现代化若干重大问题的决定》指出，"健全劳动、资本、土地、知识、技术、管理、数据等生产要素由市场评价贡献、按贡献决定报酬的机制"，首次将数据上升为生产要素。2022年12月2日，中共中央 国务院印发《关于构建数据基础制度更好发挥数据要素作用的意见》，构建了数据基础制度的"四梁八柱"，给出了未来一段时间数据要素市场发展的顶层设计。

在此背景下，《数据要素市场——全球数字经济竞争新蓝海》一书应运而生。本书在对数据要素市场建设现状进行深入总结和系统思考的基础上，以加强数据要素市场理论研究和实践探索为目标，对数据要素市场内涵、作用、总体构成等方面进行了详细阐述，提出从制度、生态、技术等多个视角建立推动数据要素市场建设的施力矩阵。一是要树立总体观，统筹协调好各方资源，将系统性、整体性、全局性思维深深植入数据要素市场建设；二是要树立生态观，摒弃传统生产要素市场发展观，充分发挥生态的牵引作用；三是要树立制度观，建立健全数据要素市场基础性制度体系，为数据要素市场发展提供制度依据；四是要围绕数据全生命周期，开展关键核心技术创新，夯实数据要素市场基础设施建设的技术支撑。

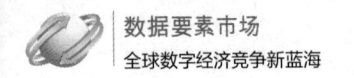

我曾作为主编，和本书课题组主要成员一起编写了《数据治理之论》《数据治理之法》《数据治理之路》丛书，对课题组成员颇有了解。他们多年来一直在数据要素市场这个前沿领域跟踪研究，努力为业界推动数据要素市场建设贡献智慧，对数据要素市场建设具有深刻认知和独到见解。当然，我也深刻地认识到，数据要素化是一件新生事物，数据要素市场建设是一项复杂的系统工程，涉及政策、理论、技术等多个方面，更涉及公共管理、数据科学、产业经济学、法学等多个学科，很难有人能够全面掌握且融会贯通。因此，在事物发展的初期，不同学科的学者从不同的视角开展探索实践是必由之路。就这个意义而言，本书代表了作者从某个特定视角对数据要素化和数字经济发展的认识和思考。我相信，读者一定会从本书中收获良多。

癸卯年孟秋于北京

以数为记，创变未来

数据作为一种新型生产要素，有助于大幅提升我们对人类社会及其运行规律的认识能力和认识水平、优化社会生产和组织方式、创新社会交往和商业模式，持续放大和增强劳动、土地、资本、技术等传统生产要素的生产力，不断改善和发展社会生产关系。在全面建设社会主义现代化国家、向第二个百年奋斗目标进军的历史发展新阶段，深刻认识数据这一新型生产要素的历史意义和社会价值，更好发挥数据要素对提升全要素生产率的积极作用，有助于促进国家数字经济快速转型和升级，深化创新驱动、推动高质量社会经济发展，推进人类社会的数字文明建设，引领创造人类文明新形态。

2019年，中共中央、国务院发布的《关于构建更加完善的要素市场化配置体制机制的意见》中就明确提出，要加快培育数据要素市场，提升社会数据资源价值，建立健全数据产权交易和行业自律机制。在此基础上，2022年12月，中共中央、国务院出台《关于构建数据基础制度更好发挥数据要素作用的意见》，着力构建我国数据基础制度的"四梁八柱"，探索建立保障权益、合规使用的数据产权制度，合规高效、场内外结合的数据要素流通和交易制度，体现效率、促进公平的数据要素收益分配制度和安全可控、弹性包容的数据要素治理制度，有助于激活数据要素潜能，规范数据市场发展，是全球第一份系统培育数据要素市场建设的政策文件，科学回应了数据要素治理的时代之问与实践之问。

奋楫争先立潮头，只顾攀登莫问高。在此大背景下，《数据要素市场：全球数字经济竞争新蓝海》一书随之问世。该书对数据要素市场的本质、机理、构成、生态等方面进行了详尽的阐述，以促进数据要素市场建设为目标，旨在凝聚各方协同挖掘数据潜藏价值，为推进数据要素充分使用、全局流动和有序共享建言献策。全书共二十章，分为概念篇：洞悉数据要素市场本质；总体篇：绘就数据要素市场蓝图；制度篇：夯实数据要素市场制度根基；生态篇：盘活

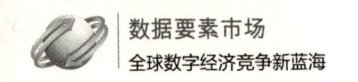

数据要素市场资源；技术篇：强化数据要素市场技术创新。

概念篇由第一章到第三章构成。第一章带领读者走进数据要素市场世界，从数据、生产要素、数据要素等概念内涵出发认识数据要素市场，以解锁数据要素市场认识之谜。第二章从发展意义、发展阶段、发展基础等不同视角，阐述我国数据要素市场发展进程。第三章围绕美国、欧盟、德国、英国、日本等不同国家数据要素市场发展特色，全面展示国际数据要素市场发展态势。

总体篇由第四章到第六章构成。第四章聚焦数据要素市场主体，讲述了不同数据要素市场主体的角色和功能作用。第五章从数据要素市场运行的内在动力、场域边界、市场机制等方面，进一步理顺数据要素市场运行机理。第六章从数据要素市场发展模式、发展定位、发展目标、发展原则、总体构成和推进思路等方面，全方位解析数据要素市场建设的实现路径。

制度篇由第七章到第十一章构成。第七章围绕数据产权制度，以结构性分置运行为基础，创新性提出包括企业数据、个人数据、公共数据的数据权利谱系和数据产权制度建构设想。第八章从数据资产会计认定的内涵、必要性、新进展和制约因素、推进思路等方面，阐述了数据资产会计认定制度。第九章从数据资产登记是什么、为什么、如何做三方面，介绍数据资产登记制度。第十章着重介绍了在数据要素定价影响因素、定价模型等方面，推动数据定价机制不断完善。第十一章从三次分配机制出发，阐述了企业数据、个人数据、公共数据等不同数据收益分配主体及其对应的收益分配方式。

生态篇由第十二章和第十五章构成。第十二章介绍了数据采集、数据标注、数据治理，绘就数据要素市场供给发展态势。第十三章介绍了数据开放共享、数据授权运营、数据交易、数据跨境流动，阐述数据要素市场流通最新发展动态。第十四章介绍了公共数据、企业数据、政企数据开发利用，介绍数据要素市场应用进展。第十五章介绍了数据要素市场监管进展和问题，分析了数据要素市场监管体系。

技术篇由第十六章到第二十章构成。立足数据要素市场发展的"采集、存储、计算、流通、管理、安全"等方面，深刻回答不同环节的技术内涵和演进趋势，以期为数据要素市场技术发展提供指引。

　　该书是一部独具数据要素市场特色的鸿篇巨制，章节结构合理，内容丰富，案例翔实，见解独到新颖，对推进数据要素市场建设具有重要指导价值。新时代孕育新机遇，面对数字化发展浪潮，要贯彻落实国家关于数据要素市场培育的战略部署，促进数据要素市场快速发展。"以数为记，创变未来"，让我们不断进取，共同大力推进数据要素市场建设，为经济社会高质量发展提供不竭动力！

中国人民大学党委常委、副校长　王轶

目录 | Contents

概念篇 洞悉数据要素市场本质

第一章 详解内涵本义：剖析数据要素市场概念特征 / 002
第一节 对数据的理解 / 003
第二节 对生产要素的理解 / 010
第三节 对数据要素的理解 / 014
第四节 对数据要素市场的理解 / 022

第二章 厘清发展脉络：阐述数据要素市场发展进程 / 026
第一节 构建数据要素市场的重大意义 / 027
第二节 数据要素市场的发展刚刚起步 / 030
第三节 我国数据要素市场发展基础扎实 / 032

第三章 瞭望国际形势：捕捉国际数据要素市场发展动态 / 043
第一节 美国：战略统筹，领先全球数据市场 / 044
第二节 欧盟：立法先行，构建单一数据市场 / 050
第三节 德国：开放共享，率先打造数据空间 / 053
第四节 英国：政策加码，积极推动数据开放 / 057
第五节 日本：站位全球，创新设立数据银行 / 063
第六节 韩国：有序布局，持续加强数据监管 / 067
第七节 国外数据要素市场对加快我国数据要素市场发展的启示 / 071

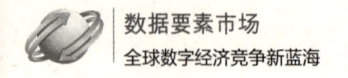

总体篇　绘就数据要素市场蓝图

第四章　数据要素市场之源：剖析市场主体 / 074

第一节　数据要素市场主体概览 / 075

第二节　数据采集加工方初具规模 / 079

第三节　数据开放供给方有序推进 / 083

第四节　数据交易流通方百家争鸣 / 085

第五节　数据开发应用方深入探索 / 089

第六节　数据监管治理方任重道远 / 095

第五章　数据要素市场之道：厘清运行逻辑 / 098

第一节　满足供需是数据要素市场运行的内在动力 / 099

第二节　流通范围是数据要素市场运行的场域边界 / 103

第三节　市场机制是数据要素市场规范运行的依据 / 109

第六章　数据要素市场之榀：构建市场体系 / 113

第一节　数据要素市场发展模式 / 114

第二节　数据要素市场发展定位 / 116

第三节　数据要素市场发展目标 / 120

第四节　数据要素市场发展原则 / 122

第五节　数据要素市场体系总体构成 / 124

第六节　数据要素市场发展总体思路 / 128

制度篇　夯实数据要素市场制度根基

第七章　厘清数据要素市场产权制度 / 134

第一节　建立完善数据产权制度的重要意义 / 135

第二节　数据产权制度的理论基础 / 138

第三节　数据产权制度发展现状 / 139

　　第四节　数据产权制度构建的主要思路与原则 / 140

　　第五节　数据产权制度的主要内容 / 142

　　第六节　我国数据产权制度建设展望 / 145

第八章　明确数据资产会计认定制度 / 149

　　第一节　在会计学意义下数据资产的具体内涵 / 150

　　第二节　数据资产会计认定的具体设想 / 150

　　第三节　开展数据资产会计认定的必要性 / 153

　　第四节　我国数据资产会计认定的新进展 / 154

　　第五节　推行数据资产会计认定的制约因素 / 156

　　第六节　加快开展数据资产会计认定的着力点 / 157

第九章　完善数据资产登记制度 / 159

　　第一节　数据资产登记的具体内涵 / 160

　　第二节　数据资产登记的必要性 / 160

　　第三节　全国数据资产登记的新进展 / 163

　　第四节　推行数据资产登记的制约因素 / 167

　　第五节　加快开展数据资产登记的着力点 / 170

第十章　建立数据要素定价机制 / 174

　　第一节　数据要素定价含义 / 175

　　第二节　数据要素定价机制的影响因素 / 176

　　第三节　基于数据价值和市场评价贡献的定价机制 / 177

　　第四节　数据要素定价机制面临的主要问题 / 183

　　第五节　加快建立数据要素定价机制的三大对策 / 185

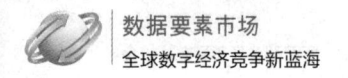

第十一章　设计数据要素收益分配制度 / 187

第一节　数据要素参与分配的历史演进 / 188

第二节　数据要素参与分配的重要意义 / 189

第三节　数据要素收入分配机制设想 / 191

第四节　数据要素参与分配制度的基本框架 / 193

生态篇　盘活数据要素市场资源

第十二章　提高数据要素市场供给品质 / 201

第一节　培育数据采集产业 / 202

第二节　发展数据标注产业 / 209

第三节　提高数据治理能力 / 214

第十三章　激发数据要素市场流通活力 / 221

第一节　加快推动数据开放共享 / 222

第二节　积极探索数据授权运营 / 227

第三节　大力培育数据交易市场 / 233

第四节　审慎推进数据跨境流动 / 241

第十四章　增强数据要素市场应用深度 / 251

第一节　推动公共数据开发利用 / 252

第二节　丰富企业数据开发场景 / 262

第三节　强化政企数据融合应用 / 270

第十五章　完善数据要素市场监管体系 / 278

第一节　完善数据要素市场监管体系的必要性 / 279

第二节　我国数据要素市场监管政策 / 281

第三节　我国数据要素市场监管面临的问题 / 285

第四节　构建完善我国数据要素市场监管体系 / 287

技术篇　强化数据要素市场技术创新

第十六章　增强数据"大体量"采集存储能力 / 292

第一节　数据采集与存储的定义及价值 / 293

第二节　数据采集与存储的发展现状 / 294

第三节　数据采集与存储的技术演进 / 297

第十七章　提高数据"多样性"计算分析水平 / 301

第一节　数据计算分析的定义及价值 / 302

第二节　数据计算分析的发展现状 / 303

第三节　数据计算分析的技术演进 / 305

第十八章　提高数据时效性，共享流通效率 / 310

第一节　数据共享流通的定义及价值 / 311

第二节　数据共享流通的发展现状 / 311

第三节　数据共享流通的技术演进 / 314

第十九章　深入推进数据高质量治理 / 318

第一节　数据治理的定义及价值 / 319

第二节　数据治理的发展现状 / 319

第三节　数据治理的技术演进 / 323

第二十章　加强数据全方位安全保障 / 328

第一节　数据安全保障的定义及价值 / 329

第二节　数据安全保障的发展现状 / 330

第三节　数据安全保障的技术演进 / 333

参考文献 / 338

后记 / 355

概 念 篇

洞悉数据要素市场本质

"搞清本末，认知本源"是理论研究的起点和方法。毛主席说："要完全地反映整个的事物，反映事物的本质，反映事物的内部规律性，就必须经过思考作用，将丰富的感觉材料加以去粗取精、去伪存真、由此及彼、由表及里的改造制作工夫，造成概念和理论的系统，就必须从感性认识跃进到理论认识。"本篇从历史演进视角宏观概括了不同时期的生产要素组成，从数据、生产要素到数据要素，层层深入，由表及里，不断深化对数据要素市场的理论认识，理性辨析我国数据要素市场发展的重要价值、发展脉络和基础条件，并对全球各国数据要素市场发展特色进行对比分析，以期为读者在概念上厘清数据要素市场的本质要义。

第一章 | Chapter 1

详解内涵本义：剖析数据要素市场概念特征

随着数字经济的飞速发展，数据作为生产要素的特征愈发显现。本章从理论视角出发，对数据要素市场发展相关的理论问题进行系统梳理，厘清数据、信息、知识和智慧之间的关系，解构不同历史时期的生产要素构成，对数据、数据要素、数据要素市场进行概念辨析，以进一步明确数据要素市场的核心要义和本质特征。

第一节　对数据的理解

一、数据的概念

数据起源于人类的测量活动，是对客观世界的记录和测量。古代有关于"结绳记事""刻痕记数"的记载。随着文明的发展，人们开发出新的统计和普查方式，用以记录人类社会客观活动，以及在这一过程中产生的数量关系。数据由此成为记录信息的重要载体，主要体现为测量和计算的结果。随着社会逐渐步入信息时代，信息产生媒介逐渐丰富，"数据"包含的内容逐渐增多，基于信息媒介生成的文本、图像、音视频等内容均被纳入数据范围。与测量和计算的结果不同，这些内容是在事物发生过程中形成的，其代表了对客观世界的记录。由此可知，在当前信息社会语境中，数据的来源包括测量的结果、计算的结果和对世界的客观记录。

在计算机科学中，对数据的定义更多从信息技术的视角出发，数据被认为是在记录客观事物时的符号表示，这些符号可被输入计算机中，让计算机识别和处理。数据是数字、字母与符号的集合，是客观事物与主观思维的具体表述，不限于数值，现在常指可由计算机处理的信息单元。作为信息网络科技发展的产物，数据仅表现为存在于计算机网络的由"0"和"1"组合而成的二进制比特形式；除此之外，无论是更高级别的意思表示和语义内容，还是更低级别的物理载体，均不属于数据范围。

综上所述，业界和学术界对数据的定义各有侧重。一方面，数据若想被大范围使用，必须以数字化、可视化的形式呈现，这是数据供机读必备的外在形态。另一方面，数据有价值，是因为其承载着某些客观事实，这是数据的内在实质。因此，我们认为数据是记录或描述客观事物（如事实、事件、事物、过程或思想）的数字化载体，通常表现为无序和未经加工的原始素材。数据可以是连续的值，如声音、图像等，也可以是离散的，如符号、文字等。

二、数据的特征

通常来看，数据主要具有五个方面的典型特征，即规模性、多样性、高速性、精准性和价值性，如图 1-1 所示。

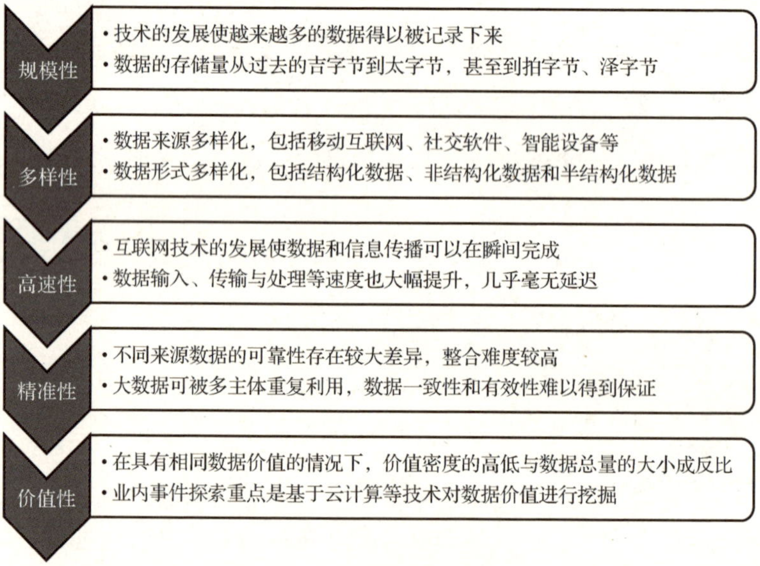

规模性
- 技术的发展使越来越多的数据得以被记录下来
- 数据的存储量从过去的吉字节到太字节，甚至到拍字节、泽字节

多样性
- 数据来源多样化，包括移动互联网、社交软件、智能设备等
- 数据形式多样化，包括结构化数据、非结构化数据和半结构化数据

高速性
- 互联网技术的发展使数据和信息传播可以在瞬间完成
- 数据输入、传输与处理等速度也大幅提升，几乎毫无延迟

精准性
- 不同来源数据的可靠性存在较大差异，整合难度较高
- 大数据可被多主体重复利用，数据一致性和有效性难以得到保证

价值性
- 在具有相同数据价值的情况下，价值密度的高低与数据总量的大小成反比
- 业内事件探索重点是基于云计算等技术对数据价值进行挖掘

图 1-1 数据的典型特征[①]

（一）规模性

规模性指数据量通常较大，而且数据相对完整。在信息技术发展初期，数据的存储技术和存储手段相对不完善，数据难以得到有效保存，因此十几年前保存的数据量相对较小。那时数据通常以模拟信号的形式记录和存储，当其转

---

① 如无特别注明，本书插图内容均由赛迪研究院在 2022 年 12 月整理。

变为数字信号时,不可避免地存在数据的遗漏与丢失。现在,大数据的出现,使信号得以以最原始的状态保存下来。随着互联网、物联网、移动互联技术的发展,人和事物的所有轨迹都可以被记录下来,数据呈现爆发性增长的态势。艾瑞咨询《2021 年中国数据库行业研究报告》显示,2020 年全球数据规模总量为 40 泽字节,到 2025 年全球数据规模总量将达 170 泽字节,约为 2020 年的 4.3 倍。数据相关计量单位的换算关系及其具象体现如表 1-1 所示。

表 1-1　数据相关计量单位的换算关系及其具象体现

单　　位	换　算　格　式	具　象　体　现
字节（Byte）	1 字节 = 8 位（bit）	相当于一个英文字母
千字节（KB）	1 千字节 = 1024 字节	相当于一个短篇故事的内容
兆字节（MB）	1 兆字节 = 1024 千字节	相当于一篇短篇小说的内容
吉字节（GB）	1 吉字节 = 1024 兆字节	相当于贝多芬《第五交响曲》的乐谱内容
太字节（TB）	1 太字节 = 1024 吉字节	相当于一家大型医院中所有的 X 光图片资讯量
拍字节（PB）	1 拍字节 = 1024 太字节	相当于美国所有学术研究图书馆藏书信息内容的 50%
艾字节（EB）	1 艾字节 = 1024 拍字节	相当于全世界人类至今讲过的话语的五分之一
泽字节（ZB）	1 泽字节 = 1024 艾字节	相当于 10 亿块 1TB 硬盘连起来绕地球两圈半

数据来源：赛迪研究院，2022 年 12 月。

（二）多样性

数据的多样性主要体现在来源和形式上。一方面,数据来源多样化,包括互联网、社交软件、智能设备、移动设备、非传统信息技术设备等多种渠道。另一方面,数据形式多样化,主要可分为以下三类：一是结构化数据,主要指数据之间逻辑性较强的数据集,如医疗行业数据、财务管理数据等。二是半结构化数据,如网页文档、邮件等,其特点是数据间的因果关系弱。三是非结构化数据,这些数据之间往往没有明显的逻辑关系,通常以图片、音频、视频等形式存在。

根据国际数据公司（IDC）统计,全球结构化数据仅占全部数据量的 20%,其余 80% 都是以文件形式存在的半结构化和非结构化数据,日志文件、机器数据等占据非结构化数据的 90%。伴随互联网的发展,数据终端也呈现快速增长

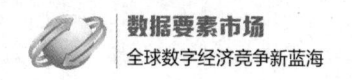

态势，其采集的数据种类和格式多样，且个体在这一过程中同时扮演收集者和传播者的角色，进一步增加了数据的多样性。

（三）高速性

数据的高速性主要体现为数据的高增长速度和高处理速度。传统数据和信息的传播方式多为书信、报纸等，传输速度较慢，难以满足信息实时同步的需求。大数据时代，互联网技术的发展使数据和信息的传播得以在瞬间完成。随着数据生产和传播速度的提高，对数据智能化和实时性的要求也越来越高，对上亿条数据的分析通常需要在几秒内完成。而且，随着通信技术的发展，信息传输正在逐渐提速，数据和信息可以在瞬间无延迟地从提供者传输给接受者，极大地提高了数据的传输效率。

（四）精准性

数据的精准性指的是数据的质量和可信赖性。数据质量是大数据分析和价值挖掘的基础。一方面，大数据具有来源多样、种类各异且规模巨大等特征，不同来源数据的可靠性存在较大差异，整合难度较高，因此在数据分析前需严格把控数据质量，以实现对数据的有效利用和充分挖掘。另一方面，大数据具有非耗竭性，可被多个主体重复利用，在这一过程中不同类型数据在多个业务场景中被反复使用，数据的一致性和有效性难以得到保证。对于通过外部手段获取的数据来说，难以对其质量进行把控。因此，数据使用者可能面临内部与外部数据标准和质量不统一的情况，在使用前需对数据进行权衡和处理，使之保持一致。

（五）价值性

价值性是数据最为核心的特征，在具有相同数据价值的情况下，其价值密度的高低与数据总量的大小成反比。这就是说，数据价值密度越高，数据总量越小；数据价值密度越低，数据总量越大。任何有价值的信息提取，都是依托海量的基础数据完成的。在大数据背景下，如何通过强大的机器算法迅速地在海量数据中完成对数据的价值提纯仍是悬而未决的问题。数据的规模性导致数据集通常体量巨大，挖掘和利用这些数据如同沙里淘金。现阶段，我国已形成了海量的数据积累，当前业内实践探索的一个重点就是依托云计算、智能化开源平台等技术，对数据进行挖掘，提取出对个人、企业和政府有用的内容，并将相关内容转化成知识或规律，辅助决策，进而实现数据价值生成。

三、数据、信息、知识和智慧之间的关系

对数据的理解离不开将其与信息、知识和智慧等相关概念进行辨析。1989年，罗素·艾可夫提出了数据—信息—知识—智慧模型，如图1-2所示。该模型表明，数据、信息、知识和智慧之间存在逐级递升的关系。简单来说，即从原始观察和度量中获得数据，数据经过认知处理后成为信息，在行动上对信息加以利用形成知识。数据是对客观世界的记录，是信息的原材料；信息是知识的来源，将信息与经验、已有知识、理解力相融合，就能够提炼出规律，将信息上升为知识；智慧则是合理利用知识做出决策的能力。由此可见，数据具有明显的人类认知属性。

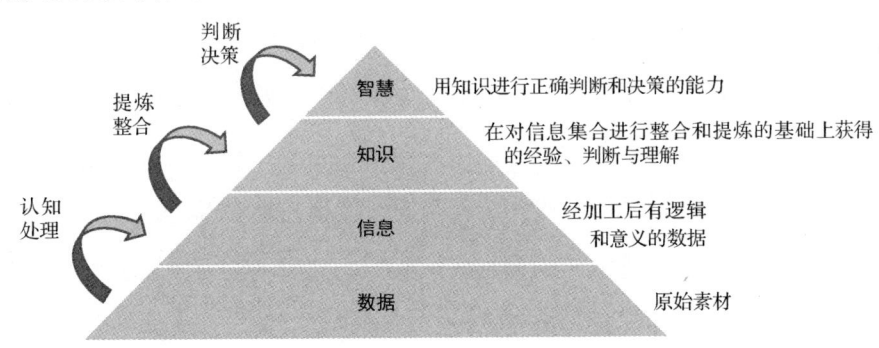

图1-2 数据—信息—知识—智慧模型

（一）数据兼具资产属性和人格属性

不同于传统要素，数据要素同时具备两种属性特征。一方面，数据可存储、转移，类似商品，具有开发利用价值，能够为持有主体带来收益，且价值和成本可以被有效衡量，因此可以成为数据资产。同时，数据也是客观世界在赛博

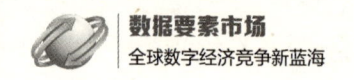

(cyber)空间的虚拟映射，具有虚拟性。另一方面，数据反映了人类社会的社会关系，包含身份特征、生物信息等人格属性。数据可积累，在物理上不会消减或腐化。

（二）人类对信息的认识迥异

"信息"一词被广泛地应用在人类社会生活和科学研究的各个领域，与信息有关的研究最早始于通信学。著名学者香农和布里渊均认为，信息是用以消除不确定性的一种事物，并从信息的组织度和有序度两个层面对信息进行了解读，认为信息有助于解决沟通和传输过程中的有关问题。在管理学领域，学者提出了"信息链"概念，信息链包含"事实—数据—信息—知识—智能"五个要素，其中信息作为其中的一个环节，是数据和知识之间的过渡。还有学者对信息概念提出了不同见解。达文波特认为，信息是有所加工和变化的数据。德鲁克则认为信息是一批承载特定目的且彼此之间具有相关性的数据。涂子沛综合国外学者的相关理解，提出信息是能够反映特定背景的数据。基于上述学者的研究，我们认为，信息是一批承载特定目的和意义的有序排列的数据集合。

（三）不同领域从不同视角对知识的概念进行界定

对于知识的概念，不同领域具有不同的见解。从管理学视角出发，其更强调知识承载的经验和见解，知识被认为是一种加工后的智力成果。达文波特认为，知识包含人们在日常生活中积累的经验、价值和信息等，同时涵盖了关于专家学者等人的一些独到见解、经验总结等。日本学者野中郁次郎等分析信息、知识的差异，认为知识不同于信息，其包含表达者的特定意图、视角或立场。还有学者从情报学视角出发，对知识的概念进行了辨析。例如，布鲁克斯提出"知识方程"的概念，认为知识是在情报的逐步累积中形成的，反映了不同事物之间的内在联系。董小英认为，知识是对信息的加工和重构，是在分析特定问题的基础上形成的一套解决问题的方案。

（四）数据、信息和知识是层层递进的关系

数据是底层的原材料，其体现的是记录客观世界形成的一些素材。在数据的基础上，加入相关背景便形成信息。而知识则是在信息的基础上加入思考和见解，并与已有的经验和信息相融合形成的，是对事物之间联系的反映。在大数据时代，人们对上述概念之间的辨析并未形成清晰的共识，且随着大量数据的积累，数据承载和体现的信息也逐渐增加，因此有的时候人们将数据和信息相互替代。知识则是以数据和信息为原材料，在两者基础上进行加工和整理，加入见解和观点形成的。知识的生成过程严重依赖个体的经验和思维，但随着技术和算法的不断发展，基于相关技术也可以实现对数据信息的融合加工，进而生成知识。

总的来看，数据、信息、知识与智慧处于对内容理解的不同层面，呈现递进的关系。作为原材料输入的数据，通过一系列处理加工后形成信息、知识和智慧，进而创造价值。

数据、信息、知识和智慧概念的辨析如表 1-2 所示。

表 1-2 数据、信息、知识和智慧概念的辨析

辨析维度	数据	信息	知识	智慧
记录事物	√	√	√	√
建立联系		√	√	√
提炼规律		√	√	√
提供解释		√	√	√
积累经验			√	√
反馈实践			√	√
辅助决策				√

资料来源：赛迪研究院，2022 年 12 月。

1. 智慧、知识、信息和数据的口径依次从窄到宽

从数据中可以提取出信息，从信息中可以总结出知识，从知识中可以升华出智慧。这些提取、总结和升华的过程都不是简单的机械过程，要依靠不同方法论和额外输入，如应用场景和相关学科的背景知识。因此，信息、知识和智

慧尽管属于数据的范畴,却是"更高阶"的数据存在形式。

2. 数据是观察、记录的产物,是信息、知识、智慧的基础

在上述四种概念中,数据是最基础的,是信息、知识、智慧的来源。数据本身是在客观世界中对事物进行描述和记录产生的。观察是获取数据的一种重要手段,其通常包含相应的符号表达,如度量单位。从客观形态来看,通常需要依赖特定载体和介质来存储数据。过去,数据通常是非数字化的,大多数记录在纸和竹简等物体上;近年来,随着大数据的兴起,大多数数据都呈现数字化形态,以二进制的形式存储于相应介质中。

3. 数据上升为信息、知识和智慧,需经过处理、归纳和演绎

数据是反映客观事物属性的记录,是信息的具体表现形式。数据经过加工处理之后,就成为信息;信息是有组织和结构化的数据,与特定目标和情景密切相关。信息经过归纳演绎后形成知识,而智慧则是在知识的基础上升华形成解决方案的能力。知识和智慧均是对信息中有价值部分的挖掘。

第二节 对生产要素的理解

一、生产要素的概念

要素是指构成事物和系统的必要因素和组成部分,生产要素是生产系统的组成部分,是维持企业生产经营活动必须具备的基本因素。生产要素,又称生产因素,指进行物质生产必需的一切要素及其环境条件。从经济学视角看,生产要素至少有两层含义:一是生产要素能为经济增长做出贡献;二是生产要素能参与收入分配,从而建立起"由市场评价贡献、按贡献决定报酬"的要素市场化机制。根据马克思主义政治经济学,生产要素是构成生产力的各种要素,包括劳动者与生产资料(劳动资料和劳动对象),二者的结合是人类进行社会生产必须具备的条件。简单说,生产要素是人类进行物质资料生产必需的各种经济资源和条件,主要包括劳动力、土地、资本、技术、数据等。

二、生产要素的历史演进

从理论发展来看,生产要素经历了一个不断充实完善的过程,其类型跟社会发展阶段相适应。在不同的人类历史发展阶段,生产要素的构成有所不同。结合历史的发展实践和经济学理论的演化进程,不难发现,生产要素的内涵随经济社会的发展不断深化。纵观经济理论的历史发展,每一轮生产要素的内涵延伸都伴随着科技和产业的重大发展和变革。从农业时代到蒸汽时代、电气时代,再到数字经济时代,生产力不断进步,生产关系随之改变,生产要素也随之更新,并在不断发展中形成新生产要素体系和制度理论。

(一)农业时代生产"二要素"论

在第一次工业革命前,人类长期处于农业经济时代,土地和劳动力是最重要的生产要素。古典经济学家威廉·佩蒂在1662年出版的《赋税论》中最早提出劳动价值论,他认为"劳动是财富之父,土地是财富之母",指出财富生产所需的土地和劳动两种要素。在这一时期,土地和劳动力两大生产要素具有很强的竞争性。随着人口要素的不断增加,生产用地被占用,因此从演进来看,土地和劳动力呈现非此即彼、难以复用的特点。

(二)蒸汽时代生产"三要素"论

18世纪60年代,经济社会由农业时代逐渐迈入蒸汽时代,其标志性事件为珍妮纺纱机和瓦特蒸汽机等的发明。这些技术的产生,将人类从传统手工农作等劳动中解放出来,在生产生活中开始大规模使用机械化工具,经济社会正式从农业经济社会转向工业经济社会,而在这一转变过程中,资本的重要性日渐凸显。亚当·斯密、大卫·李嘉图等早期的政治经济学家将土地、劳动力和资本定义为生产的"三要素"。劳动分工和有形资本积累成为驱动经济增长的关键所在。哈罗德-多马模型等现代增长理论更是认为资本是经济增长的关键要素。

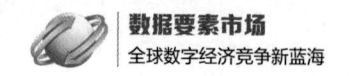

(三)电气时代生产"四要素"论

第三次工业革命时期,计算机和通信等科学技术不断进步,加速了经济、贸易和产业分工的全球化。美国大力发展计算机和通信等科学技术,逐步占据世界领先地位。各个国家的实践表明,经济增长的速度快于要素投入增长的速度。罗伯特·洛发现,有些增长是用传统要素理论解释不了的,这个解释不了的部分被称为"索罗残差"。对此,最有影响的解释是"科技进步"。经济学家认为,科技进步提高了全要素生产率。因此,科学技术作为一种要素逐渐浮出水面。经济学家安格斯·麦迪森说,技术进步不应局限于机器制造上的进步,而应该包括管理、组织和农业耕作方面的创新。随着认识的不断深化,技术进步的外延也不断扩展。"科学技术是第一生产力"的论断也逐步形成。土地、劳动力、资本、技术"四要素论"受到广泛认可。

(四)数字经济时代生产"五要素"论

现在,信息通信技术的快速发展催生了海量数据,数据作为生产要素的经济社会价值日益显现,以一定形式记录和保存的可由机器读取的数据形成了数据资源,数据资源作为要素投入社会生产过程,形成数据资产。例如,2012年成立的字节跳动公司,凭借其全球150个国家19亿用户产生的数据,2020年主营业务收入达2366亿元,其中广告收入占比为74%,充分印证了数据的价值创造能力。因此,数据要素被列为新型生产要素,正在成为驱动经济社会发展的重要力量;数据要素市场也被列为要加快培育的五大核心生产要素市场之一。

三、传统生产要素的内涵要义

(一)土地要素

从广义上讲,土地要素表现为多种形式,包括农业用地、商业房地产,以及在特定土地上可利用的资源等。例如,从土地中开采和提炼石油、黄金等自然资源,可供人类消费;农民在土地上种植农作物,可以增加其价值。早期的法国经济学家认为,土地上升为生产要素的主要原因是土地可以产生经济价值。

尽管土地是大多数企业必不可少的组成部分，但不同行业土地要素的重要性存在显著差异。

（二）劳动力要素

劳动力是指个人为将产品或服务推向市场而付出的努力。早期政治经济学家认为，劳动力是经济价值的主要驱动力。工人的工资和时间取决于他们具备的技能和经受的培训。未经训练工人的劳动通常以低价支付，熟练和训练有素的工人被称为人力资本，他们获得的收入更高，因为他们给工作带来的不仅是简单的劳动力，还包括其自身的技能。在人力资本丰富的国家，生产力和生产效率更高。

（三）资本要素

在经济学中，资本通常是指金钱。但是，金钱不是生产要素，因为它不直接参与生产商品或服务。资本要素指的是通过直接或间接形式，投入产品、劳务或生产过程中的金融资产。企业所有者能够使用资本要素购买货物和土地，或支付工资，从而有利于生产经营有序推进。对于现代主流经济学家来说，资本是价值的主要驱动力。资本要素通过影响劳动就业、技术进步、产业结构调整、资源配置等对经济发展产生促进作用。

（四）技术要素

所谓技术要素，是指在物质生产和价值创造中发挥关键性独立作用的科学知识、技术经验等。从技术要素的本质和属性来看，技术要素与其他生产要素不同，并没有成为一种独立的生产要素，通常不具有具象形态，需要依附特定载体，作用于人或物来间接参与生产。因此，技术要素常常无法如普通生产要素一样，可以剥离与依附者的关系进行价值交换，这是发展技术要素市场与发展土地、资本、劳动力和数据等要素市场的关键不同之处。

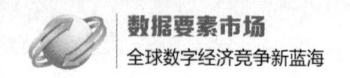

第三节　对数据要素的理解

一、数据要素的概念

从要素的发展视角来看，每一次新学科和新见解的出现都会带来一次关于这门学科的术语革命。纵观生产要素的历史进程，几乎每一种要素在其产生和发展初期均经历了重大社会变革和运动，同时伴随着战争和动荡，且大多数生产要素是在生产力和生产关系的矛盾运动中产生的。当前，全球面临新一轮的产业革命，数据在全球经济跃升中的重要性日益凸显。

从理论演绎来看，拜尔齐在1981年指出，一种资源能否被视为生产要素取决于以下六个标准。

（1）存在供给；

（2）存在需求；

（3）有交易价格；

（4）存在相对完善的市场体系；

（5）与其他生产要素结合时能够增加产出；

（6）资源的贡献递减。

尽管数据资源目前尚未形成完善的市场体系，也缺乏流通与交易的基本理论、定价方法，但在大数据时代背景下，数据存在丰富的供给，对数据的需求更是与日俱增，而且数据还能够有效提高土地、劳动、资本等传统生产要素的生产效率。另外，与拜尔齐的标准不同的是，因协调性、自生性等不同于传统生产要素的特性，数据要素的规模报酬可能呈现出递增趋势。可以看出，数据资源上升为生产要素，仍有一些基础性理论有待进一步破题。从实践发展来看，欧美尚未将数据上升为数据要素，更多从产业本身出发，注重发挥数据在经济转型升级和产业结构调整中的重要作用。党的十九届四中全会首次提出将数据纳入要素范畴，参与生产和分配。由此可以认为，全球对数据要素的概念认识仍处于初级阶段。2020年3月，中共中央、国务院印发的《中共中央 国务院关于构建更加完善的要素市场化配置体制机制的意见》中，在传统的土地、劳动力、资本和技术"四要素"的基础上，将数据作为第五大生产要素。

关于对数据要素的概念界定，业界也进行了广泛的探讨。中国宏观经济研究院研究员王磊等认为，数据要素是在生产和服务过程中作为生产性资源投入，创造经济价值的数字化信息、数据和知识的集合。北京理工大学教授刘新刚等认为，数据要想成为一种生产要素，需要具备两个基础：一是数据体量要大，二是数据要素需经过处理。数据只有经过数字化处理，根据不同用户的需求，围绕大数据基础资源进行清洗、分析、建模、可视化等操作，才可以转化为生产要素，而不是如土地、技术、劳动力那样可以直接投入生产领域。因此，没有经过数字化处理过的数据不是数据要素。中国人民大学教授杜小勇则强调数据要素的资源属性和资产属性，他认为数据要素作为市场中的一个新要素，与其最相像的类比研究对象就是石油这样同时具有资源属性、资产属性、产品货物属性的对象。华东政法大学教授高富平认为，数据价值源自其可以用来分析、支持企业快速、精准和正确决策，使企业在经营管理中得以运用信息通信技术而产生新发现。数据成为生产要素，并不意味着数据可以作为生产资料或原材料，而在于数据的分析价值，从数据中可以挖掘出新知，从而对客观世界进行更加全面、精准的观察分析和预测，并成为新知识来源。数据生产要素在本质上是数据智能价值在经济活动及整个社会运行和管理中的应用，能够提高经济效率和社会效率。

综上所述，目前业界关于数据要素概念的主要争议点有以下两个。

第一，数据是否可以直接作为生产资料。这一观点的前提是大量数据是脏数据，本身价值密度较低，正因为其质量参差不齐，才为数据清洗、数据质量评估等数据治理工具创造了市场空间，所以数据本身是一种生产性资源，其价值并非局限在应用环节，其对不同主体的加工价值有所不同。

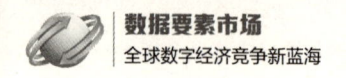

第二，数据是否只有体量大才能要素化。应用场景决定所需数据的规模，在一些小场景中没必要追求大数据。在大数据日益盛行的今天，"小数据"也有合理的发挥空间。

综上所述，我们认为，数据要素是指在生产和服务过程中作为生产性资源投入，参与经济价值创造的数字化数据、信息、知识和智慧的集合，是随社会生产力发展和生产关系变革再生分化出来的新兴生产要素。进一步理解数据要素，需要注意以下三点。

第一，数据不是天然生产要素，而是生产力发展到一定阶段的产物。数据只有大规模参与社会生产，才能凸显其生产要素的价值和地位。在数据背后反映的是时代的变迁和技术的变革。

第二，数据以数字化形态存在，作为现代科技的衍生品，其本质是人类所有社会关系的数字化映射。没有互联网、计算机、传感器等信息技术工具的应用，数据不会如此方便地汇聚和流通。任何一种生产要素在量上的积累，必然会对社会生产生活带来巨大的影响。

第三，数据是一种重要的生产资源。数据虽然形态是虚拟的，不像土地要素拥有确定性的实体，但不影响它参与社会经济运行的资源价值。数据成为生产要素，是由于新一代信息技术革命。依赖数据采集技术和互联网技术，消费者、经营者或投资者等相关主体的行为数据，均可以被实时、精准地记录，进而成为用于生产、经营和投资决策的资源，这是数据作为生产要素创造价值的重要依据。

总的来看，数据资源是能够参与社会生产经营活动、可以为使用者或所有者带来经济效益、以电子方式记录的数据。数据与数据资源的区别主要在于数据是否具有使用价值。数据要素是参与社会生产经营活动、为使用者或所有者带来经济效益、以电子方式记录的数据资源。

数据要素及相关概念辨析如表1-3所示。

表 1-3　数据要素及相关概念辨析

概　念	内 涵 实 质	辨　析
数　据	所有能够输入计算机程序处理、反映一定事实、具有一定意义的符号介质的总称，包括文本、图像、音频、视频等	数据既可以是终端产品，也可以是转化为数据要素前的原始性资源
数据资源	指能够参与社会生产经营活动、可以为使用者或所有者带来经济效益、以电子方式记录的数据	能够产生经济价值的数据才能叫作数据资源
数据要素	指创造经济价值的数字化数据、信息、知识和智慧的集合，是随社会生产力发展和生产关系变革再生分化出来的新兴生产要素	数据要素是数据经数字技术采集和处理后，转化成的生产性投入，是数字经济时代的关键生产要素

资料来源：赛迪研究院，2022 年 12 月。

二、数据要素的特征

（一）数据要素的技术特征

1. "大数据"为其主要形态

近年来，数据逐渐被视作新的生产要素，是信息化发展到大数据阶段的必然结果。自 20 世纪 70 年代以来，以互联网、大数据、云计算等为代表的现代信息技术加速演进，信息基础设施持续完善和智能联网设备大规模普及，人人成为数据生产者，使人类数据采集规模、数据处理技术、数据价值创造能力均实现爆发式增长，推动数据成为新的战略性资源和生产性要素。

2. 高度依赖网络设施载体

数据要素本身依托网络空间产生、存储和流通，移动互联网、物联网、工业互联网等信息技术不断发展，相关基础设施不断完善，为数据的采集、存储提供了极大的便利，为数据要素在人、机之间的流转交互提供了良好通道。华为《全球产业展望 GIV2025》白皮书指出，从 2018 年至 2025 年，预计全球互联网用户数将从 43.9 亿人增长至 62 亿人，所有联网设备总数将从 340 亿台增长至 1000 亿台。网络基础设施不断完善，联网用户和联网规模快速增长，带动全球数据资源总量和数据流量迅速增长。

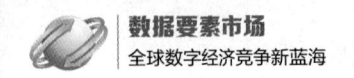

3. 拓展融合创造价值

数据的来源渠道多种多样，而且数据本身类型复杂，既有传统的文本、图像等数据，也有语音、视频等半结构化或非结构化数据。数据来源和表现形式的多维与复杂使数据在保持其所含信息异质性的同时，又保持了彼此之间的不可替代性。此外，数据的丰富性也提高了数据应用的拓展性，数据的价值得以在定制化和个性化的需求中得到释放，但也为数据要素的聚合利用提出了更高的要求。与土地、劳动力和资本等传统生产要素的拓展性相对有限不同，数据具有更强的拓展性。基于大数据、云计算、人工智能等技术，数据可以与各行业融合拓展，与传统行业结合，为传统行业赋能。将数据转变为生产资料，可以提高传统产业全要素生产率，提高社会总经济价值。

（二）数据要素的经济特征

1. 非稀缺性

数据要素与其他生产要素不同，其体量可以无限增长，在生产加工过程中可以不断采集开发。同时，数据参与生产之后仍然存在，在使用过程中也不会像厂房、机器等资源一样产生折旧和损耗，可以无限重复加工使用，而且数据总量成倍增长。数据要素的这一特性导致其边际成本极低，而边际收益极高。

2. 非均质性

资本、劳动力等传统生产要素具有一定的均质性。资本之间没有本质区别，劳动力之间尽管有明显差别，但这种差别只在一定范围内存在，均质性仍然比较明显。数据要素则与上述要素完全不同，截然不同的生产价值可能被同一种形式的数据包含，同时每一单位数据对不同主体的效用不同，难以对数据要素统一评估定价。

3. 非排他性

区别于传统生产要素的显著排他性，数据要素具有很强的非排他性特征，即可复制、可共享、可交换、可多方同时使用，共享增值。数据要素可以无限复制给多个主体同时使用，各使用主体之间互不排斥，也互不干扰。很多数据属于公共产品，可以由任何人出于任何目的自由使用、改造和分享。正因为如此，数据要素可能产生巨大的规模经济、范围经济和网络效应。同时，正是由于数据要素这一准公共品的特征，需要建立分置运行的数据产权制度，以鼓励更多的技术产出，并保护不同主体的数据权益。

4. 非竞争性

数据要素虽然具有较高的开发成本，但可以在同一时点被多个不同主体在不同场景中使用，而且使用者的边际成本不断递减。这就是说，数据可以被重复使用，或由不同人在同一时间使用，而且不会降低数据质量或容量，因此具有非竞争性。当一个人消费某种数据产品或服务时，不会减少或限制其他人对该数据产品或服务的消费。同时，随着数据产品消费者的不断叠加，每增加一个消费者，都会带来边际成本的下降，最终趋近于 0。

5. 时效性

数据可以实时产生、采集、共享及分析利用，其价值会随着时间的推移而发生改变。时效性是数据要素价值的重要保证，通过对数据的实时分析能够使碎片化的数据发挥出更大的价值。对于那些时效性特别强的数据来说，在某些时间节点之后，其价值会断崖式下降。

6. 不确定性

数据只有在加工和使用后才具有价值，数据资产的价值具有用户异质性，相同的数据可能因为不同的使用目的、经过不同的加工和处理而实现不同的价值，产生完全不等价的效益。数据资产提供的预期经济效益受时间、经济、社会等多种因素的影响，存在很大的不确定性，很难对未来潜在的价值直接计量清楚。

7. 非耗竭性

数据可以重复使用，可以组合，可以再生，在合理运维的情况下可以永远使用。数据要素的易复制性，使其可以被重复使用和任意组合。数据要素是可以再生的，对其开发利用的过程，在本质上就是一个不断产生信息和知识的过程。数据要素的价值在动态使用中得以发挥，不仅不会发生损耗，而且还可以实现增值。

三、数据要素与传统要素的区别和联系

理解数据要素的本质，需要将其与其他生产要素对比，以便更好地明确其定位。数据要素与传统要素对比如表 1-4 所示。

表 1-4 数据要素与传统要素对比

对比项	土地	劳动力	资本	技术	数据
提出时间	农业时代	农业时代	蒸汽时代	电气时代	数字时代
要素形态	实物形态	实物形态	实物形态	虚拟存在	虚拟存在
要素主体	主体单一	主体单一	主体多样	主体多样	主体复杂
权属界定	权属明晰	权属明晰	权属明晰	权属明晰	权属复杂
关联融合	相对独立	部分融合	部分融合	部分融合	紧密融合
资源稀缺性	稀缺	稀缺	较为稀缺	较为稀缺	非稀缺
资源均质性	较为均质	较为均质	均质	较为均质	非均质
资源排他性	排他	排他	排他	非排他	非排他
规模经济性	无规模经济	无规模经济	无规模经济	规模经济	强规模经济
范围经济性	不明显	不明显	明显	明显	十分明显
个人隐私安全性	不涉及	不涉及	不涉及	部分涉及	严重涉及

资料来源：赛迪研究院，2022 年 12 月。

（一）在提出时间方面，数据要素的提出时间较晚

数据要素价值凸显，只是随着移动互联网、传感器等新一代信息技术的大范围应用才开始出现，从某种意义上说，数据是后技术时代的衍生品。

（二）在存在形态方面，数据要素依托平台，以虚拟化形态存在

土地、劳动力、资本等要素是实物资产，可见、可计量，在要素市场里都有统一的实体形态。而数据要素以电子化、数字化形态存在，其本质是"0"和"1"的排列组合，形态多样，而且很难标准化。

（三）在数量方面，数据要素具有非稀缺性和非排他性

土地、资本等要素具有明显的稀缺性，其总量是有限的，而数据要素随着人类活动的持续进行，源源不断地产生，其总量趋于无限。卖方可复制数据，意味着同一个数据可以无限供应；买方可复制数据，将增加数据交易追溯的难度。

（四）在产权关系方面，数据要素权属关系复杂

土地等要素可以通过制度安排，清晰确定产权归属，但数据主体的多元性与数据自身的非排他性、可分割性、技术依赖等特征使数据产权不能同普通物品一样按经典产权理论划分，需平衡多方利益，构建多权分置运行的产权制度。

（五）在作用方式方面，数据要素具有超强渗透性

当前，第五代移动通信技术（5G）、大数据、人工智能、区块链等技术加速向各行业融合渗透，数据赋能、赋值、赋智作用日益凸显，其应用场景不断拓展。数据要素在增加就业和提高生产效率、推动经济增长方面的作用将持续发挥。

（六）在经济特征方面，数据要素具有规模经济性和范围经济性

规模经济性是指当数据要素规模达到一定的水平后，能够产生巨大的经济价值。范围经济性是指数据要素之间的重组、整合和优化，将创造比单个数据集更大的价值。

（七）在安全方面，数据要素流通涉及个人隐私及安全

数据已经渗透到经济社会各个领域，可能涉及个人隐私及敏感信息，一旦被泄露、非法提供或滥用，极可能危害个体人身和财产安全，甚至危害国家安全。而土地、劳动力、资本、技术的流通，一般不会危害个人隐私。

作为世界数据大国，我国拥有庞大的数据体量、较为先进的数字技术、巨大的人口数量，以及雄厚的制造业基础。经过不断的发展和转型，在经济社会中传统的人口红利正在逐渐演变为新型的数据红利。只有充分认识和了解数字经济的发展趋势，认清数据是发展数字经济的关键要素，加快传统生产要素与

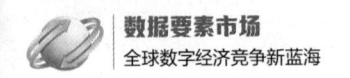

数据要素的融合，加强数据要素市场化配置，保障数据要素市场高效运行和稳定发展，才能最大限度地激活和释放数据要素的价值。

第四节 对数据要素市场的理解

一、市场的定义

对市场的定义可追溯到古代的物物交换。古代人类开展物物交换基于特定场所和固定时间段，这便是早期市场的雏形。从狭义概念来看，市场主要指商品交换的场所。狭义市场概念仅包含场所，但从广义来看，市场概念除包含商品交换的场所外，还包含买卖双方的经济关系。广义的市场概念有两种含义，一是交易场所，二是交易行为。商品和市场天然联系在一起。所谓商品，是指为了出售而生产的劳动成果，是用于交换的具有明确产权的劳动产品。

市场类型的划分是多种多样的。从交易对象的属性及其在社会生产过程中的作用出发，可以把市场划分为产品市场和要素市场两大类。其中，生产要素市场属于生产资料市场，包括土地市场、劳动力市场、资本市场、技术市场、数据市场；产品市场更加侧重消费品市场。生产要素通过市场配置社会资源，有助于形成有效的生产要素价格及其机制。

二、数据要素市场的定义

数据要素市场是数据要素在交换或流通过程中形成的市场，既包括在数据价值化过程中的交易关系或买卖关系，又包括这些数据交易的场所或领域。数据要素商品化、社会化后，才能形成数据要素市场，即数据要素市场是从数据要素到数据产品的形成过程。作为原材料，数据只有通过人类加工，将数据要素转化为各种数据产品，进而拿到市场交换，才能成为具有一定价格的可交易的数据商品。数据商品通过交换转化为货币。交换是数据产品变为数据商品的必要条件，只有通过交换产生数据权属的转移，才能实现数据商品的使用价值和价值的置换。

数据要素的买卖，不是买卖数据的持有权，正如劳动力要素的买卖不是买卖某个劳动力个体，而是对劳动力在一定时期内使用权的交易。发展数据要素市场，首先要有大量的数据产品，有了数据产品才能进行数据交易，才能形成数据要素市场。而交易的前提是产权明晰，因此需要首先基于数据性质，明确数据产权归属，建立数据产权制度。

三、数据要素市场的特征

数据要素的独有特征使数据要素市场具备一些不同于其他要素市场的特点。

（一）数据要素市场需求多样化

由于数据采集手段不断增加，数据要素具有较强的非稀缺性、非耗竭性，可以说是取之不尽、用之不竭。数据量大且涉及面广，涉及经济社会的方方面面，这就导致数据要素市场具有需求多样化特征。

（二）数据要素市场参与主体多元化

由于数据本身具有非竞争性、可复制性，同一数据或涉及多个主体、多种权属，导致数据要素市场具有主体多元化、权属关系不清的特征。

（三）数据要素市场联动性强

与传统的要素市场相比，数据要素本身流通性较高。数据要素在不同部门、不同机构及不同行业间流通和交易，实现数据价值离不开高度协同联动的市场环境。

四、数据要素市场与传统要素市场的差异

数据要素市场既存在由于数据要素与传统要素的区别引发的市场结构方面的差异，也存在数据作为一种新事物带来的市场理念和规则方面的差异。

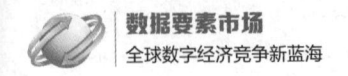

（一）市场结构的差异

从劳动对象结构来看，数据要素市场涉及的主体比较多元，通常涉及双边甚至多边关系。对数据要素来说，其控制者可能涉及多个主体，主要包括第三方生产者和个体两类，需将二者同时纳入经济分析过程，驱动数据要素市场不断拓展，并逐步形成双边甚至多边市场模式。而传统生产要素控制者多为单个主体。从技术结构来看，数据要素市场通常为技术密集型，其参与生产的过程需要技术和相关基础设施的辅助，且技术和基础设施的水平影响生产能力。因此，在数据要素市场建设中，技术和相关基础设施的建设必不可少。而除技术要素外的其他传统生产要素对技术及相关基础设施的要求不高，大多数可独立参与生产活动。

（二）市场理念的差异

数据的价值最终体现为对数据进行挖掘分析形成的洞见、预测和新知被应用于社会各行各业，提高整个社会经济的生产力。数据的生产和流通是数据要素市场建设的重要内容，但并不是最终目标，最终目标服务于整个社会经济数字化、智能化转型发展。因此，数据要素市场发展的核心不在于数据本身的流通，而在于数据内包含的信息和价值的流通，以此促进各类企业创新，在总体上提高社会福利。这与有些传统要素市场以要素本身流通为核心的理念是不同的。

（三）市场规则的差异

数据要素具有非稀缺性和非排他性，形态多样，而且很难标准化，其流通涉及个人隐私和国家安全，因而传统要素的市场规则不完全适用于数据要素市场。例如，数据具有非稀缺性和非排他性，容易出现交易争议和数据被滥用。数据要素流通要做到可追溯、可审计，需要区块链、隐私计算等新一代技术作为保障，以促进数据流通中的争议、安全和隐私保护等关键问题的解决。但是，数据形态多样且很难标准化，很多数据来源于个人，个人对来自自身的数据有掌控权，个人过度控制，会阻碍数据的流通，因此很难建立类似土地等传统生产要素的产权制度。

综上所述，完善的数据要素市场是建设统一开放、竞争有序的社会主义市场体系的重要部分，是坚持和完善社会主义基本经济制度、加快完善社会主义市场经济体制的重要内容。深化数据要素市场化配置改革，促进数据要素自主有序流动，破除阻碍数据要素流通的体制机制障碍，推动数据要素配置依据市场规则、市场价格、市场竞争实现效益最大化和效率最优化，有利于进一步激发数据市场的创造力和活力，最终形成数据要素价格市场决定、数据流动自主有序、数据资源配置高效公平的数据要素市场，推动数字经济发展实现质量变革、效率变革和动力变革。

第二章 | Chapter 2

厘清发展脉络：阐述数据要素市场发展进程

加快培育发展数据要素市场，是党和人民赋予的新时代使命和任务，更是加快提高综合国力、开辟中国式现代化发展道路的关键一招。本章在系统分析我国发展数据要素市场重大意义的基础上，总结回顾数据要素市场发展的脉络，详细梳理我国发展数据要素市场的五大基础，以进一步明确我国培育壮大数据要素市场的重要作用和良好条件。

第一节 构建数据要素市场的重大意义

随着大数据、人工智能、物联网、云计算、区块链等数字技术不断涌现，数据成为新的生产要素。同时，土地、劳动力、资本和技术等传统生产要素有了数字化新内涵。由这些新生产要素构成的新生产力，推动人类社会进入数字经济新时代。新生产力必然要求有新生产关系与之相适应，这是人类历史发展的必然，也是中国在新时代全球格局变化中实现弯道超车的重大机遇。

一、有利于重塑国际竞争新格局

数据能力是一个国家综合国力的重要组成部分，数据主权成为陆权、海权、空权之外的另一种国家核心资产。当前，全球经济处于百年未有之大变局，数据在世界各国经济运行中的地位日益凸显，促使世界各国将推进数据战略作为创新发展的重要动能，在前沿技术研发、数据开放共享、隐私安全保护、人才培养等方面做出前瞻性布局。例如，《欧洲数据战略》《美国联邦大数据研发战略计划》等战略规划发布实施，日本、欧洲、美国跨境数据流通"朋友圈"加速推进，使全球数据竞争愈发激烈。作为生产要素，数据成为全球经济竞争的新赛道，这恰恰印证了习近平总书记在 2013 年论断的正确性，"大数据是工业社会的'自由'资源，谁掌握了数据，谁就掌握了主动权"。2021 年 7 月，滴滴全球股份有限公司（简称"滴滴"）在境外上市被叫停，多家互联网企业（如哈啰出行、喜马拉雅、Keep）纷纷暂停或取消赴美国上市的计划。2022 年 7 月，美国证监会发文，全面暂停中资企业赴美上市，这背后体现的是大国数据主权

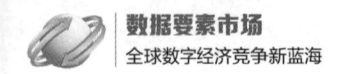

之争。应对世界新变局，迎接重大新挑战，必须发挥数据的力量，建立和完善数据要素市场。作为数据大国，我国要积极抢抓数据要素市场培育的关键窗口期，破除数据价值释放的体制机制障碍，协同各方共同挖掘数据价值，加快占领全球数据要素市场培育的制高点，对新时期提高国家综合实力、重塑国际竞争优势至关重要。

二、有利于拓展经济增长新空间

随着新一轮科技革命和产业变革的持续推进，数字经济成为最具活力、最具创新力、辐射最广泛的经济形态，成为国民经济的核心增长动力之一。要适应、解放、发展新生产力，建立和完善与之相适应、相匹配的新型生产关系，关键在于建立和完善数据要素市场。数据要素作为经济"倍增器"，对经济增长具有强大的支撑作用。一方面，通过发现新知识、新见解，提高全社会的生产效率，提高经济增长速度。另一方面，通过促进数据高效流通，降低信息不对称，促进组织有效决策，进一步推动产业转型升级和经济增长。2022年，我国GDP增速目标定在5.5%，亚洲开发银行在2022年9月发布亚洲经济预测报告称，受能源供应失衡和价格高企问题影响，叠加高通胀对消费、投资带来的挤压，以及新型冠状病毒感染疫情和国际贸易摩擦等因素，全球经济面临巨大挑战，预计我国2022年GDP增速在3.3%左右[①]。据专家预测，数据要素价值的完全释放将为我国GDP带来1%~2%的增长。为保证"十四五"期间6%的预期经济增长目标，我国有必要积极发展和培育数据要素市场。我国应建立和完善数据要素市场，充分发掘和释放数据要素的价值，打开数字经济广阔空间，促进国内、国际双循环发展格局形成，实现经济平稳增长。

三、有利于释放传统产业新动能

数据是数字经济发展的催化剂，数字经济的繁荣离不开数据要素市场的培

---

① 2022年我国GDP实际增长3%。——编者注

育和发展。数据要素市场化改革势必改变现有的产业结构，进一步提高数据要素的流通效率和市场活力，发挥数据这一新型要素对传统产业的倍增作用，促使数据要素为经济高质量发展提供新动能。

在工业领域，数据要素市场化配置能够增强我国制造业的核心竞争力。一方面，通过挖掘工业数据价值，为制造业带来更精确、更先进的流程和更优质的产品，推动制造业往高端化发展。另一方面，制造业的数据应用能够帮助企业实现智能生产、大规模定制，同时有利于降低企业生产经营成本和风险。

在农业领域，农业大数据有助于打破传统农业信息不流通、不可信、不及时的局面，进一步加快推进农业数字化进程。农业资源、经营主体、生产活动及各类农业知识都将以数据要素的形态，在政府、金融机构和经营主体之间有序流动，为农业供给侧结构性改革、农产品标准化、经营主体信用体系建设、农业金融服务体系创新等奠定坚实的基础。

在服务业领域，数据要素与传统服务业融合，不断更新服务能力和服务模式，极大地提高了服务业水平。例如，数据要素与旅游产业结合，建立智慧旅游景区服务指南，提高旅游服务的智能化、数字化水平。再如，数据要素在物流业的应用大大提高了供应链水平。物流信息平台加快实现物流企业间信息互联互通，进一步推动物流业跨越式发展。

四、有利于培育劳动就业新机会

培育和发展数据要素市场，充分发掘数据要素价值，对于释放就业新动能具有重要意义。一方面，数据采集、数据标注、数据治理等新业态的兴起，创造了一批新的就业机会，为新形势下实现稳就业做出了重要贡献。同时，数据要素市场具有信息和知识溢出效应，有利于提高劳动者个人发展能力。另一方面，大数据、人工智能与实体经济深度融合，创造出智能制造、在线购物、远程医疗等新业态、新模式，在促使流水线工人、会计、售货员等岗位减少的同时，也创造了数据管理师、算法工程师等新岗位，促进了传统产业的转型升级，极大地提高了企业的竞争力。数据要素市场与传统产业互为依托，齐头并进，

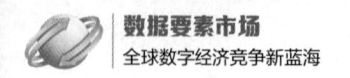

加快了人才层次升级，促进全民数字素养提高。

五、有利于完善收入分配格局

分配制度是促进共同富裕的基础性制度。数据要素参与生产分配，培育数据要素市场是实现财富再分配和社会公平的重要手段，是完善我国收入分配格局、加快实现共同富裕的重要举措，是全面推进中国式现代化、实现中华民族伟大复兴的必经之路。一方面，引入数据作为生产要素参与分配，可以进一步激发数据这一要素参与生产活动，赋予生产力新的内涵与活力，能够极大地解放生产力、发展生产力和保护生产力，加快社会财富的创造和积累。从根本上而言，大力发展数据生产力是推动我国收入分配体制改革、实现社会主义分配公平的基础。因此，在数据要素市场效率提升的同时，居民收入水平也可以进一步提升，尤其一些拥有较高数据禀赋的个体和企业。另一方面，数据要素市场是既兼具创造财富和共享财富的属性，又能够促进公平与效率更加统一的新经济形态，高度契合共同富裕的目标要求。数据要素市场能够促进区域发展协同化、资源共享化、公共服务均等化，为社会发展成果提供有效的共享机制。因此，应该充分发挥协同效应，促进区域、城乡数据要素市场均衡发展；发挥普惠效应，推动数据红利共享。

第二节　数据要素市场的发展刚刚起步

当前，我国数据要素市场整体处于起步阶段，主要业务围绕数据采集、数据存储、数据分析加工、数据流通等环节，市场增速较快。近十年来，我国数据要素市场逐步从孕育走向落地，依据应用场景、发展重点的变迁，可以分为两步。

一、数据要素市场孕育期：2011—2018 年

自 2011 年以来，随着移动互联网的快速普及，微博、微信、抖音等即时

通信产品快速发展，数字空间累积产生的数据像滚雪球一样呈爆发式增长。2015 年，我国启动公共数据开放工作，各地纷纷搭建数据开放平台，推动公共数据向社会有条件开放。在数据开放运动的带动下，国内掀起了第一轮数据交易发展热潮，各地竞相成立数据交易机构，探索数据交易发展路径。这一时期，大数据应用主要是对消费者个人信息的挖掘和利用，应用场景多为征信、风控、精准营销等。由于市场规则不完善，个人信息滥用、金融诈骗等发展乱象不断出现，触及了法律的红线，很多大数据企业被关停，产业发展经历了一场大洗牌。

二、数据要素市场起步期：2019 年至今

2019 年 10 月 31 日，中国共产党第十九届中央委员会第四次全体会议通过的《中共中央关于坚持和完善中国特色社会主义制度 推进国家治理体系和治理能力现代化若干重大问题的决定》明确指出："健全劳动、资本、土地、知识、技术、管理、数据等生产要素由市场评价贡献、按贡献决定报酬的机制。"这次会议首次将"数据"作为生产要素参与分配，标志着我国开启数据红利大规模释放的时代。

（一）数据交易

在数据上升为生产要素的带动下，国内掀起了第二波数据交易建设浪潮，目前第一轮数据交易尚未出现成功案例，场内数据交易仅占数据市场总规模的 4%，超过 50% 的数据交易平台年流量低于 50 笔。大量数据需求只能通过场外数据"灰市"甚至"黑市"完成交易，数据造假、数据欺诈、隐私泄露等问题层出不穷。

（二）数据应用

随着数字经济和实体经济加快融合，智能制造、智慧农业、数字金融等应用场景不断丰富，数据的应用重心从对消费者个人信息的挖掘转向对政务服务、位置信息、设备状态、农地航拍影像等数据的开发利用。但是，目前对数据价

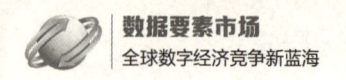

值的挖掘利用程度远远满足不了产业发展的巨大需求，数据供需不匹配的问题日益凸显。

（三）技术创新

数据采集、处理、交易等技术不断发展，形成了隐私计算、区块链等新兴技术，大大提高了数据在安全合规前提下的开发利用程度。

（四）地区发展

全国各地正依托本地区域优势，在数据要素市场不同环节重点发力。对于北京、上海、广州、深圳等城市来说，其拥有丰富的经济、技术和人才资源，着力挖掘数据要素应用，同时重点发力开发数据要素流通交易等技术。对中西部地区来说，数据资源相对较少，但风力等自然资源丰富，人力成本较低，因此重点发展基础设施和数据标注、清洗等产业。

第三节 我国数据要素市场发展基础扎实

一、政策基础：相关政策法规为数据要素市场发展提供有力保障

我国高度重视数据要素市场的发展，持续出台支持政策，多角度、全方位地推动数据要素市场发展，致力于打造具有中国特色的数据要素市场。自2019年以来，国家共发布11份文件，对数据要素市场做出部署安排，如表2-1所示。2022年12月2日，《中共中央 国务院关于构建数据基础制度更好发挥数据要素作用的意见》发布，对关系数据要素市场发展的重点基础制度做出安排部署，为数据要素市场破题奠定基础。与此同时，地方各级政府积极响应中央号召，已有二十多个省级政府在工作报告中明确提出要积极培育发展数据要素市场，发挥数据要素在新时代的价值潜能。由此可见，从中央部委到地方政府，把培育数据要素市场、激发数据要素价值潜能摆在了重要位置，争取最大限度地发挥数据要素对整个经济社会发展的促进作用。

表 2-1　国家层面数据要素相关政策

发布时间	发布机构	文件名称	与数据要素相关内容
2019年11月	中共中央	《中共中央关于坚持和完善中国特色社会主义制度 推进国家治理体系和治理能力现代化若干重大问题的决定》	建立健全运用互联网、大数据、人工智能等技术手段进行行政管理的制度规则。推进数字政府建设，加强数据有序共享，依法保护个人信息。健全劳动、资本、土地、知识、技术、管理、数据等生产要素由市场评价贡献、按贡献决定报酬的机制
2020年3月	中共中央、国务院	《中共中央 国务院关于构建更加完善的要素市场化配置体制机制的意见》	将数据上升为与土地、劳动力、资本、技术并列的生产要素，提出加快培育数据要素市场
2020年5月	中共中央、国务院	《中共中央 国务院关于新时代加快完善社会主义市场经济体制的意见》	加快培育发展数据要素市场，建立数据资源清单管理机制，完善数据权属界定、开放共享、交易流通等标准和措施，发挥社会数据资源价值。推进数字政府建设，加强数据有序共享，依法保护个人信息
2021年1月	中共中央办公厅、国务院办公厅	《建设高标准市场体系行动方案》	建立数据资源产权、交易流通、跨境传输和安全等基础制度和标准规范，积极参与数字领域国际规则和标准制定
2021年3月	国务院	《中华人民共和国国民经济和社会发展第十四个五年规划和 2035 年远景目标纲要》	迎接数字时代，激活数据要素潜能，推进网络强国建设，加快建设数字经济、数字社会、数字政府，以数字化转型整体驱动生产方式、生活方式和治理方式变革
2021年10月	中共中央、国务院	《国家标准化发展纲要》	建立数据资源产权、交易流通、跨境传输和安全保护等标准规范
2021年12月	中央网络安全和信息化委员会	《"十四五"国家信息化规划》	1. 加强数据要素理论研究。研究根据数据性质完善产权性质，构建以促进产业发展为导向的数据产权框架。探索数据价值评估体系，研究完善数据价值评估框架 2. 建立健全数据有效流动制度体系。加快建立数据资源产权、交易流通、跨境传输和安全保护等基础制度和标准规范。探索建立统一规范的数据管理制度，制定数据登记、评估、定价、交易跟踪和安全审查机制 3. 培育规范的数据交易平台和市场主体。建立健全数据产权交易和行业自律机制。发展数据资产评估、登记结算、交易撮合、争议仲裁等市场运营体系

续表

发布时间	发布机构	文件名称	与数据要素相关内容
2022年1月	国务院	《"十四五"数字经济发展规划》	提出充分发挥数据要素作用，强化高质量数据要素供给，加快数据要素市场化流通，创新数据要素开发利用机制；加快构建数据要素市场规则，培育市场主体，完善治理体系，到2025年初步建立数据要素市场体系
2022年1月	国务院办公厅	《要素市场化配置综合改革试点总体方案》	到2023年，试点工作取得阶段性成效，力争在土地、劳动力、资本、技术等要素市场化配置关键环节上实现重要突破，在数据要素市场化配置基础制度建设探索上取得积极进展。探索建立数据要素流通规则，完善公共数据开放共享机制，建立健全数据流通交易规则，拓展规范化数据开发利用场景，加强数据安全保护
2022年4月	中共中央、国务院	《中共中央 国务院关于加快建设全国统一大市场的意见》	加快培育统一的技术和数据市场。建立健全全国性技术交易市场，完善知识产权评估与交易机制，推动各地技术交易市场互联互通。完善科技资源共享服务体系，鼓励不同区域之间科技信息交流互动，推动重大科研基础设施和仪器设备开放共享，加大科技领域国际合作力度。加快培育数据要素市场，建立健全数据安全、权利保护、跨境传输管理、交易流通、开放共享、安全认证等基础制度和标准规范，深入开展数据资源调查，推动数据资源开发利用
2022年12月	中共中央、国务院	《中共中央 国务院关于构建数据基础制度更好发挥数据要素作用的意见》	数据作为新型生产要素，是数字化、网络化、智能化的基础，已快速融入生产、分配、流通、消费和社会服务管理等各个环节，深刻改变着生产方式、生活方式和社会治理方式。数据基础制度建设事关国家发展和安全大局，要维护国家数据安全，保护个人信息和商业秘密，促进数据高效流通使用、赋能实体经济，统筹推进数据产权、流通交易、收益分配、安全治理，加快构建数据基础制度体系

资料来源：赛迪研究院，2022年12月。

从地方来看，各地积极贯彻落实中央精神，加快出台地方性实施政策和规章制度，探索打造具有地方特色的数据要素市场，如表2-2所示。自2018年以来，多个省市相继发布了数据要素市场化配置改革等相关文件，在持续加码的稳增长政策刺激下，我国数据要素市场正迎来新一轮发展浪潮。广东省和广西壮族自治区分别发布了《广东省数据要素市场化配置改革行动方案》和《广西加快数据要素市场化改革实施方案》，且广西壮族自治区在方案中明确提出了数据要素市场化改革目标。相对来说，其他省市的政策相对比较保守，主要集中在公共数据和非公共数据的定义、采集、归档、运营等方面，大多数没有明确提出构建数据要素市场的相关目标和路线图。

表 2-2　地方层面数据要素相关政策

时间	政策	时间	政策
2020 年 7 月	天津市《天津市数据交易管理暂行办法（征求意见稿）》	2021 年 11 月	重庆市《重庆市数据要素市场化配置改革行动方案（征求意见稿）》
2020 年 10 月	合肥市《关于培育数据要素市场发展相关研究课题的申报公告》	2021 年 11 月	珠海市《珠海市数据要素市场化配置改革行动方案》
2020 年 12 月	滁州市《贯彻落实〈中共安徽省委 安徽省人民政府关于构建更加完善的要素市场化配置体制机制的若干措施〉任务分解方案》	2021 年 11 月	广州市《广州市数据要素市场化配置改革行动方案》
2021 年 2 月	宣城市《贯彻落实〈关于构建更加完善的要素市场化配置体制机制的若干措施〉分工方案》	2021 年 12 月	宁夏回族自治区《自治区经济体制改革专项小组办公室关于开展要素市场化配置改革试点工作的通知》
2021 年 3 月	湖北省《中共湖北省委 湖北省人民政府关于构建更加完善的要素市场化配置体制机制的实施意见》	2021 年 12 月	浙江省《浙江省推进技术要素市场化配置改革行动方案》
2021 年 4 月	明光市《贯彻落实〈中共安徽省委 安徽省人民政府关于构建更加完善的要素市场化配置体制机制的若干措施〉任务分解方案》	2022 年 2 月	德阳市《德阳市数据要素市场化配置改革行动计划》
2021 年 4 月	鄂州市《鄂州市数据定价策略（试行）》	2022 年 2 月	德阳市《德阳市数据要素市场化配置组织体系建设方案》
2021 年 4 月	鄂州市《推动数据要素市场化建设实施方案（试行）》	2022 年 2 月	德阳市《德阳市数据要素管理暂行办法》
2021 年 4 月	鄂州市《数据确权管理制度（试行）》	2022 年 2 月	德阳市《德阳市数据要素市场管理暂行办法》
2021 年 7 月	广东省《广东省数据要素市场化配置改革行动方案》	2022 年 2 月	德阳市《德阳市数据要素安全管理暂行办法》
2021 年 10 月	湛江市《湛江市贯彻落实广东省数据要素市场化配置改革的实施意见》	2022 年 3 月	广西壮族自治区《广西加快数据要素市场化改革实施方案》

续表

时　　间	政　　策	时　　间	政　　策
2022年3月	河源市《河源市数据要素市场化配置改革行动方案》	2022年5月	辽源市《辽源市加快数据要素市场建设的实施方案》
2022年3月	山东省《要素保障创新2022年行动计划》	2022年6月	沈阳市《沈阳市推行首席数据官制度工作方案》
2022年4月	山东省《山东省数据要素创新创业共同体章程》	2022年6月	四川省《共建四川数据要素产业园合作协议书》
2022年4月	昆明市《昆明市数据要素驱动业培育发展研究》	2022年6月	柳州市《关于组织申报数据要素融合应用"百千万工程"试点项目的通知》
2022年4月	江苏省《关于公布江苏省数据要素市场生态培育项目的通知》	2022年7月	上海市《上海市数据交易场所管理实施办法（征求意见稿）》
2022年4月	广西壮族自治区《推进广西政务数据要素融合应用实施方案》	2022年7月	南宁市《南宁市大数据发展局关于组织申报数据要素融合应用"百千万工程"试点项目的通知》
2022年5月	北京市《北京市数字经济全产业链开放发展行动方案》	2022年9月	宁波市《宁波市数据要素市场化配置改革行动方案》

资料来源：赛迪研究院，2022年12月。

二、数据基础：海量数据资源为数据要素市场发展提供充分供给

随着新一代信息技术的快速发展，人类进入万物互联时代，海量数据的急速汇聚生成，为数据资源化、资产化、资本化发展提供了肥沃土壤和丰富原料。

一方面，随着数据采集、存储等技术的不断更新，数据来源更为广泛，数据规模持续增加，促使数据要素市场快速发展。据国际数据公司预测，全球数据总量将从2020年的47泽字节增至2025年的175泽字节，如图2-1所示。其中，中国数据总量增速最为迅猛，将从2018年的7.6泽字节增至2025年的48.6泽字节，约占全球数据总量的27.8%，成为全球最大的数据圈。国家工业信息安全发展研究中心测算的数据显示，2020年我国数据要素市场规模达到545亿元，预计到2025年，市场规模将突破1749亿元，整体进入高速发展阶段，如图2-2所示。

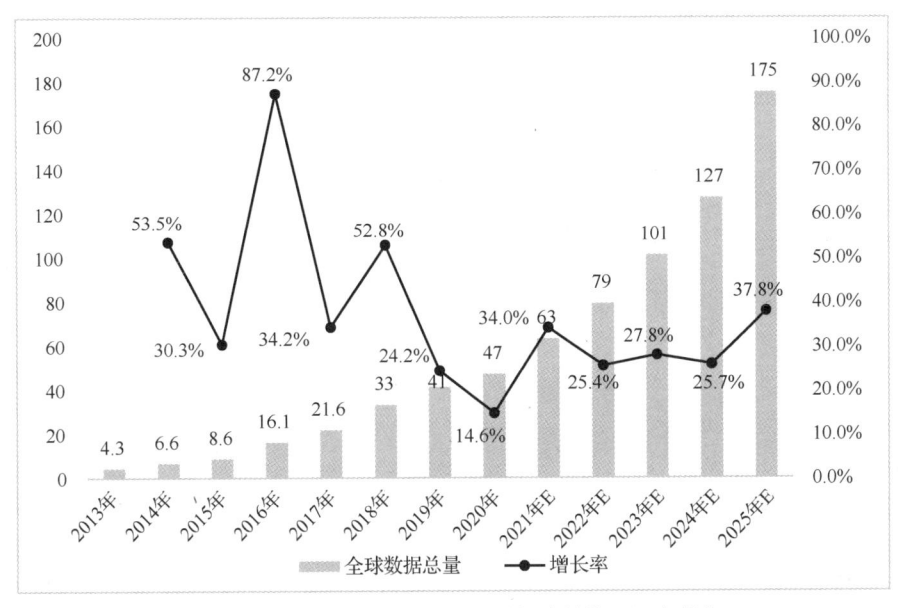

图 2-1 全球数据资源规模及增长（单位：泽字节）

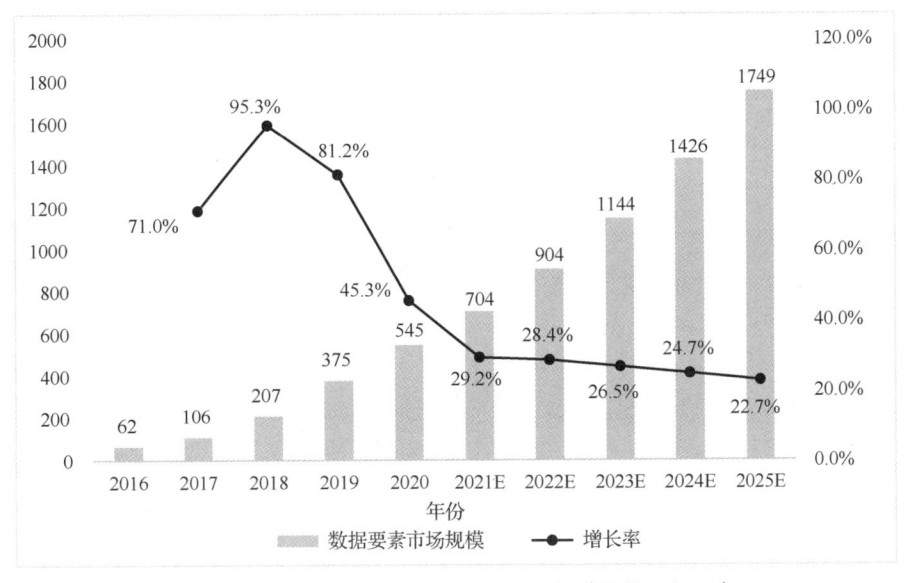

图 2-2 我国数据要素市场规模及增长（单位：亿元）

另一方面，网民数量持续增加，为数据规模不断攀升提供续航动力。中国互联网络信息中心统计数据显示，截至 2021 年 12 月，我国网民规模达 10.32 亿人，同比增长 4296 万人，互联网普及率达 73.0%。随着互联网和智能终端的不断普及，用户使用互联网的场景越来越多，各大互联网企业活跃用户每天产生巨量数据。以携程为例，4亿用户每天产生的数据在50万亿字节以上，这些数据通过智能技术深度挖掘，用于反哺企业个性化营销、精准化匹配和定制化服务。目前，我国数据利用率不到0.4%，大量数据深藏闺中，未能创造应有价值，间接反映出我国数据要素潜藏市场空间巨大。

三、算力基础：新型数据基础设施为数据要素流通奠定良好基础

近年来，我国第五代移动通信网络、数据中心、人工智能计算（以下简称"智算"）中心等新型数据基础设施普及日渐深入，尤其新基建战略的提出，为数据要素市场提供了良好的基础设施。在数据要素市场需求和政策红利双重刺激下，数据中心的市场规模持续稳步扩大。根据中国信息通信研究院《数据中心白皮书（2022）》发布的数据，按照标准机架2.5kW计算，截至2021年底，我国在用数据中心机架规模达520万架，近五年年均复合增长率超过30%。从市场规模来看，2021年我国数据中心行业市场规模达1500亿元左右，近三年年均复合增长率达30.69%。2016—2035年我国数据中心产值如图2-3所示。

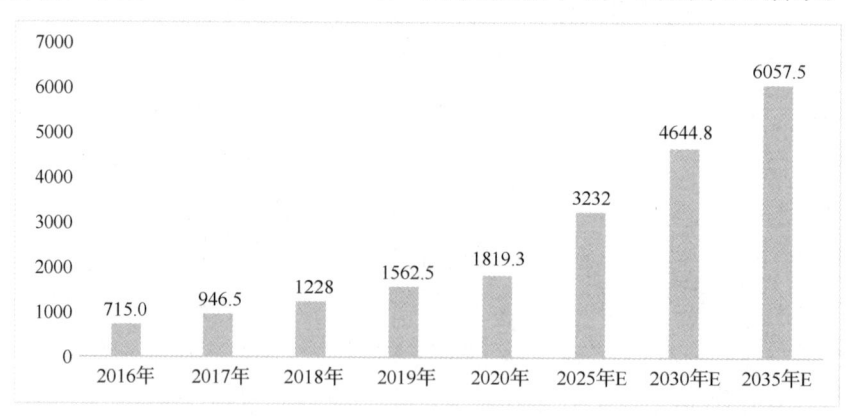

图2-3 2016—2035年我国数据中心产值（单位：亿元）

从算力形态来看，我国数据中心主要以通用算力为主，按机架规模统计占比超过90%，超级计算（以下简称"超算"）、智算及边缘数据中心应用和数量仍显不足。根据中国信息通信研究院、智研咨询的数据，当前我国数据中心市场规模增速显著高于全球市场增速，主要原因是政策支持、技术升级及商业模

式创新，短视频、电子商务、移动支付、游戏等业务场景日益丰富，数据流量迎来爆发式增长，促使第三方数据中心企业快速建设和发展。

近年来，随着人工智能应用场景的不断丰富，智算中心规模不断增加，预计规模增速将达到70%。全国各地加快智算中心布局，从2021年到2022年初，全国约有20座城市建成或正在建设智算中心，智算中心数量达到27个，其中12个位于国家算力枢纽节点，占比接近50%。国家级超算中心建设成为城市竞争的热点。零壹智库发布的《2022中国超算中心和超级数据中心报告》显示，目前我国共有9家国家级超算中心，以及数十家地方政府和大学等科研单位共建的超算中心。除国家级超算中心外，我国的地方超算中心、大学超算中心和企业超算中心也竞相发展。截至2022年2月底，我国境内至少有55个超算中心和65个超级数据中心或云计算中心。按"东数西算"工程的国家算力枢纽划分，长三角枢纽的超算中心与数据中心之和最多，高达30家；其次是京津冀枢纽（17家）和粤港澳枢纽（15家），西部地区的超算中心与数据中心仍待建设。

2021—2022年国家算力枢纽智算中心建设情况如表2-3所示。

表2-3 2021—2022年国家算力枢纽智算中心建设情况

国家算力枢纽节点	建成或正在建设的智算中心
甘肃枢纽	庆阳智算中心
京津冀枢纽	中国电信京津冀大数据智能算力中心
	河北人工智能计算中心
长三角枢纽	商汤科技人工智能计算中心
	南京智能计算中心
	昆山智算中心
	杭州人工智能计算中心
	腾讯智慧产业长三角（合肥）智算中心
	合肥先进计算中心
粤港澳枢纽	广州人工智能公共算力中心
	深圳市人工智能融合赋能中心
成渝枢纽	成都智算中心

资料来源：赛迪研究院，2022年12月。

四、产业基础：产业生态优势显著，为数据要素市场注入创新活力

随着政府政策和市场需求的双重聚焦，我国数据服务产业发展迅速。随着人工智能在垂直行业的深入应用，数据采集和数据标注作为人工智能的上游基础产业在短短数年间迎来了爆发式发展。国际数据公司的报告显示，2018年我国数据标注市场规模达30亿元，预计将保持20%以上的增速快速发展，到2025年市场规模将超过120亿元，如图2-4所示。截至2020年12月，北京、上海、成都、深圳、杭州为数据标注企业分布排名前五位的城市，企业数量分别达到185家、84家、68家、63家、46家。

图 2-4 我国数据标注市场规模（单位：亿元）

在海量数据供给和巨大市场需求的多重作用下，大数据领域创新创业活跃，大数据独角兽企业增长势头强劲。根据胡润百富发布的《2022年中全球独角兽榜》，全球独角兽企业数量在2022年上半年增加了24%，达1312家。其中美国625家，接近全球独角兽企业总数的一半。我国312家，居第二位。我国大数据产业的独角兽企业数量占比大幅提高，特别是融合应用型企业。2017—2021年，我国大数据产业规模逐渐增长，从4700亿元增加到12374亿元，如图2-5所示。良好的数据产业生态体系为数据要素市场培育提供了强有力的产业支撑。

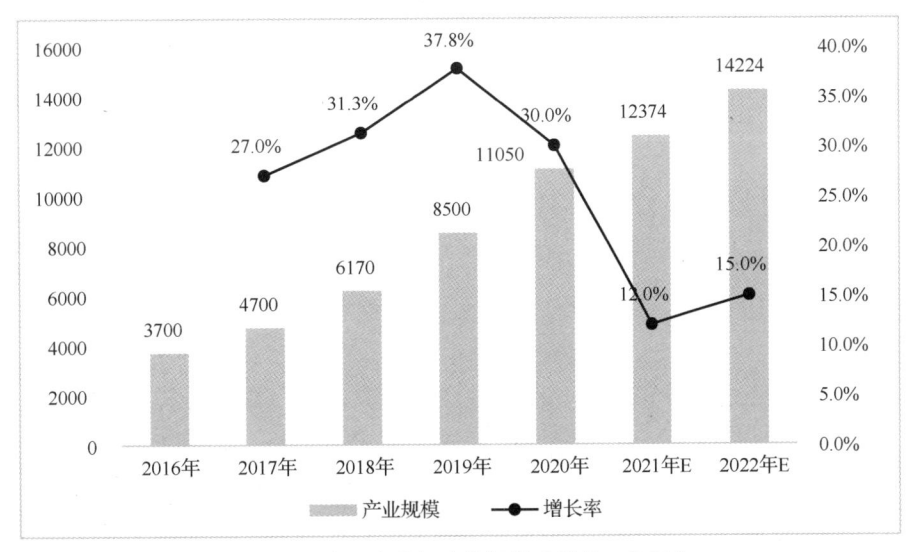

图 2-5 我国大数据产业规模（单位：亿元）

五、应用基础：丰富应用场景为数据要素价值挖掘提供依托载体

数据应用场景挖掘和分析是数据要素市场的发展重点，它不仅包括传统的大数据营销，还包括与互联网、政府、工业、农业、金融、电信等行业融合提供综合解决方案。场景应用可以体现大数据的价值和内涵，它是大数据技术与实体经济深度融合的生动体现，可以有效地帮助实体经济企业提高经营效率、降低成本，也可以帮助政府改善社会治理水平和人民生活水平。

（一）数字政府建设步入数据化时代

在政务服务领域，各地积极探索，不断开展创新尝试。例如，有的地区基于智能化手段开展政务服务，力争实现"不见面审批""秒批秒办"，这些地区的先进经验被打包成典型范式，在全国范围内推广普及。

在社会治理领域，各地充分运用大数据等技术开展"互联网+监管"，加强对市场风险的跟踪预警，探索远程监管、移动监管、预警防控，为提高市场监管服务效能、打造健康有序的消费环境和营商环境提供有力支撑。

在公共安全领域，自新型冠状病毒感染疫情以来，数据要素在疫情监测分

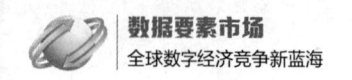

析、病毒追溯预防、防疫物资调配、复工复产等方面发挥了重要支撑作用。

（二）工业大数据深入发展

工业互联网数据融合取得初步成果。国家工业互联网大数据中心已形成覆盖京津冀、长三角、粤港澳、成渝经济圈的系统布局。在"第五代移动通信网络+工业互联网"20个典型场景的基础上，结合十大重点行业的应用实践，密切关注行业特点和需求，探索多样应用场景。2021年，我国工业企业主要流程的数字化率达到55.3%以上，数字化研发工具的普及率达到74.7%。数字业务形式和模式不断创新，开展网络化协同和服务型制造的企业比例分别达到38.8%和29.6%。

（三）重点行业应用备受市场关注

交通、医疗、教育等细分行业领域涌现出一大批小而精的企业，专注于提供高效便捷的大数据解决方案，不断丰富数据要素的应用场景。

在交通领域，数据要素市场化改革加速交通领域政务数据、社会数据的融合，实现出行信息服务全程覆盖、物流服务平台化发展，推动公路、铁路、水路等货运单数据共享互认，全面提高交通服务品质。

在医疗领域，应用场景主要聚焦于健康监测、电子化管理和医学影像及临床诊断等领域，借助人工智能和大数据手段，提高治疗效率和临床决策水平。

在教育领域，主要应用场景包括教育督导、个性化课程、教学辅助、教学质量评估等，极大地提高了教育效率和教学质量，对我国教育全面深化改革大有裨益。

第三章 | Chapter 3

瞭望国际形势：捕捉国际数据要素市场发展动态

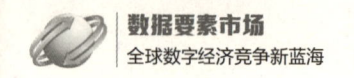

随着全球数字化时代的到来，数据要素市场不仅成为推动经济发展的重要引擎，也成为各国新一轮科技革命的重要战略施力点。各国高度重视数据要素市场发展，加快出台数据战略，推动数据要素市场成为重组全球要素资源、重塑全球经济结构、改变全球竞争格局的关键力量。当前，世界各国尚未对数据要素市场的构成和内涵达成共识，我们以涉及数据要素各个方面为目标，力图最大化地反映世界各国数据要素市场发展动态，以期为我国数据要素市场发展提供借鉴。

第一节　美国：战略统筹，领先全球数据市场

美国数字经济发展水平全球领先，是全球数字经济发展的领头羊，同时也是数字革命的重要发源地。美国发达的信息产业为数据供给和需求提供了强大驱动力，有效促进数据交易市场的形成和发展。美国率先提出了人工智能、大数据、云计算等理念，在数据要素市场建设方面具有技术优势和产业优势。

一、以政策为保障，支持公众参与政府数据开放和应用

美国采取了一系列措施来促进政府数据开放共享。一是建立完善的法律体系，保证政府数据开放的质量。自 2022 年起，美国政府便制定出台系列政策，推动电子政务和数字政府的发展进程。二是建立"一站式"政府数据服务平台，发布联邦、州政府的医疗、教育等数据集，便于用户利用与二次开发。三是积极推动公众参与政府数据开放行动。美国政府成立推广团队并任命"数据推广员"向公众宣传政府数据开放共享策略，同时推出"蓝色按钮""绿色按钮"等活动，促进公共数据开发利用。

案例 1：美国交通部从明确人员、标准、流程等方面
加大交通数据开放战略推进力度

《开放政府指令》颁布后，美国交通部制订了相应的战略行动计划，通过 Data.gov 门户网站梳理和开放高价值交通相关数据。该计划由美国交通部首席信

息官与其他部门成员共同制订，主要分为三个方面：一是在战略定位上，短期转变美国交通部的数据开放态势，长期始终保持开放；二是在战略政策上，制订数据识别和分级分类指南，以及数据开放、管理的一般政策；三是在战略实施上，构建信息系统列表，利用现有的公开数据集，将其更新完善，形成完整的数据集，并按照优先级别在网站上发布。

一、美国进一步强化交通数据开放的背景

美国交通部长期以来就有向公众开放数据的传统。作为 Fedstats.gov（现为 USA.gov）开放网站的共同开发者，美国运输局协助开发了 Data.gov 网站的前身。此外，美国交通部还同时运营一些数据开放网站，提供铁路、商用机动车、车辆和管道等信息。为更好开放交通数据，美国交通部基于自身丰富的数据开放经验，针对提高交通数据开放水平，提出了一系列明确要求。

- 确定发布数据和赋予数据应用场景的流程；
- 创建数据清单，并确定要发布的数据集；
- 建立全美交通数据开放体系架构；
- 在符合安全、隐私和保密规定的前提下，以行业和个人可用的格式提供数据；
- 将数据分模块、分组，便于管理和搜索；
- 实时维护数据，随时进行更新。

二、美国交通部数据开放战略行动计划

为实现《开放政府指令》中确定的目标并满足上述要求，美国交通部制订了《数据开放战略行动计划》，明确数据开放人员，建立数据开放标准流程，指导交通数据获取和开放。

1. 设置开放政府政策工作组，负责交通数据开放中的重大决策议题

制定统一的开放政府政策对美国交通部而言是一项艰巨的任务。在数据开放领域，围绕数据透明度和社交媒体工具使用的政策，美国国内已经有了较为

明确的共识，但仍有众多议题仍在商议中，因此如何制定统一的美国交通部数据开放政策仍需探索，且需同时考虑多个方面的问题。为更好地进行数据开放，美国交通部在组织架构方面，成立开放政府政策工作组，支撑更高级别领导的政策制定。该工作组由来自政策、预算、绩效、战略规划、人力资源、技术运营和法律等各个领域的专家组成。

2. 面向不同数据类型，明确数据审查程序和审查重点，以确保高质量开放交通数据

数据审查包括审查信息技术部门已发布在网上的数据组合，这些数据组合有的以格式化形式发布，有的以非格式化形式发布。对于以非格式化形式发布的数据，在审查中需追溯其来源，进而确保数据的可靠性和权威性。此外，该部门也对数据有效性进行维护，实时追踪数据的有效性，确保数据在可用范围内。为更好地维护数据集，美国交通部在其内部架构上开发了一个注册表和结构化流程，用以识别数据并对数据进行优化排序。

3. 面向实际操作，开发一系列规范数据开放的政策工具包，为数据开放工作人员提供便利

一是为决策者制定数据开放流程，保证决策者在进行数据开放时能够综合运用内部资源，同时保障开放数据在内容和格式上的可用性和可发布性。二是发布多份数据开放格式指南，针对格式化数据和非格式化数据提供不同的指导，以在保障开放数据价值的同时兼顾隐私保护和安全。

三、美国交通部数据开放成果日趋显著

根据上述的开放数据流程和政策，美国交通部制订了一项全面的数据开放计划，以响应美国总统关于监管合规的备忘录。美国交通部数据开放政策成效明显，极大地推动了相关产业的创新和发展。例如，联邦机动车安全管理局在开放数据网站上公开了其安全测量系统的数据，个人和企业纷纷对该数据展开挖掘。其中，汽车维修企业通过挖掘安全违规数据，识别潜在客户，制订定向广告发送方案。此外，联邦机动车安全管理局开发了特定应用程序接口和移动

应用程序，以帮助人们轻松访问公交企业的安全性能记录，进而提出建议或投诉。

案例来源：美国数据资源中央存储库

二、以市场为导向，丰富数据交易模式和应用场景

美国积极探索多元数据交易模式，根据主体可分为"消费者—企业分销""企业—企业集中销售"和"企业—企业—消费者分销集销混合"三种数据交易模式。消费者—企业分销模式，即个人用户将自己的数据贡献给数据平台，以换取一定数额的商品、货币、服务、积分等对价利益，如个人网、名车志等。企业—企业集中销售模式，即以微软为首的数据平台以中间代理人身份为数据的提供方和购买方提供数据交易撮合服务。企业—企业—消费者分销集销混合模式，即数据经纪商收集用户个人数据并将其转让、共享给客户。这一模式目前是数据交易市场的主流模式，已经具有了一定的市场规模，形成了庞大的数据经纪产业。

三、以创新为驱动，支持打造丰富多样的数据应用场景

美国政府出台多个战略计划，拨付资金，用以研发升级数据采集、存储、分析、管理等数据使用与流通的关键技术，以提高大数据开发应用水平。此外，美国科学技术委员会成立"大数据高级指导小组"，负责指导联邦政府整体大数据攻关项目的落实。在美国政府不遗余力地推动和引导下，美国数据要素应用场景十分丰富，从消费领域到农业、医疗、教育、政府管理等领域，数据要素在相关产业中均发挥了重要推动作用。

（一）农业领域

在农业领域，通过收集、使用和协调多来源数据，使农业活动更为精密，推动农业环境控制和经营管理工作。例如，美国某气候企业通过庞大的传感网络系统，分析和预测农田的气温、降水、土壤湿度和产量情况，在此基础上建

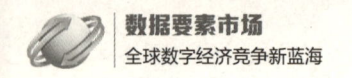

立模型来预判农民的保险金额及企业需要支付的保费。

（二）医疗领域

在医疗领域，通过整合和挖掘医疗大数据，推动个人、医疗机构、研究机构等数据共享和流通，建立医疗信息交换共享平台，形成医疗大数据信息库。

（三）教育领域

在教育领域，利用日常数据对学生的学习行为、考试分数及职业规划等进行统计和分析，进而为美国教育中心教学改革提供参考。

（四）政府管理领域

在政府管理领域，依靠数据分析来优化政府决策能力，提高政府管理能力。例如，拉斯维加斯开发网络仿真模型，用来掌握全市的管网实时动态，以便在事故发生时能够快速响应。

案例 2：波多黎各统一地址数据格式，提高州内应急响应速度

2017 年 9 月，飓风玛丽亚越过波多黎各主岛，对整个波多黎各产生严重影响，电网完全关闭、供水中断、建筑物受损，由此造成的洪水和山体滑坡还冲毁了多个桥梁和道路，对全岛的交通网络造成了巨大的破坏。风暴结束时，波多黎各已经历了超过 4.2 万次山体滑坡，维修费用估计为 1320 亿美元。

在抢险救灾过程中，市政当局发现州内不同地区使用的地址格式各异，而且存在不同地区使用同一个街道名称的情况，导致灾区援助工作受到严重阻碍。联邦紧急事务管理局和其他机构随即启动灾区地址数据收集和标准化工作，成立波多黎各地址数据工作组，由人口普查局领导，联邦地理数据委员会地址小组主持开展工作。该小组首先清点和记录各地地址数据管理的有效做法，随后定期举行会议，讨论和比较数据资产、维护流程、处理数据用例和行之有效的做法，并形成报告，这一举措极大地提高了政府对灾害的反应和响应能力，保障了公共安全。

案例来源：美国数据资源中央存储库

四、以机制为特色，构建完善的数据治理体系

美国政府通过搭建整套数据资源治理体系，以及成立直接服务总统的行政部门数据治理机构，将数据治理全面融入政府的日常社会管理当中。

（一）对外政策

在对外政策上，与欧洲重视数据隐私保护不同，美国更加强调数据市场的自由开放，在"数字自由主义"理念的指导下，试图设定全球数据治理规则。基于这一理念，美国利用政治、法律优势，实施各类"长臂管辖"措施，反对各种形式的数据流通壁垒，在数据跨境流动、数据存储本地化、源代码开放、市场准入、数字内容审查、数字知识产权、政府数据开放等关键议题上呼吁数据自由交流，推行"数据霸权主义"。

（二）对内治理

在对内治理上，美国基于长期实践经验构建了一套较为完整的金字塔式数据治理结构。在顶层设计方面（塔尖），通过一系列联邦战略对数据治理进行规划部署，充分保障了美国网络安全和数据主权。在中层衔接方面（塔中），制订一系列实施方案，包括政策协调机制、首席数据官制度等。在基层实践方面（塔基），建立高效的数据价值生成和流通机制，并建设先进的国家数据基础设施和架构。

五、以投资为牵引，推动数字技术研发创新

美国政府非常注重前沿性、前瞻性研究，从国家战略层面大力推进人工智能、量子信息、先进计算机等数字技术研发创新。

一方面，美国政府通过大量的资金投入和项目建设，推动技术研发。从2015年起，美国财政部、国防部等机构纷纷拨付资金并推出多个项目，开展人工智

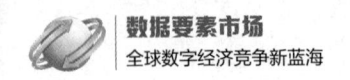

能、通信网络等相关领域的科研活动。2022 年 6 月，美国参议院投票通过《2021年美国创新和竞争法案》，承诺在 5 年内投入约 2500 亿美元，用于芯片、人工智能、量子计算、半导体等关键科技研究领域。

另一方面，美国通过机构设置和人才培养来推动技术发展。美国政府成立国家人工智能倡议办公室，专门负责监督和实施国家人工智能战略；同时积极出台相关法案，促进人工智能领域内劳动力供给质量。此外，美国与多个国家签署战略合作协议，就人工智能技术和数字基础设施进行合作。例如，美国与英国签署人工智能研发合作宣言，促进两国在人工智能发展方面的合作；与希腊签订科技合作协定，着手在数字基础设施、云技能教育等方面推动两国科技合作；与日本签署《量子合作东京声明》，旨在促进两国量子信息科学和技术发展。

第二节　欧盟：立法先行，构建单一数据市场

欧盟深刻认识到数据在经济社会发展中的驱动作用，创新性地提出了发展"数据经济""数据市场"，与我国培育发展"数据要素市场"异曲同工。

一、打造公共数据空间，推动数据开放共享

欧盟制定出台系列战略，积极鼓励数据开放共享。2020 年，欧盟发布《欧洲数据战略》，强调从战略层面和公共利益层面打造欧洲共同数据空间，明确建立工业、交通等九个领域的数据空间。2022 年，欧盟通过《数据治理法案》，就公共数据开放共享推出三方面举措。一是建立有利于公共数据被利用的机制和环境。例如，建立公共部门数据再利用新机制，允许自然人或法人在公共部门提供的安全处理环境中访问并再利用公共部门机构持有的受保护数据。二是采取数据利他主义，鼓励企业与公共机构共享数据。例如，利用电信数据预测西非的埃博拉疫情形势。三是支持个人或企业分享公共数据。当个人或者企业希望共享或捐赠其拥有的数据时，可在其控制的个人数据空间内自由处置。例如，

患有罕见疾病的人可以自愿分享其医学测试结果,用于改善对这些疾病的治疗。

二、建立单一数据市场,创新数据中介模式

为提高与中国、美国等国在数字经济领域的竞争力,回应美国"数据霸权",彰显"数据主权",欧盟创新数据流通共享模式,以促进数据开放和应用。

(一)数据共享

在数据共享方面,2015 年,欧盟委员会公布单一数据市场战略,提议建立统一的单一数据市场,旨在便利数字商品和服务的获取、维护安全的网络环境和促进数字经济增长。其目的是打破欧盟成员国之间的"数据制度围墙",消除数字产品和服务自由流动的体制障碍,促进欧盟内部数据的自由流动,推动欧盟数据市场一体化,实现欧盟数据经济的高质量发展。同时,利用市场规模培育具有竞争力的欧洲数字巨头,以繁荣数字经济发展。相关数据显示,欧盟数字单一市场战略每年为欧盟带来约 1770 亿欧元的经济贡献,单一市场建设成效显著。

(二)数据流通

在数据流通方面,欧盟通过战略立法(《数据法案》和《数据治理法案》)构建数据中介制度,促进欧盟成员国之间的数据流通与利用。数据中介以中间人身份为公共数据空间提供基础设施服务,促成数据从数据源到使用者之间的流动,推动涉及企业或个人的公共数据共享。数据中介服务提供者通过采取限制数据处理范围、承担数据保护义务、保障个体和组织对数据的控制等措施,提高市场主体对数据共享的信任,推动构建新型数据驱动型生态系统,有效促进数据的共享流通。

三、强化法律规范约束,统一数据市场治理

为了在全球数字地缘竞争中获得数据主权的独立性,欧盟建立了基于自身

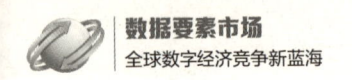

规则的数据治理体系。与美国在数据治理上更重视市场自由竞争不同，欧盟的数据治理更强调对人权的保护。

（一）对外政策

欧盟出台系列战略文件和数据法案，试图加强对本土数据的控制权。一方面，欧盟自2020年起相继发布《塑造欧洲的数字未来》《欧洲数据战略》和《欧洲数字主权》等一系列战略文件，重点关注区域外数据霸权对本地市场竞争的影响。欧盟通过《通用数据保护条例》建立基于个人数据保护的贸易壁垒，欧盟以外的国家只有在符合欧盟认证数据保护标准的情况下，才能跨境流动和使用欧盟数据。自该条例颁布实施以来，欧盟科技企业的风险资本大幅下降，每笔交易的平均融资率比上线前12个月下降33%。另一方面，欧盟相继通过《数字服务法案》和《数字市场法案》，要求严格监控数字平台的治理和竞争问题，并重新定义大型互联网平台企业的权利、义务和责任，加强了对本土数据资源的控制权和数据市场的规则话语权。

（二）对内治理

欧盟建立跨部门治理框架和欧洲共同数据空间治理立法框架，以加强数据治理。一方面，欧盟设立数据创新委员会和数据保护委员会，前者以专家组的形式成立，由所有成员国主管机构的代表，以及欧盟数据保护委员会、欧洲委员会、相关数据空间和特定部门主管机构的代表组成。同时，鉴于数据治理"不可能的三角"，欧盟多年来一直致力于将"公平治理"作为核心理念，捍卫数据主权，同时不断加强对个人数据权利的法律保护。另一方面，欧盟强调在数据治理领域建立单一市场。为解决各部门和成员国之间数据治理程度差异造成的不同步问题，欧盟试图建立统一的数据治理体系。

四、加大战略部署引导，积极布局基础设施

在基础设施方面，基于《欧洲数据战略》要求，欧盟持续加大投资，强化欧盟在数字经济方面的技术主权。一是重点投资具有重大影响力的项目，如开

发欧洲公共数据空间和互通互联的云基础设施，以此将不同领域的数据资源整合在一起。二是在欧盟《通用数据保护条例》等法律法规的基础上，制订"云规则手册"，为欧盟用户构建有竞争力、安全和公平的云服务市场。三是依托欧盟现有的科研计划，如地平线计划，提高对数据技术的研发资金投入，重点聚焦隐私保护技术、工业和个人数据空间支撑技术等。四是积极布局数据中心和算力中心。据 Uptime Institute 统计，29 个欧洲国家和地区拥有约 217 个经过认证的数据中心，大多数分布在英国、西班牙、立陶宛、卢森堡、意大利和法国。据预测，欧洲数据中心的市场规模将在 2026 年达到 520 亿美元。

第三节　德国：开放共享，率先打造数据空间

在数据要素市场发展中，德国前瞻性地开展顶层设计，依托其先进的工业制造体系，在工业数字化转型方面遥遥领先，同时在市场监管方面出台了一系列法案。但是，德国在基础设施建设方面发展较为滞后，市场碎片化导致其应用场景较为单一，如何平衡数据监管保护和数据应用也是德国数据要素市场发展面临的一个难题。

一、出台系列数据战略，加速数据要素市场发展

自 2016 年起，德国相继发布多个战略计划，以促进其数据要素市场发展。继"数字议程（2014—2017）"后，德国政府推出"数字战略 2025"，首次就数字化发展做出系统安排，在国家战略层面明确德国制造业转型和构建未来数字社会的思路和十个行动计划。随后，德国在 2021 年发布《联邦政府数据战略》，从加强数据基础设施、创新与负责任地应用数据、提高数据能力并打造数据文化和加强国家数据治理四个方面发力，旨在充分挖掘数据要素价值，推动德国成为欧洲数据共享和应用的先行者。同年 6 月，欧盟批准德国总额高达 256 亿欧元的经济复苏计划，其中一半以上的援助资金被用于数字化领域。总的来看，通过联邦立法形式，德国既体现了政府对数据要素和数字经济的重视程度，以

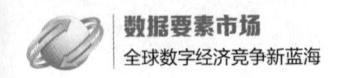

及数据在新形势下的重要价值，也对数据要素市场行为进行了规范，增加高价值数据的流通与应用，确保公平参与，同时持续打击数据滥用。

二、以数据空间为媒介，积极推动数据流通

德国在全球率先提出"工业数据空间"，希望通过该制度确保交易中的数据安全，从而建立一种国际标准，以主导欧洲数据要素市场。德国通过打造工业数据空间来构建行业内安全可信的数据交换途径，排除企业对数据交换不安全性的种种担忧，实现各行各业数据的互联互通，形成相对完整的数据流通共享生态。工业数据空间是一个基于标准化通信接口的、确保数据共享安全的虚拟架构，融合可信认证、数据自主权管理和数据连接器技术解决方案相关理念，为数据要素市场确权和定价提供了新思路。工业数据空间的核心是维护数据主体权利，允许用户决定谁拥有访问其专有数据的权利，从而实现对数据的监控和持续控制。目前，德国工业数据空间已经得到包括中国、日本、美国在内的20多个国家，以及118家企业和机构的支持。

三、较完善的政府数据开放体系日趋形成

德国政府同样制定出台政策和系列措施来促进政府数据开放，鼓励公众参与，提高政府的运行效率。

在政策法规方面，德国政府发布"国家电子政务战略"，重点开放政府数据，同时在多项法规中明确联邦政府及其行政部门必须在符合法律的前提下推动开放数据，强调数据开放义务，明确开放项目、范围和收费等，并搭建了政府数据开放平台，将行政部门的数据开放应用于研究。

在激励措施方面，德国政府在城市规划、公共建设、财政预算和环境能源等治理维度积极鼓励公民参与，并形成了一套较为成熟的模式，如巴登-符腾堡州设置公民参与顾问职位，并在各个部门设置联系点，鼓励民众、企业等共同参与。从运行情况来看，虽然德国公共数据开放已经发展了一段时间，但目前

许多开放政府数据平台仍处于入口阶段，如何有效整合利用数据资源，仍是数据开放需要解决的难点。

四、多样化场景的数据应用成效日渐凸显

德国数据要素市场应用场景十分丰富，除在优势制造业外，在农业、公共服务等领域，数据也发挥了不可替代的作用。

作为制造业大国，德国在制造业领域始终保持不断学习的姿态，积极采纳新技术、新应用。德国政府考虑到新一代信息技术的快速发展，在2013年提出"工业4.0"规则，以发达的工业体系为基础，充分挖掘信息技术的潜力，重视对工业数据的开发和利用。例如，在机车上安装智能传感器，实时捕获机车性能、空调等运行数据；及时分析各部件的运行状态，识别潜在的安全隐患，用以预测和消除错误，提高操作与维护的质量和效率。数据显示，这一实时分析功能有助于将机车维护成本降低8%~10%。

在农业领域，德国政府投入大量资金，与大企业合作研发"数字农业"技术，主要集中在农场投入及使用技术、畜群管理数字化解决方案与设备等，以及气候控制和环境技术上。例如，思爱普推出数字农业解决方案，实时显示农作物生产信息；德国电信推出数字化奶牛养殖监测技术，对饲养过程进行全流程监测。

在公共服务领域，数据要素市场在新型冠状病毒感染疫情防控中也发挥了巨大作用。一方面，大数据在疫情追溯、防控中的应用极大地降低了疫情带来的负面影响。另一方面，数据要素催生无数新业态，同时数据以其蕴含的巨大创新潜能，推动了经济社会的转型与变革。因此，德国将数据要素市场视为走出疫情影响、加速经济恢复的重要支柱。

案例3：黑尔公司深耕高精度地图，赋能自动驾驶

作为欧美市场排名第一位的地图和位置服务企业，黑尔公司成立于1985年，曾是纽约股票市场上市企业、诺基亚旗下的子公司。2015年，德国汽车联盟（奥迪、宝马、戴姆勒）宣布以 25.5 亿欧元联合收购黑尔公司，后者由此成为独立运营的地图品牌。现在，黑尔公司成长为一家成熟的全球化位置服务平台企业。能够肯定的是，相比纸质地图时期，黑尔公司已然开创了一个全新的时代。从与宝马合作生产第一张电子地图到推出全球第一张网络地图、全球第一张手机地图、全球第一张高级驾驶辅助系统地图和全球第一张高清地图，黑尔公司每一次的选择都在重新定义自我。

在汽车高级别自动驾驶的大趋势下，黑尔公司从地图提供商向智能出行解决方案提供商的转型之路驶入快车道。近几年，黑尔公司逐步明晰了自身的发展路线，基于黑尔公司全球一体化的电子导航地图、高级驾驶辅助系统地图、高精度地图和位置云平台，为车厂建立全球一体化、平台化的多传感器融合的长期解决方案。

"地图是一个高门槛的行业"，黑尔公司对电子地图的雄心早已不必多言。自 2016 年推出第一版高精度地图 "平台 1.0" 起，从曾经冷冷清清的市场蓄力至今，黑尔公司多年的技术沉淀为其在全球电子地图行业拥有绝对优势地位打下深厚的基础。截至目前，黑尔公司的电子地图已覆盖超过 200 个国家和地区，在汽车导航、互联网和公共管理等领域被广泛应用。数据显示，黑尔公司在欧美的车载导航市场占有率高达 85%，使用黑尔公司的服务并为黑尔公司提供实时传感器数据的车辆已超过 2100 万辆，装载黑尔公司导航系统和使用黑尔公司数据的车辆已超过 1.6 亿辆。

案例来源：黑尔公司官网

五、数据要素市场主体行为监管日趋严格

（一）法律层面

德国建立了"法律+制度"两个层面的数据要素市场监管体系。

在法律层面，德国已经有了相当全面的数据保护立法。一方面，德国出台系列综合立法，对数据要素市场进行全面监管。例如，《联邦数据保护法》明确数据保护的规则和框架条件，参照欧盟《通用数据保护条例》制定数据保护规则。另一方面，德国出台针对各领域的专业立法。例如，《反限制竞争法》第十修正案旨在加强对数字行业巨头的监管；《通信法》和《媒体法》等业内专门法律对通信、媒体等相关领域的数据予以保护。以《联邦数据保护法》为依据，德国各州基于实际情况出台相应的数据保护法案，由此德国数据监管法律体系日渐成熟。

（二）制度层面

在制度层面，德国政府设立国家层面的联邦数据保护专员，独立行使职权，联邦数据保护专员只服从法律，受联邦法律监督，最大力度保证数据保护专员的公正性。此外，德国政府内部建立监督专员办公室，建立数据保护工作底线。联邦各州均设立数据保护专员，针对本州范围内的数据安全问题进行监管。

第四节　英国：政策加码，积极推动数据开放

脱离欧盟后，英国积极重塑本国数据要素市场，制订了新的全球数据战略计划，数据市场规模在欧洲处于领先地位。在对外合作方面，英国与多个国家建立了全球数据合作伙伴关系，签订了新的数据传输协议。在数据治理方面，英国不断完善数据跨境流动治理框架，降低国际数据传输成本，为本国数字经济在脱欧后实现自主良性发展创造有利条件。在基础设施方面，英国制定出台相关政策，大力推动数据中心等关键领域基础设施建设。

一、数据市场规模独占欧洲鳌头

2020 年，英国拥有欧洲最大的数据市场。英国的数据市场约占国内生产总值的 4%，数字贸易占英国国际服务贸易的最大部分，2019 年数字贸易出口额达 2340 亿英镑。数据要素安全有序流通带来的生产力和竞争优势将使英国国内生产总值增长约 278 亿英镑。2019 年 9 月，英国政府发布《国家数据战略》，旨在通过数据要素流通应用推动增长，改善社会公共服务，使英国成为下一轮数据

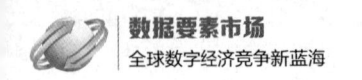

驱动型创新的领导者，为处理和投资数据、促进经济发展建立了框架。《国家数据战略》承诺到 2027 年，英国政府对数据研究和开发的投资将增加到国内生产总值的 2.4%，建立诸如数据伦理与创新中心和图灵研究所等机构，并就"数据信任"这一新型的数据共享框架开展开创性工作。

二、政府数据开放极具借鉴意义

由于政府采取多项措施开放数据，英国在全球数据开放指数中处于领先地位。

（一）政策制定

在政策制定方面，英国制定出台《抓住数据机遇：英国数据能力策略》《G8 开放数据宪章英国行动计划》《透明度与开放政府》《英国开放政府国家行动计划（2016—2018）》和《英国开放政府国家计划（2019—2021）》等系列文件，为英国政府数据开放提供了较为深厚的政策基础。

（二）机构设立

在机构设立方面，英国政府先后成立信息经济委员会和数据战略委员会制定和推行英国政府的数据开放战略、监督政府数据开放工作的实施情况，同时成立公共数据集团和数据开放研究所具体开展政府的数据开放工作。

总的来看，英国政府数据开放是国家从制度和架构两方面系统化推进的结果。

三、开放银行战略价值日渐凸显

作为一个高度重视数据价值的国家，英国在开发和利用金融数据、促进金融数据的贸易和流通方面实施了开放银行战略。该战略通过开放安全的金融市场应用程序接口，向授权的第三方提供数据，使金融市场中的中小企业和金融服务商能够更安全、便捷地获取和共享数据，进而刺激市场活力，鼓励金融创新。目前，英国已有 100 家金融服务商参与开放银行计划并提供创新服务，极大地提高了数据交易市场的规模。为了向用户提供更准确的信息服务，金融业随后发起了"开放银行倡议"。根据该倡议，金融服务商能够快速访问或获取企业数据，出具企业的信贷档案，以便贷款机构更为便捷地审核企业资质，提供最优贷款方案。目前，英国的"开放银行倡议"服务拥有 300 万个私人和企业用户，可为用户每年带来上百亿英镑的收益。

案例 4：英国开放银行

一、开放银行的背景和目标

英国银行业历史悠久，诞生了汇丰、巴克莱等知名金融巨头。但是，在银行的零售业务和对公业务中，客户只能通过银行的线上应用和线下网点获取相关服务，因此传统大型银行掌控绝大多数金融业务的数据与接触点。英国竞争和市场委员会通过调查发现，英国四大银行控制了全国 80%的常用账户，并且英国公民持有的账户转换银行的概率非常低。大型银行占有大部分市场份额，凭借客户的使用惯性即可留住大量客户；而中小银行面临获取客户困难、业务应用场景相对单一的问题，难以与大型银行竞争。这种强者愈强、弱者愈弱的状况持续多年未得到改善，限制了金融市场创新和客户体验。为促进英国的银行业竞争，让市场更好地为消费者、企业及国家经济发展服务，英国竞争和市场委员会提出并强制落实开放银行政策，有两个目标：一是促进金融业的竞争，改善客户权益；二是培养第三方金融科技企业的创新发展能力。英国竞争和市场委员会采取强制措施，要求银行开放通用接口，使用相同的数据和安全标准来促进全国金融信息共享，因此英国的开放银行是典型的自上而下的监管驱动型开放。通过数据共享，开放银行从根本上改变了银行与客户的互动方式，动摇了银行对数据的垄断地位，使客户可以通过第三方获取不同银行的服务，增加了服务透明度，并引入第三方参与竞争。

二、开放银行的三种模式

自 2017 年 3 月 9 家大型银行率先开放数据以来，英国的开放银行业务快速发展。截至 2019 年 9 月，已有 44 家金融机构作为数据提供方开放了数据，另有 109 家第三方平台加入该业务，以开放银行模式为客户提供服务。在业务模

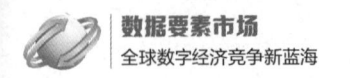

式上，英国的开放银行呈现以下三种不同的模式。

1. 业务驱动的生态圈模式

该模式主要服务银行的零售业务。银行以客户为中心，通过通用接口向第三方平台开放业务数据，将金融服务嵌入客户的多个生活场景中，根据消费者的习惯提供针对性的产品和信息，积极拓展银行自身的生态圈。此外，银行以客户的活期账户为切入点，为客户提供理财投资、境外支付、抵押贷款和账单拆分等服务，将银行卡支付延伸至其他业务场景。通过提供衣食住行等方面的综合服务，银行一方面获得更多客户，提高客户黏性，另一方面增加与客户在生活中的触点，积累业务数据，解决客户脱媒的问题。

2. 金融科技创新模式

该模式主要服务银行的对公业务。银行向科技企业开放通用接口，然后利用人工智能、物联网等科技手段解决企业客户在生产经营中的痛点。这种以科技为驱动的模式提高了银行的技术创新能力，降低了企业客户的运营成本，实现了双赢。以中小企业的账务处理为例，银行通过应用账款服务优化中小企业的发票处理流程，首先自动识别发票内容，并与订单自动匹配，然后提供发票转发、内容捕捉、在线批准、在线支付等发票处理全流程服务。此外，客户还可以将自己的应付账款流程与财务系统合并，并集成在银行账户系统中，因此可以实现支付自动化。该服务优化了中小企业的发票处理流程，降低了企业成本，受到中小企业客户的好评。

3. 金融服务平台化模式

该模式主要服务银行重构行内系统。在这一模式下，银行通过通用接口和微服务重构行内系统，在其中增加服务和数据开放功能。以零售小商户场景为例，银行为商户收集信息，分析、对比企业客户的经营情况，分析不同消费者的规律和偏好，然后向中小企业客户提供分析报告。

三、开放银行的技术支撑

从技术实现角度看，开放银行是一种利用开放通用接口技术实现银行与第三方之间数据共享，从而提高客户体验的平台合作模式。从上述对开放银行的理解来看，可以总结出开放银行的三个特征。

1. 开放通用接口

开放银行的核心就是开放通用接口。通用接口是系统与系统之间沟通的桥梁，系统之间任何数据的交互都要通过通用接口来完成。银行系统与外部系统对接，银行需要对外发布自己的一套标准通用接口，第三方机构通过使用这些标准通用接口实现在各场景下将功能服务嵌入银行平台。开放通用接口在安全方面的优势尤为明显，银行将自己的服务封装成通用接口对外提供服务，使用者通过调用银行的开放通用接口来使用服务，服务的核心机制和数据并不会暴露给通用接口使用者。这样一来，不仅有效扩展了银行与第三方机构的合作能力，还可以保护银行的核心内容，使其不被泄露。

2. 数据共享

开放银行的灵魂在于数据共享。近些年，银行业一直在推进改革创新，促进转型发展。作为客户，我们可以发现银行业的开放平台（如各大银行的手机应用程序）提供各种各样的服务，这些服务覆盖了民生、医疗、交通、娱乐等各个方面。这些都是数据共享给我们的生活带来的便利。在客户的支付、存储、下订单等一系列行为过程中，银行与第三方机构共享客户数据，从而使银行和第三方机构为客户提供不同场景下的功能服务，增加用户黏性。

3. 平台依托

开放银行的基石在于平台依托。在技术上，平台对外提供各种场景下不同功能服务的标准通用接口；在应用上，平台通过共享数据为客户提供各式各样的服务。开放通用接口、共享数据等技术资产需要有效地统一管理，在不同场景下的不同服务需要统一集成并向客户提供入口，这些都需要银行提供一个统一的开放平台进行集成，统一管理，这样才能实现银行为客户提供一个入口，以及多种功能的服务方式。2018 年，多家商业银行均以平台方式对外发布自己的产品，由此可见平台在开放银行发展中的关键作用。平台化管理既可以有效

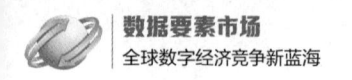

管理后台的开放通用接口及应用，又降低了银行和第三方机构合作的时间成本，可以有效而便捷地将新场景下的服务集成到开放平台中，进而对外提供服务。

案例来源：史方舟、江雷《英国开放银行实践及启示》，原载《上海支付清算》2020年第2期。

四、数据市场监管体系日益成熟

脱离欧盟后，英国自2021年开始自主建立独立于欧盟数据治理体系的数据保护制度。相较于欧盟，英国的数据治理有两个创新思路。一是掌握制定规则的主动权，摆脱欧盟对数据流动的限制。二是以"平衡"为创新导向，找到一个既有利于创新又能实现有效监管的数据跨境流动治理框架。基于上述要求，英国政府专注于提供灵活的监管制度，在保障公民数据权益的同时鼓励开发应用数据。

2021年7月，英国启动其数字监管计划，以抓住数字技术发展的机遇，推进数据要素市场建设。其监管计划主要遵循以下三个原则。

第一，创新为先，消除不必要的监管和商业负担，优先考虑技术标准等非监管措施。

第二，确保监管的前瞻性和一致性，并确保监管规则和能力水平适应数字技术的快速发展。

第三，监管决策者应具有全球视角，并在决策时将监管行为对国际动态的影响考虑进来。

这一计划的出台标志着英国数字监管新篇章的开始。随后，英国还将《网络安全法案》提交议会审议，制定推动数字产业发展的新制度。

五、数据基础设施投资力度不断加大

英国政府从战略制定和产业扶持两个层面来推动数据基础设施建设。

（一）战略制定

在战略制定方面，2017年，英国发布《产业战略：建设适应未来的英国》，明确提出英国在人工智能方面应重点发力的四个领域：使英国成为全球人工智能和数据创新中心；支持各行业使用人工智能和数据分析技术；在数据安全和人工智能方面保持领先地位；提高公民的职业技能。随后，英国发布《在英国发展人工智能》《产业战略：人工智能领域行动》等政策文件，优先支持关键领域的创新。

（二）产业扶持

在产业扶持方面，英国政府设立多个基金项目，加大对数据基础设施的投资力度，如设置"产业战略挑战基金"并拨款9300万英镑用于机器人与人工智能技术研发。截至2020年12月，英国政府已向包括虚拟技术在内的沉浸式新技术研发投入3300万英镑、向数字安全软件开发和商业示范投入7000万英镑、向下一代人工智能服务等投入2000万英镑的研发经费。2021年，英国研发投资高达125亿英镑，呈逐年上升态势。

第五节　日本：站位全球，创新设立数据银行

日本由于面临经济持续低迷、人口老龄化、基础设施老旧等经济社会问题，试图积极发展信息技术产业，尤其数据开放及云计算等相关产业和技术，以缓解相关问题带来的社会负担。一方面，日本率先布局顶层设计，制定出台一系列数字发展战略。另一方面，日本开创个人数据银行模式，稳步推进个人数据开发应用。同时，在数据治理和基础设施方面，日本也展开了相关探索。

一、以数据战略高位推动数据市场

日本数据要素市场顶层设计发展起步较早，自1995年起便出台国家战略文

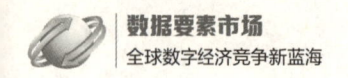

件，明确重点发展信息通信、大数据等产业。2012 年 7 月，日本推出《面向 2020 年的信息和通信技术综合战略》，将大数据作为发展的重点。2013 年 6 月，日本公布新信息技术战略《创新最尖端信息技术国家宣言》，明确 2013—2020 年以开放公共数据为核心的日本新信息技术国家战略。

近年来，日本在数据要素市场建设方面持续发力。2021 年 5 月，日本相继通过《数字改革关联法》等六部法案，同时成立数字厅专门负责政府部门的数字化发展，旨在加速推进日本数字化改革。2021 年 6 月，日本出台《综合数据战略》，明确数据战略的基本思路，制定社会愿景及实现该愿景的基本行动指南，旨在打造世界顶级数字国家所需的数据基础设施，为数据要素市场建设提供指导性方针。

二、以数据银行促进个人数据交易

在数据交易模式方面，日本从自身国情出发，创新推出数据银行交易模式，最大化地释放个人数据价值，提高数据交易流通的市场活力。数据银行在与个人签订契约之后，通过个人数据商店对个人数据进行管理，在获得个人明确授意的前提下，将数据作为资产提供给数据交易市场进行开发和利用。数据银行以日本《个人信息保护法》为基础管理个人数据，基于促进流通的原则对数据权属进行界定。从数据分类来看，数据银行内交易的数据大致可分为行为数据、金融数据、医疗健康数据及偏好数据等几个类别。从业务内容来看，数据银行从事包括数据保管、贩卖、流通在内的基本业务及个人信用评分业务。日本通过数据银行搭建起个人数据交易和流通的桥梁，促进了数据交易流通市场的发展。

案例 5：日本个人数据银行

个人数据银行是指基于提高本人实际参与程度（控制权重）、促进个人数据流通利用的目的，在本人同意的限定范围内，由本人授权将个人信息委托提供给可信赖的第三方主体进行交易的流通模式。个人数据银行根据与个人之间的委任合同接受委任，管理包含有关个人的信息数据（例如，购买信息或特定服务），同时根据与第三方之间的协议提供该数据，个人享受直接或间接利益。

数据主体可以到数据银行的服务窗口签署个人数据存储承诺合同，也可以采取智能合约方式。作为提供数据的报酬，数据银行向个人支付一定的数字货币、现金、折扣券、有价值的服务信息及信用评分等。对于提供数据的个体，第三方运营商直接或通过个人数据银行间接向其支付报酬或提供便利。例如，个体提供购物数据，运营商为其推荐更适合的商品或服务并给予积分或礼品券等；个体提供健康诊断数据，有权获得健康咨询免费服务。当个体信息被泄露时，还可以获得一定金额的赔偿。数据银行在将数据进行匿名化处理之后卖给数据开发应用企业，不同数据银行之间可以开展业务合作。监察机关对所有数据银行的数据保存、销售、中介服务等活动进行全过程监管。此外，数据银行通过一系列技术手段来保障个人的数据安全和隐私安全。个人数据银行工作流程如图 3-1 所示。

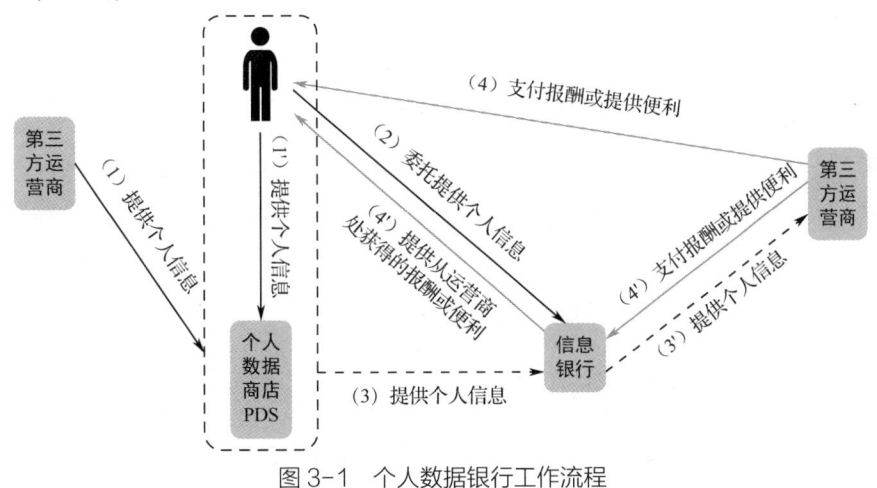

图 3-1　个人数据银行工作流程

从 2017 年开始，日本政府积极推动数据银行的筹建，并着手建立相关制度。到 2019 年已有 4 家企业正式开办数据银行，包括四大银行在内的 15 家企业随后宣布跟进，其中三菱 UFJ 信托银行和 NTT 数据在当年就实际设立了数据银行。仅从医疗诊断数据共享这一领域来看，个人数据共享每年可以产生 208 亿日元以上的市场价值。迄今为止，已经有 7 家数据银行获得认定并开始提供数据理

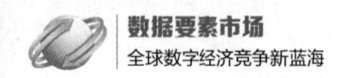

财、金融风险评估、个人信用评分等服务。然而，如何设计数据合作必需的标准和框架、搭建重点领域的交易平台，以及用人工智能驱动数据利用，仍是今后有待进一步探讨的课题。

案例来源：开放知识基金会

三、以开放战略推动政府数据共享

日本数据开放相比欧盟国家起步较晚，但从总体来看，数据开放价值日益凸显。2012 年，日本在《电子政务开放数据战略》中首次明确开放数据战略，通过对公共数据二次加工，提高行政和企业效率。此后，日本又陆续发布多个开放数据文件，如 2016 年的《开放数据 2.0》和《促进公共和私营部门数据使用基本法》、2019 年的《开放数据基本指南》等，对数据开放的管理办法做出了详细规定。从开放价值来看，公共数据应用领域广泛，在工业制造、医疗、教育、犯罪预防、防灾减灾等领域释放了巨大的经济社会效益。一是用于公益事业，如会津若松市使用开放数据提供全市消火栓地图、佐贺市使用开放数据提供本市移动热点地图等；二是服务行政活动，通过公开数据，减少公民的"信息请求"；三是用于商业活动，如扎伊姆公司基于公共数据为用户免费提供医疗账单服务，并通过提供付费服务和投放广告来获利。

四、以个人信息保护构建数据治理规则

日本数字经济发展起步较晚，在数据治理领域，持续推动个人数据保护，同时积极参与全球数据治理规则制定。在个人数据保护方面，日本在 2003 年通过《个人信息保护法》，并先后多次修订，对个人数据进行严格保护。为落实该法，日本政府专门成立相关执法和监督机构，成立个人数据保护委员会，将其作为最高执法机构，监督私营部门的个人数据保护，同时与内务和通信部联合监管公共部门个人数据保护工作。在国际数据治理规则接轨层面，日本充分利用世界贸易组织、二十国集团、世界经济论坛、亚太经济合作组织等多边机制和多边组织，力图推动与美国、欧盟数据治理模式的对接。日本在《通用数据

保护条例》生效两个月后，与欧盟签署《日本-欧洲经济伙伴关系协定》，允许日本和欧盟之间个人数据自由流通和共享。日本致力于构建数据"基于信任的自由流通体系"，推出"大阪轨道"系列行动，以谋求在平等地位上与美欧等国家和地区就数字经济的相关规则进行谈判。这表明日本致力于促进其数据治理方法与美国、欧盟数据治理方法的兼容性和一致性，并积极协调在美国、欧盟和日本之间建立"数据流通圈"。日本这一举措使其在与圈外国家进行谈判时具有极高的话语权，也从侧面反映了日本数据战略的灵活性，使其逐渐发展成为全球在数据治理方面最开放的国家之一。

五、以制造计划推进数据基础设施建设

日本先后出台多个战略制造计划来推动其数据基础设施建设。日本在《科学技术创新综合战略 2020》中制订并推广战略性创新创造计划，针对人工智能、物联网、大数据等革命性网络空间基础技术，以及自动驾驶、机器人、三维打印等革命性制造技术，制订研发支持计划。2020 年，日本通过的《国家战略特区法修订案》积极推动"智慧城市"建设，以期在城市内实现自动驾驶、无人快递、无现金支付、在线问诊等生活服务。2021 年，日本发布《信息和通信技术基础设施区域扩展总体规划 2.0》，明确提出，通过年度预算拨付方式加快第五代移动通信网络和光纤的铺设进度，计划到 2023 年底将第五代移动通信网络基站数量增加到 21 万个，为初始计划的 3 倍。此外，日本经济和工业部将投入 1100 亿日元用于下一代通信技术的研发，重点发展半导体和通信系统。

第六节 韩国：有序布局，持续加强数据监管

韩国政府以战略规划明确数据的重要地位，在 2020 年启动数字经济发展计划，同时制定出台《公共数据法》，要求国家和地方政府积极推动公共数据开放，并委托相关机构开发大数据平台，以更好地促进数据开放和应用。从监管来看，韩国也制定出台了系列政策，在保护个人隐私的基础上，促进数据跨境自由流通。

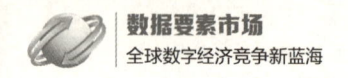

一、明确数据对经济增长的战略地位

长期以来，韩国智能终端普及率和移动互联网接入速度均居世界前列，数据产出量达到世界先进水平。为充分利用这一天然优势，韩国持续制定出台大数据发展战略，并将大数据作为经济增长的新引擎加以推广。基于朴槿惠执政时韩国政府提出的国家"创意经济"发展政策，韩国多个部门提出具体的大数据发展计划，如科技政策研究院以构建"英特尔集成数据库"为目的提出的"大数据中心战略"、国家科技委员会 2012 年制定的《大数据发展环境未来战略规划》、未来创造科学部 2012 年牵头制定的《国家大数据发展规划》等。此外，韩国在政府层面发布了《智能信息社会中长期综合对策》，以建立基于大数据等技术的智能信息社会，积极应对第四次工业革命的挑战。2021 年，首尔市政府发布《首尔元社会五年规划》，并宣布从 2022 年起，在经济、文化、旅游、教育、书信、旅游等全市业务领域建立元宇宙管理体系，以提高城市的竞争力，增强城市活力和吸引力。这是韩国地方政府在虚拟现实服务领域的第一个工作计划。

二、公共数据开放利用成效逐步显现

韩国制定出台《公共数据法》，明确要求政府推进公共数据开放和大数据平台建设，并取得显著成效。自 2021 年 12 月以来，韩国 977 个政府机构开通了公共数据共享平台，开放了 49324 个文件数据和 8055 个应用程序接口。韩国交通部是韩国最早引入数据开放和分析应用的部门之一，为市民交通出行提供便利。例如，利用大数据分析市民交通卡和电信企业通信数据，预测地铁到站时间和车辆拥堵程度。此外，首尔建立了"TOPIS"平台，该平台集成了综合公共交通管理系统、交通地图系统和监控摄像头系统，通过收集、传递和分析交通数据，与警察、气象部门和道路交通管理部门相互配合，极大地改善了城市交通状况。该平台推出后，许多韩国企业逐步开始探索利用平台上的公共数据开发新产品、新业务。据韩国技术信息通信部的数据，参与政府数据相关业务的新上市企业数量从 2019 年的 5 家增加到 2021 年的 26 家，企业市值达 5.8 万亿美元。

案例 6：韩国开放数据政策

自 2022 年 5 月以来，韩国现任总统尹锡悦致力于在前两位总统政策的基础上制定新的开放数据政策。

从组织机构来看，韩国开放数据政策主要由行政安全部、科学技术信息通信部和韩国统计厅三个部门负责，这三个中央机构各自扮演不同的角色。行政安全部内的数字政府局是韩国政府内部数字化转型的控制塔，其三个部门（开放数据政策部、开放数据部、大数据分析和使用部）负责管理与使用公共数据相关的所有工作。科学技术信息通信部负责管理私营部门产生的数据，包括企业数据、行业数据和研究数据等。韩国统计厅负责创建统计数据，运行国家统计门户网站，并管理微数据集成服务。但由于大数据的出现，以及新数据源和数据集具有复杂性，这三个类别之间的界限变得越来越模糊。

从政策制度来看，韩国通过制定出台一系列数据开放制度来促进大数据的开放和应用，如《智慧城市发展和产业促进法》《智能信息化框架法》《公共数据提供和使用促进法》和《数据管理促进法》等，旨在促进相关领域的数据开放，进一步推动数字政府的发展。随着数字经济不断发展，韩国立法者认识到有必要对相关法律频繁修订，因此缩短了相关法律的修订周期。

从开放数据类型来看，最初引入开放数据计划时，开放数据仅意味着开放公共数据。但自 2021 年韩国推出"我的数据"项目后，获得授权的企业可以收集、获取和管理用户在金融、电信、医疗和公共部门等领域的个人数据，并在匿名处理后使用该数据。从这个意义上说，私营部门的大数据与现有的开放公共数据之间的区别逐渐减弱。

案例来源： 卡内基国际和平基金会

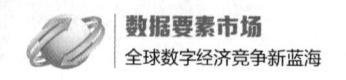

三、数据要素市场监管制度不断完善

韩国在数据治理领域建立了独特的国家治理模式，发展出独特的商业模式并搭建了相应的技术监管框架。在个人数据保护方面，韩国在 2011 年 3 月通过《个人数据保护法》，为私营部门和公共机构处理个人数据提供了指导方针，在整体上与日本公私分治的数据治理体系较为类似。该法案现已成为韩国数据保护领域的重要结构文件，在个人数据保护评估、跨境数据流动、数据披露申报、个人信息团体诉讼等方面做了更全面、更详细的制度安排，同时保证了通信行业、金融行业等各自领域立法的有效性。2020 年 1 月，韩国议会对《个人信息保护法》《信息技术与安全法》和《信贷信息保护法》三部法律进行修正，并顺利通过修正提案，同时将数据保护条款纳入《网络法》。在网络安全保障方面，2019 年韩国政府发布《国家网络安全战略》，提出六大战略支柱，包括提高国家重点基础设施安全、增强网络攻击应对能力、发展网络安全产业等。2020 年 7 月发布的"韩国新政"包括两项涉及网络安全的数字新政项目。2021 年 9 月通过的《数据产业振兴和利用促进基本法》建立了数据要素流通过程中的纠纷调解机制，支持数据交易和流通，推动培育数据要素市场。

四、数据基础设施建设水平全球领先

韩国的信息和通信技术基础设施水平处于世界前列。自 2009 年以来，韩国在国际电信联盟的信息和通信技术发展指数中一直处于领先地位，其地理和人口优势带动了信息和通信技术的快速发展。截至 2020 年 12 月，韩国的互联网和智能手机普及率是世界上最高的。同时，韩国在联合国电子政务发展指数中排名第一位。韩国的信息和通信技术政策基于明确的政府战略，在基础设施建设方面取得了非常大的成功。为有效应对关键信息基础设施面对的威胁，韩国通过《关键信息基础设施保护法》，并在总理办公室设立了关键信息基础设施保护委员会，以进一步推动对信息基础设施的保护和开发。

第七节　国外数据要素市场对加快我国数据要素市场发展的启示

纵观国外数据要素市场建设，大多数国家均在国家战略层面对数据要素市场发展予以明确，同时依托经济特征，充分发挥各自优势。美国基于丰富的应用场景，不断挖掘数据要素新应用；欧盟积极探索治理规则，试图打造统一数据市场；德国发挥强大的制造优势，积极探索数据空间。借鉴国外数据要素市场探索的经验，我国应从强化数据立法、推动模式创新、加强技术驱动三方面入手，加快构建我国数据要素市场。

一、强化数据立法，夯实数据要素市场制度基础

借鉴欧盟和德国多层级立法实践，我国应建立多层次的数据要素立法制度。

第一，加快政务数据共享立法进程，明确各级政府的政务数据共享的权力、责任和利益，明晰不同政务数据的共享范围和边界，为政务数据共享提供法治支撑。为进一步加强公共数据共享激励，有必要将公共数据共享成效与业绩考核相挂钩，以一定的奖惩措施推动公共数据共享取得更大实效。

第二，加快数据要素市场监管立法，在当前个人数据保护制度"三驾马车"的基础上，建立健全数据资源产权、交易流通、跨境传输和安全保护等基础制度和标准规范，推进相关立法工作。

第三，加快数据资产确权的全国性立法，界定企业或者产业数据的所有权属，规范数据流通、使用产生的价值归属与分配，明确企业或产业获取数据的合规方式，确定数据的可交易性、数据交易的合法性等问题。

二、推动模式创新，完善数据要素市场流通机制

借鉴美国数据经纪商、欧盟数据中介、德国数据空间、日本数据银行等模式，我国应探索与我国要素市场发展现状相匹配的数据交易模式。

第一，依托现有数据交易机构和交易场所，探索新型数据交易模式（如"数据信托"），并借助国家数字经济创新发展试验区、自由贸易试验区等，开展数据要素交易模式探索，鼓励在数据要素应用活跃地带进行模式创新。

第二，完善数据要素市场机制，加快完善数据要素产权、会计、定价、分配、监管等制度，构建数据要素市场化配置制度体系，为数据要素流通交易和价值创造提供制度保障，持续激发数据要素流通交易的活力。

第三，构建安全高效的数据流通体系，完善市场规范，支撑数据要素跨行业、跨地域流通。明确包括第三方数据交易机构、数据源机构等在内的数据交易主体的资质和权责，引入数据交易登记机制，鼓励全社会借助数据交易机构实现数据的合法、合规交易。

三、加强技术驱动，夯实数据要素市场基础底座

从英国、美国、韩国等国的实践看，技术在数据要素市场建设中起到基础和保障的作用。借鉴英国、美国、韩国等国在数据技术层面的措施，我国应从以下三方面强化技术创新。

第一，加强基础技术攻关。整合调动企事业单位、高校、科研院所等各方力量，加快量子计算、隐私计算、区块链等重点领域核心技术创新研发，寻求前沿基础理论和算法突破。设立一批具有前瞻性、战略性的国家重大技术攻关项目，制订重大研发计划，强化数据流通供需双方的安全保障。

第二，加快应用技术迭代。推动可信计算、多方安全计算、自主可控软件等数字流通相关技术的市场应用，尽快掌握具有自主知识产权的软件和硬件系统，强化技术保障，通过自主创新技术产品迭代升级满足市场需求，形成需求升级与技术迭代螺旋式相互促进的产业发展模式。

第三，推进共性技术服务。搭建数据要素孵化器、加速器等共性技术支撑平台、技术服务平台，开展数据流通领域关键共性技术研究，有序推进数据互通互用，降低供给侧数据要素流通成本，提高需求侧数据开发使用效率。

总体篇

绘就数据要素市场蓝图

习近平总书记强调,"系统观念是具有基础性的思想和工作方法"。实践证明,坚持系统观念作为做好党和国家各项事业的科学思想方法论,是应对错综复杂的数据要素市场形势的有效"钥匙"。本篇遵循习近平新时代中国特色社会主义经济思想,坚持辩证唯物主义和历史唯物主义的世界观和方法论,积极运用系统观念,从功能作用和生态谱图等视角阐述数据要素市场的不同主体,厘清不同数据要素市场主体的具体作用,从市场供需、流通范围、市场机制等维度描绘数据要素市场的运行逻辑,在对发展模式、发展定位、发展目标、发展原则深刻阐述的基础上,提出一套数据要素市场总体构成体系,以及下一步系统推进数据要素市场发展的总体思路,明确发展数据要素市场的总基调,以期深入回答数据要素市场怎么看、干什么、怎么干等一系列重大理论和实践问题。

第四章 | Chapter 4

数据要素市场之源：剖析市场主体

数据要素市场的运行主体包括数据要素市场的供给主体、需求主体和数据交易的中介机构等。每个主体都是独立的经济实体，有各自的利益诉求，通过不同的数据要素市场活动，完成数据从资源向要素、从潜在生产力向现实生产力化的转化。本章主要探讨数据要素市场主体的构成，以及不同主体之间的行为关系。

第一节　数据要素市场主体概览

市场主体是数据要素市场运行的微观基础。数据要素市场涉及数据生产、分配、流通、消费四大环节，主要包括数据的采集、传输、存储、处理、流通、共享、开发和应用等。具体来说，数据要素市场参与主体主要包括数据生成方、数据采集方、数据提供方、数据开发方、平台运营方（授权运营平台、开放共享平台、数据交易平台）、数据应用方、数据监管方七类，如图4-1所示。各主体在业务上可能同时兼具多种身份。

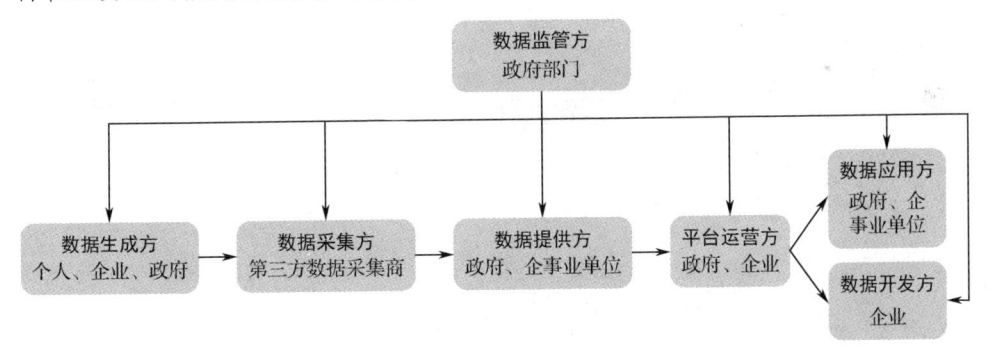

图 4-1　数据要素市场参与主体

一、数据生成方

数据生成方作为数据的来源主体，享有数据的所有权和知情权。个人、企业和政府都可以是数据的生产者和消费者，在生产、生活和管理的过程中，不断产生新的数据，同时对数据产品和服务产生需求。洛克认为每个人对自己的人身都享有所有权，对自己的生命、自由、财产都具有平等的权利。由此推之，自然人基于自己行为产生的各种信息并因此而形成的数据，应当专属于个人。对于企业产生的数据，尤其数据产品，属于劳动付出所得，企业理应享有产权。因此，自然人或企业自身参与社会活动的可识别数据，可以隐私、商业秘密或知识产权等形式存在，产权归属于数据产生者。在双边或多边交易中产生的数据，关涉到参与各方，财产权在原则上属于共有。

二、数据采集方

数据采集方是数据的汇集者，借助传感器和其他设备从用户那里收集数据，供数据分析者使用，属于数据的第一手接触者。数据采集方不一定是数据生成方。例如，个人在购物平台产生的行为数据，数据采集方为平台企业；个人在医院就医的诊疗数据，采集方为医院。目前市场上已有专业数据采集企业，有的专门提供面向智能制造的数据采集业务，有的专业从事数据抓取服务。

三、数据提供方

数据提供方掌握着数据资源，是数据的实际拥有者，类似数据管理员。数据提供方作为数据供给方，可以是企业，也可以是政府部门。在大多数情况下，数据提供方和数据采集方为同一主体，但也有例外的情况。例如，当机构委托第三方进行数据采集工作时，此时数据提供方与数据采集方为供需关系，而非同一主体。

四、数据开发方

数据开发方基于各类源数据进行数据的清洗、分类、加工，从中发现和提取有价值的信息，属于数据的加工处理者，是数据的技术支撑方。

五、平台运营方

平台运营方负责数据的日常运营，为数据流通提供服务，为其他主体的"连接者"和"服务者"，建立安全、可靠、高效、合规的数据流通机制，为数据的供需双方建立沟通平台。平台类型主要包括授权运营平台、开放共享平台、数据交易平台。其中，授权运营平台为数据提供方提供数据开发服务，开放共享平台为数据应用方提供数据查询、核验、数据集等内容，数据交易平台一般撮合数据供需双方，开展数据产品交易服务。

六、数据应用方

数据应用方作为数据的需求方，从市场中共享或者购买数据，是数据的消费方。数据应用方通过创造应用场景，释放数据价值，是数据要素市场的活力之源。数据应用方是数据要素价值的最终决定者。数据应用方根据自身应用需求从交易市场获得可用的数据产品信息，基于数据属性、标签等自由选择或直接定制相关数据产品。通常来说，数据应用方主要包括政务机关、公证机构、金融机构、保险机构与医疗健康机构等。它们与数据供应机构签订交易订单，并完成支付。

七、数据监管方

数据监管方主要指政府主管部门，是市场规则的制定者和维护者，负责保障市场的公平和安全、维护市场秩序。数据要素涉及个人隐私、商业秘密甚至国家安全，所以在流通中应强化监管，不能任由市场自由竞争配置。政府通过法律法规、标准规范及监管监察等方式，对数据要素市场的安全、定价和质量等关键问题进行监管，引导和规范数据要素市场主体行为，推动公共数据、企业数据和个人数据的有序流通、开放共享和开发利用，实现数据要素市场的良性循环。

图 4-2 为数据要素市场生态图谱。

图 4-2　数据要素市场生态图谱

从发展生态来看，数据要素市场各环节参与主体众多，从数据采集加工、流通交易到数据应用挖掘，均形成了较为活跃的市场。在供给层面，数据采集、数据标注、数据存储和数据管理各个领域均已出现较为成熟的企业，为数据要素市场提供高质量、标准化的数据。在流通层面，主要包括数据开放共享、数据中介、数据授权运营，以及提供数据服务技术解决方案的企业。在应用层面，数据要素已广泛应用于互联网、金融、医疗、公共服务等多个领域，驱动传统产业加快构建以数据为中心的组织架构和业务形态。在基础支撑层面，新型基础设施是数据要素市场的基础，是承载数据全生命周期流转的重要载体，信息技术设备、通信运营商、云服务商、数据中心服务商、电源设备制造商等纷纷入局，为数据要素市场提供基础支撑服务。此外，数据要素市场有序发展，离不开数据安全产业的保障，如奇安信、赛亿通等企业专注于数据安全领域。

接下来，我们围绕数据要素市场生态主体的构成和作用详细进行阐述，让读者对不同主体产生更加真切的认识。

第二节　数据采集加工方初具规模

数据采集作为数据市场的前置环节，是构建整个市场的逻辑起点，厘清数据采集主体构成及行为，可以为有序推动数据要素市场发展夯实基础。

一、数据采集主体为政府、企业和个人

数据采集主体主要可以分为政府、企业和个人三类。不同主体采集的数据类型各异。

（一）政府

政府根据公共管理和政府职能的需求，直接采集数据或者委托第三方机构采集数据，或者通过与自然人、法人和非法人组织协商的方式，获取相关的公共数据，这一方式在《上海市公共数据和一网通办管理办法》和《湖州市公共数据管理办法》等政府文件中均有体现。

（二）企业

根据行业分类，农业、工业、服务业等行业企业因生产需求不同程度地需要采集数据，而且不同行业不同企业在数据采集方面发挥的主体作用明显不同。

1. 农业数据采集主体

在产前环节，企业主要通过内嵌物联网传感器的智能农机设备采集相关种植环境的数据；在产中环节，提供大数据服务的企业基于卫星遥感大数据获取当地的天气状况，物联网企业则使用无人机、传感器等设备及时收集农作物和环境相关数据；在产后环节，农业数据分析企业主要采集农产品收获的相关数据。

2. 工业数据采集主体

（1）工业企业。这类企业主要通过接入可编程逻辑控制器、传感器等设备，自行采集生产经营数据。

（2）工业互联网平台企业。这类企业主要为工业企业生产运营提供基于工业互联网平台的数据采集服务。

（3）工业数据采集解决方案企业。这类企业主要为工业企业提供包括架构设计、设备部署、系统搭建、运行维护等在内的数据采集系统服务。

3. 服务业数据采集主体

服务业数据采集主体按功能可以分为以下四类。

（1）设备供应企业。这类企业主要提供硬件、软件及信息通信服务，采集相关信息，为日常运营管理、监控提供数据来源。例如，提供数据采集、加工等一系列数据处理服务的数据生产企业。

（2）后台管理企业。这类企业主要采集数据，进行分析，挖掘用户需求，优化平台的数字化管理。

（3）服务应用企业。这类企业主要采集并提供与零售、服务预订、位置服务相关的服务和数据。

（4）技术支撑企业。这类企业主要为用户提供移动支付、云服务等新型数字化技术，提供更好的数据服务。例如，为用户提供数据采集等服务的数据密集型企业，其在采集数据的过程中积累了大量的数据资源，代表企业有京东、阿里巴巴等互联网企业。

（三）个人

个人在登录各类网站、畅游互联网世界的同时，生成了大量的个人数据。虽然存在数据存储和生成载体非个人所有的情况，但如果没有个人在数字空间的各类活动，也就没有各类海量数据的产生。例如，个人在购物平台的消费记录、产品评价信息都是由个人产生的，政府机构在工作过程中产生的身份信息、房产信息、住址信息等也都由个人生成。通常来讲，如果采集的数据包括人们在日常生活中常用的数据（如通过高德地图查询出行路线、利用美团外卖搜索附近的美食，利用美团优选买菜，通过京东、淘宝等平台查询和网购产品等），那么个人也属于数据产生的主体。这些个人产生的数据具有普惠性，每个人都有权利获取，并且给个人生活带来极大的便利，直接推动了个人产生数据的行为，使个人也成为数据的产生主体。

二、数据采集来源日趋丰富

随着数据采集技术的不断推广和深入发展，数据来源与日俱增，按对象可以划分为政府数据、企业数据、个人数据三类。

（一）政府数据

具体来讲，政府数据包括政府内部管理产生的数据、在社会管理和公共服务中产生的数据、政府专门职能机构采集的社会管理数据、通过外包和采购获得的数据、从公开渠道获得的数据等。

（二）企业数据

企业数据根据产业类别可以分为农业数据、工业数据和服务业数据。

1. 农业数据

在农业生产领域，物联网的应用十分广泛，产生的数据量十分庞大，主要来源于农机设备和管理系统。

（1）农机设备数据。智能灌溉设备基于物联网，采集农业生产环境中的土壤湿度、温度、空气湿度和光照强度等关键参数，精确地计算出在农作物生长过程中的灌溉水用量；智能温室设备可以观测温室内的室温、光照和土壤、空气湿度等数据，自动调节温室气候环境。

（2）管理系统数据。土壤检测系统可以及时采集并分析土壤中的土质、吸收率等生物指标，保障土壤的质量。农业管理系统通过传感器等设备采集农业数据，为生产管理决策提供支撑。收成检测系统则持续检测农作物的水量、质量和收成总量等数据，为农业生产决策提供参考。

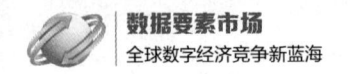

2. 工业数据

工业数据可以根据数据采集方式分为以下两种。

（1）工业现场设备数据。在工厂内，传感器、采集器等专用采集设备和可编程逻辑控制器等嵌入式系统和数控机床、机器人等智能设备均能产生大量的工业生产数据，采集这些现场设备数据有助于了解、分析生产现场的状况。在工厂外，通过将工厂外的智能设备融入生产过程中，抓取智能设备在运行过程中产生的电流、电压、通信流量、通信状态等关键生产数据。

（2）企业资源计划、制造执行系统等应用系统数据。工业互联网基于系统集成、接口方式从企业资源计划、制造执行系统等应用系统获取其采集的数据。

3. 服务业数据

服务业数据来源于统计数据和专业数据搜集平台。这其中有官方发布的服务业统计年鉴，如《中国第三产业统计年鉴》。通过数据搜集平台，我们可以获取相关行业的收入、利润及税收等经济指标。

（三）个人数据

数据是记录个人生活的载体，个人数据与人的日常生活密切相关，包括个人基本信息，如年龄、性别等，还可以按领域划分，包括个人消费数据、健康数据、社交数据、位置数据等。

三、数据采集需求呈爆发式增长

得益于数据应用场景的不断丰富，数据采集和数据标注需求不断攀升。数据采集、数据标注作为数据要素市场的供给端，成为助力数据要素市场发展的一支生力军。

（一）数据采集、数据标注快速发展离不开人工智能的需求刺激

数据是人工智能算法模型训练的"燃料"。随着智能驾驶、智能翻译、智能语音、计算机视觉等人工智能技术的发展，大规模样本数据训练模型对高质量数据提出新要求，促使道路数据、传感数据、调查问卷等数据采集需求猛增，

对语音、文本、图片、视频等非结构化数据标注的需求同样居高不下。国际数据公司发布的《2021年中国人工智能软件及应用市场研究报告》显示，2021年我国人工智能基础数据服务市场规模达到57.18亿元，同比增长26%，从侧面反映出人工智能需求的爆发式增长态势，如图4-3所示。

图 4-3 2018—2025年我国人工智能基础数据服务市场规模

（二）数据应用场景不断丰富，成为各行各业数据采集需求爆发的内生动力

对工业来讲，通过汇聚全产业链供需数据，优化配置制造企业所需的原材料、设备、劳动力、资金等要素，可以实现工业生产、调度、分配的全局优化，为企业经营全过程、全环节、全要素数据采集注入动力。农业领域与工业领域类似，农业大数据也是推进智慧农业发展的关键所在。农业大数据有助于缓解农产品滞销问题，推进农产品销售模式从"以产定销"向"以销定产"转变，对农业数据采集的需求也相应增加。对服务业来讲，随着服务业数字化进程的不断加快，大数据推动服务资源配置，在基于数据挖掘客户需求并不断改善服务质量的同时，对数据的需求亦日益旺盛。

第三节　数据开放供给方有序推进

数据供给方通过对海量数据进行加工、整理，从中提炼出具有价值的数据，

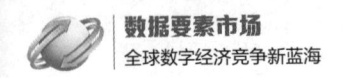

进而加工出可流通、具有应用价值的数据产品。它是推动数据资源向数据产品转变的关键主体，在数据要素流通的过程中发挥着重要的作用。

一、数据供给主体为政府、电信运营商和互联网企业

数据供给方向数据要素市场提供合规的数据产品，并基于数据产品自身的特性和价值出售数据产品的使用权。一般来讲，数据供给方主要包括公共部门和企业。目前，数据要素市场的供给主体主要包括以下三类。

（一）政府

政府在日常运营中产生了大量数据，其供给的数据范围涵盖水、气、电公共事业单位，通常以数据开放平台的形式向外提供数据。目前，全国多个地区已经展开公共数据授权运营试点探索，鼓励公众对公共数据的开发和应用。

（二）电信运营商

电信运营商拥有大量真实、可靠、高价值的用户行为数据，其日益将数据产品供应作为核心业务的重要组成部分，借助数据开启战略转型。例如，中国移动用户数已突破 9 亿人，每天产生的数据超过绝大多数企业一年的数据量；如果中国移动把数据转化为服务，不直接出售数据，仅提供以数据为支撑的分析服务，在景区客流预警、交通流量预测等方面能发挥重要的作用。

（三）互联网企业

我国互联网企业具备数据企业的"基因"，注重数据分析应用，以业务创新为导向，持续推动数据价值输出。越来越多的互联网企业，如阿里巴巴、百度、京东等，不同程度地建立了数据开放平台或企业。2022 年 6 月，阿里巴巴成立瓴羊智能服务公司，面向企业端销售数据，提供定制化的数据服务。京东基于京东云建立京东万象数据开放平台，其开放的数据范围广泛，包含电子商务、金融及征信等多领域数据，并将进一步引入各类政府数据，提高数据开放平台的开放程度，丰富数据供给生态。百度基于"框计算"理念，为开发者搭建了

免费的数据开放平台，提供教育、医疗、金融等方面的数据，"站长"只需提供结构化数据，即可获得"即搜即得"的数据展现。

二、公共数据开放规模日趋攀升

公共数据开放数据量不断增加。根据复旦大学开放数林指数，截至 2022 年 6 月底，全国省级和市级数据开放平台分别为 20 个和 173 个，2015—2021 年建立数据开放平台的省份和城市分别增长 19 倍和 50 多倍，并呈现从东南地区向中西部地区扩散的态势。以北京市公共数据开放平台为例，截至 2022 年 7 月 10 日，该平台公开的数据集达 14074 个，共享数据项高达 569690 个，数据接口 11632 个，数据量 71.86 亿条，为北京市普惠健康保、智慧出行服务等众多便民服务移动应用程序开发提供了数据支持；在新型冠状病毒感染疫情期间，与疫情相关信息累计调用 3871 次，为相关研究提供了丰富的数据。

三、行业数据开放程度差异明显

不同领域对开放数据的推动力度不一，致使公共数据开放量存在较大的差异。其中，交通运输领域开放的数据最多，住房和城乡建设、市场监管、文化旅游和生态环保领域位居其次；同时，有效数据总量排名靠前的几个行业间的差距远高于排名靠后行业间的差距，交通运输领域开放的有效数据容量位居首位，几乎是位列第五位的生态环保领域的两倍。在有效数据集总数上，民政部门的开放数据集最多，高达 11674 个，其次是统计、农业农村、教育和交通运输部门，且有效数据集总数较多的领域间差距更大。就交通运输、市场监督、文化旅游等领域而言，其开放的数据容量和开放的有效数据集总数均位居前列。

第四节　数据交易流通方百家争鸣

数据交易流通方为数据要素交易流通提供场所，同时对买卖双方的数据交

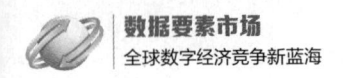

易意愿进行撮合和匹配，其以数据交易所为主，也包括拥有海量数据资源的互联网巨头企业和数据收集企业。数据交易机构有效促进了数据的交易流通，其通过对数据价值的挖掘和释放，促进了数字经济的发展。

一、数据交易机构增长得益于政策红利释放

随着时间的推移，数据交易机构的数量不断增长。从总体规模来看，截至 2022 年 11 月底，我国已建（含筹建）的数据交易机构达 99 家。2010—2014 年，数据交易机构增长速度缓慢。2015 年，在国内公共数据开放政策引导下，数据交易机构增长数量突然达到峰值，在一年内增长了约 1.7 倍。2015 年后，数据交易机构增长速度再次逐渐放缓。2019 年 10 月，在数据上升为生产要素后，引发了数据交易机构建设的新一轮热潮。自 2008 年以来我国的数据交易机构建设情况（不完全统计）如图 4-4 所示。

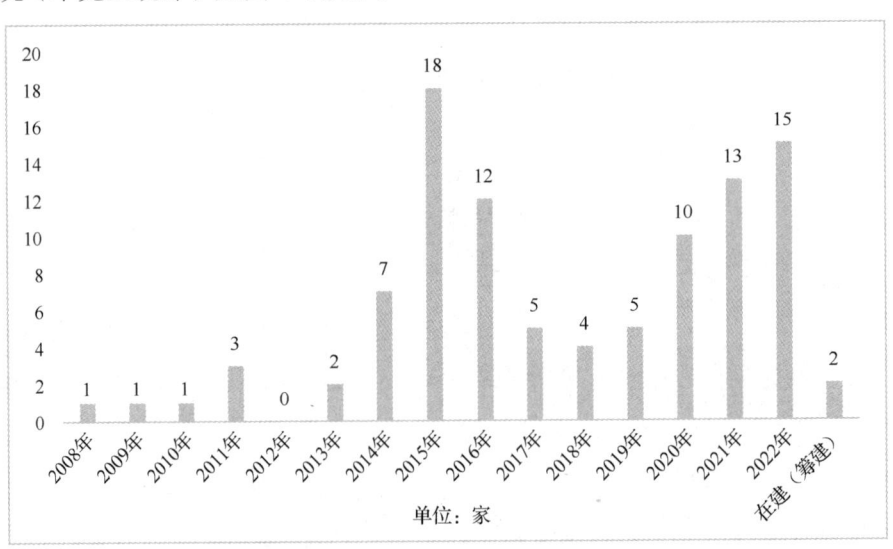

图 4-4　自 2008 年以来我国的数据交易机构建设情况（不完全统计）

二、数据交易主体涉及数据持有企业、数据需求企业和服务商

从主体来看，政府不能作为经营主体，所以数据交易主体不涉及政府。从目前我国立法和产业实践来看，个人数据权益尚未通过立法明确，个人通常难

以作为数据交易主体参与数据交易过程。黄奇帆认为，在互联网平台采集个人数据形成产品或服务的过程中，个人扮演了"数据贡献者"的角色，平台将个人数据进行二次加工，在这个过程中也付出了大量的人力、物力、财力，最后呈现的数据产品或服务是两者共同创造的结果，随之产生的收益应分配给参与生产环节的相关者，不应有任何一方独享全部收益。随着数据立法的推进，个人数据或将拥有数据财产权，并成为可获得数据收益分配的数据交易主体之一。从目前来看，企业数据交易主体可以分为以下三类。

（一）为业务开展而进行数据交易的企业

为业务开展而进行数据交易的企业，交易的数据与其所处的行业密切相关，如物流数据、交通数据、房产数据、金融数据等。企业的数据是在经营过程中产生的数据：对于规模较大的企业来说，可以通过管理自身数据实现业务闭环；而对于规模较小的企业来说，自身产生的运营数据较少，需要借助数据交易获取更多的数据来实现业务闭环。

（二）为数据交易提供运营支撑的主体

为数据交易提供运营支撑的主体，即数据交易机构，自身不具有数据持有权，但可以作为第三方中介交易数据，为数据应用方提供数据产品或服务。数据交易机构是盘活数据要素市场的关键。数据交易机构不仅是供需双方的信息交换平台，还是提供数据服务、挖掘数据潜在价值的重要功能承担者。

（三）为数据交易提供增值服务的主体

为数据交易提供增值服务的主体，即提供合规治理、质量评价、资产评估、产权保护等服务的"数商"，涵盖数据交易主体、合规咨询、质量与资产评估及数据交付等多个领域，如会计师事务所、律师事务所、数据质量评估机构、数据资产价值评估机构等。

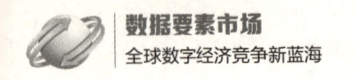

三、不同机构数据交易模式存在较大差异

数据交易为打破各行业、各部门间的数据壁垒提供帮助，对发展数据要素市场具有深远的意义。但是，不同机构的数据交易模式存在差异，大致可以分为以下四类。

（一）大数据分析结果交易模式

大数据分析结果交易模式代表机构为贵阳大数据交易所。在该模式下，交易所交易的数据是基于需求方提出的要求，对源数据进行清洗、分析等一系列操作后得到的数据，不是基础数据。该模式规避了一些数据隐私问题，同时提高了数据质量，但在细分领域中对数据挖掘技术的要求更高、难度更大。

（二）数据产品交易模式

数据产品交易模式代表机构为数据堂。该类机构提供数据定制模式、合作模式两种业务模式。前者根据需求方提出的需求，在合作采集相关的数据后进行校对、打包整理等操作后出售；后者则是与其他数据拥有者合作，对数据进行整合、编辑、清洗等一系列操作，形成数据产品后再出售。该模式运营门槛低、交易更具有针对性，但难以通过自身从网上获取高价值数据；随着政府主导的交易平台出现，其面临的竞争压力加大。

（三）交易中介模式

交易中介模式代表机构为中关村数海大数据交易平台。与上述两种模式存在显著差异，在该模式下，平台本身不分析和存储数据，仅作为第三方交易平台，按月收取费用或按调用次数收费。该模式的优点是可以推动数据交易生态形成，实现完全市场化，缺点是企业买卖数据的观念和意识不强，难以发挥效用。

（四）产业生态模式

产业生态模式代表机构为上海数据交易所。除数据包产品外，上海数据交易所业务范围涵盖数据交易主体、数据合规咨询、质量评估、资产评估、交付等诸多领域，大力培育和促进新主体产生，以繁荣整个数据交易生态体系。

第五节　数据开发应用方深入探索

一、公共数据在各行业开展融合应用

数字经济时代，公共数据正在全面融入人们的生产和日常生活，推动公共服务多样化和社会运行方式创新。

（一）金融领域

在金融领域，公共数据主要用于中小微企业的信用画像，通过对企业税收、社保等数据的分析，能够有效得知企业的盈利水平、经营状况和偿债能力等，有助于银行完善中小微企业的信用画像，进而降低银行贷款不良率。

（二）医疗救援领域

在医疗救援领域，医疗机构基于患者的人口统计资料、病史、用药史和过敏史、免疫情况、身体检查结果、医疗过程信息和支付信息等数据信息建立完善的用户电子健康档案或病历、电子处方等数据库，并在遵守《中华人民共和国个人信息保护法》的前提下实现机构间数据要素共享，以推广远程医疗，推进跨地域医学影像辅助判读、临床辅助诊断等应用。例如，浙江数据开放创新应用大赛作品"'救'在身边：社会化大应急救援产业互联网平台"，大幅提高了救援效率，在15个月内完成3万次救援，为4万人提供了救援服务，是我国首个城市24小时应急救援系统。

（三）交通领域

在交通领域，通过实时收集道路环境数据和车辆数量、行驶速度、实时路况等动态交通流数据，助力交管部门自动调节道路信号，对车辆来往数量和拥

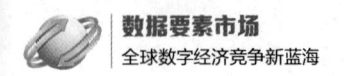

堵路段进行控制，预判可能存在的交通事故风险，采取针对性的交通组织优化措施，避免造成道路拥堵情况。例如，上海数据开放创新应用大赛优秀作品《优程：应对轨交网络大客流阻滞点的"微网搭桥"解决方案》，基于一卡通、出租车行程数据，采用数学建模、应用地理信息系统等方法，为乘客出行提供最佳的解决方案。

（四）政务服务领域

在政务服务领域，政府部门依托大数据、云计算及人工智能等新一代信息技术构建一体化的政务服务大平台，并利用人口、地理、知识、公共服务等数据库的大量数据信息，为市民提供多元化、精准化的服务，使部门间协同效率大幅提高，社会治理更加精准，数字政府服务效能持续增强。

（五）智慧社区领域

在智慧社区领域，管理社区的政府机构可整合社区地理信息、人口数据和周边企业法人信息数据，结合物联网与互联网构建实时数据库，畅通政府、社会、小区居民的沟通渠道，为居民提供智能安防预警、应急救援等社区惠民服务，为社区空巢、孤寡老人等群体提供便捷服务。

（六）智慧文旅领域

在智慧文旅领域，文旅部门采集旅客相关信息和舆情、交通、天气、环保、景区、涉旅企业相关数据，以建设景区监测设施和大数据平台。文旅服务企业和旅游景区通过收集景点人文信息、环境数据和旅客出行线路、景点逗留情况等数据，开发景区、博物馆等线上数字化体验产品，发展沉浸式体验、虚拟展厅和高清直播等新型文旅服务。例如，上海图书馆开放数据大赛获奖作品《红印记》，融合各种开放数据，宣传上海的红色景点，利用人工智能为观众提供图、文、声并茂的展示方式，提升了观众的观感和体验。

二、工业数据有效支撑智能制造发展

工业数据主要应用场景为智能制造，从具体模式来看，主要集中在以下六大应用场景。

（一）智能化设计

智能化设计是智能生产的重要一环，对工业数据的应用能提高企业的创新能力和产品质量，取代传统的凭借经验和灵感的设计模式，基于数据设计出更具针对性、更具价值的产品。因此，工业数据开放利用对企业智能化设计具有重要的意义。

（二）智能化生产

在智能化生产阶段，企业对收集的工业数据进行清洗、筛选、挖掘等一系列处理后，可以基于这些数据进行生产计划的制订、库存管理的安排，优化生产工艺参数，实时监测产品品质，提高产品的生产效率、质检时间和产品质量。

（三）网络化协同制造

充分利用工业数据，和新型的通信、自动化技术与管理技术相结合，可以构建网络化协同制造系统，优化资源配置；基于工业数据建立的统一信息平台有助于推动上下游企业实现并行生产、多站点协同，极大地提高产品生产速度。

（四）数字化供应链风险防范

企业通过分析历史数据和交付过程中的天气、交通等数据，评估产品或者原材料按时交付的可能性，可以提前采取供应链风险应对措施。

（五）智能化服务

在产品销售环节，开放利用工业数据有助于企业了解用户需求，把握发展趋势，进而制订相应的生产方案。在售后环节，企业可以基于工业数据优化产

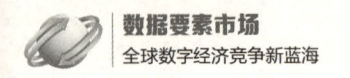

品售后服务，实现对产品全生命周期的追溯，不断提高用户的满意度。

（六）个性化定制

在基于数据驱动的生产模式下，生产企业开发互联网平台，将其作为企业与用户沟通的渠道。在该平台上，企业可以了解用户的需求，从而为用户提供更为个性化的定制服务。

三、农业数据赋能产供销全链条联动

农业大数据分析应用平台的构建涵盖以农业领域为核心（包括种植业、林业、畜牧业等子行业），以相关上下游产业为关键点（饲料、化肥、农药、农机、仓储等），以价格数据、生产数据、气象灾害数据等为辅助的重要农用数据，助力农民和农业技术专家准确判断农作物的施肥、施药和浇水情况，避免自然因素造成的产量下降。具体来讲，农业数据可以在下列三大领域发挥作用。

（一）精准预测需求

农民可以通过农业大数据分析应用平台了解目前市场上各类消费者的需求，锁定用户群体，并基于这些数据有针对性地安排农业生产活动；通过分析农业活动产生的数据了解农作物的产量情况，有助于实现农业生产的供需平衡。

（二）供应链产品追踪

农业数据的利用有助于实现农产品从原料供应、生产、加工等各环节的产品追溯。对消费者而言，有助于帮助其了解产品的来源和种植情况，监管农产品的生产过程。对于企业而言，采集农产品全生命周期的数据，有助于其建立一套完整的追溯机制，为农产品流通提供帮助，农产品安全责任到人，从生产源头保障了农产品的安全。

（三）打造智慧农业生态

基于农业数据，企业可以利用大数据、人工智能和云计算等数字技术，精确地掌握土壤、水文等信息，通过精细化生产节水、节药，大幅提高农业生产效率，拉动产业内需，整合生产、运输、销售等环节，推进农业生产的自动化、智能化，提高产业链效率和生产组织水平，拓展农业生产的发展空间。

四、服务业数据促进需求深度挖掘

与工业、农业类似，服务业数据的开发利用对于该行业的发展具有重要的作用。

（一）精准定位市场

对服务业数据的分析可以帮助企业了解市场的构成和特征、市场中竞争者的情况及消费者的需求，便于进行企业品牌定位，突出自身产品的独特性，减少市场定位不准的风险，提高产品在市场中的接受度。

（二）推动市场营销

随着互联网技术的发展，互联网上产生的数据总量在不断增长，各大社交平台每天产生的数据量高达几百亿条甚至上千亿条，这些信息背后蕴藏着巨大的商机。因此，数据对于推动市场营销十分重要。

（三）挖掘行业需求

随着互联网的发展，用户数量增加，用户专业水平提高，用户对于产品的评价也更加真实、客观，用户发布评价的渠道也更加广泛。对于服务业企业而言，及时对这些评价数据进行采集，并运用聚类分析、情感分析等数据分析方法了解产品的优点和缺点，挖掘消费者对于产品的期待，有助于企业进一步了解行业需求，改进自身产品。

五、个人数据应用场景不断丰富

随着互联网的发展，数字技术逐渐融入人们的日常生活，使个人数据的价

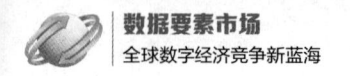

值也逐渐得到充分的挖掘，为数字政府建设及企业经营决策提供了参考依据。

（一）社会治理

政府可以基于搜集的个人数据为政策的制定提供参考依据，同时通过分析相关的财务数据来研判经济发展状况，为预防经济危机提供帮助。此外，行程码、健康码等个人行程数据可以有效地协助政府应对疫情，保障人民的生命健康。

（二）民生服务

政府可以通过采集、分析地区的人口流动信息、人口结构信息，为公共服务设施的建设提供帮助。例如，政府根据人口密集程度、附近商业活动情况来设定垃圾桶的位置。

（三）精准营销

企业可以通过采集大量的个人数据，建立相应的销售模式，构建消费者画像。营销企业可以利用掌握的出行数据、消费数据等推测个人的消费水平、兴趣爱好等用户行为，确定目标市场；基于这些推测，有针对性地定向推送广告，推销产品，进一步挖掘市场需求。

（四）产品创新

在大数据技术的支持下，企业可以更快、更高效地收集用户的反馈数据，获取助力产品升级的第一手资料，甚至在此基础上开发出新的商业模式，推动企业产品和服务的创新。

（五）规避风险

企业可以通过汇总、分析用户数据来进一步了解用户的基本情况，进而避免相关的商业风险。以银行为例，在为用户提供借贷服务前，先行了解用户的信用情况，查询用户数据，了解其是否存在失信记录。

第六节　数据监管治理方任重道远

一、数据要素市场监管更加侧重安全

当前，国内尚未明确数据要素市场监管牵头部门，数据要素市场监管主体涉及工信、网信、发改等不同政府机构。从监管制度来看，我国自 2015 年开始，围绕网络安全、数据安全、信息安全、出境安全等内容，颁布与安全相关的法律法规，为数据要素市场的安全运行奠定了良好的制度基础。我国数据要素市场监管法律制度要点如表 4-1 所示。

表 4-1　我国数据要素市场监管法律制度要点

发布时间	政策名称	政策要点
2016 年 6 月	《中华人民共和国网络安全法》	明确了数据安全管理的相关制度，提出了数据安全保护的义务与责任
2019 年 5 月	《数据安全管理办法（征求意见稿）》	对网络安全问题进一步细化，将其划分为广告精准推送、个人敏感信息收集方式，以及应用程序索权过度等问题
2021 年 6 月	《中华人民共和国数据安全法》	在"数据（信息）安全""个人信息保护"等方面提出更多要求，加大对国家安全等核心数据的保护力度。明确数据安全机构的监管责任，提出了对数据全生命周期环节的安全保护义务
2021 年 8 月	《中华人民共和国个人信息保护法》	以人民为中心，在国家层面上健全个人信息保护制度，规范个人信息处理活动
2022 年 1 月	《网络安全审查办法》	拓宽了网络安全审查的范围，将非关键信息基础设施运营者也纳入审查范围
2022 年 7 月	《数据出境安全评估办法》	对数据出境安全做出更多要求，如规定数据处理者在与境外接收方订立的法律文件中明确约定数据安全保护责任、义务等
2023 年 2 月	《个人信息出境标准合同办法》	对《中华人民共和国个人信息保护法》第三十八条项下三条个人信息出境路径进一步落实

资料来源：赛迪研究院，2022 年 12 月

2015 年颁布的《中华人民共和国国家安全法》将数据安全上升到国家安全的高度，明确指出对影响或者可能影响国家安全的网络信息技术产品和服务要

进行国家安全审查。2016年出台的《中华人民共和国网络安全法》指出网络运营者不得收集与其提供的服务无关的个人信息。2017年7月发布的《关键信息基础设施安全保护条例（征求意见稿）》更是在个人数据跨境方面提出更多的要求。2021年出台的《中华人民共和国数据安全法》制定了数据安全管理的基本制度，对在我国境内产生或采集的数据出境做出更多规范，指出关键基础设施的运营者在我国境内的数据出境同样适用《中华人民共和国网络安全法》。2022年1月发布的《网络安全审查办法》进一步明确指出掌握超过100万用户个人信息的运营商在国外上市必须由网络安全审查办公室进行安全审查。2022年7月出台的《数据出境安全评估办法》，要求数据处理者在数据出境前进行风险评估，并明确了评估的范围、条件和程序，个人信息出境监管体系日渐成型。2023年2月颁布的《个人信息出境标准合同办法》明确了个人信息的境内输出方和境外接收方的义务，同时赋予个人信息主体权利，进一步填补了个人信息领域的空白。

二、数据要素市场监管内容层出不穷

随着数字经济的不断发展，数据要素市场监管内容日趋增多。除上述与安全相关的内容外，数据交易、数据确权、数据授权等逐步成为数据要素市场治理的重点。各地逐步重视对数据交易的监管。广东省发布的《广东省数据要素市场化配置改革行动方案》提出建立跨部门系统的数据交易监督体系，不断完善数据流转监督平台的建设，打击数据垄断等不正当竞争行为。广西壮族自治区推出的《广西加快数据要素市场化改革实施方案》提出了四项发展任务，其中之一便是建立科学完备的数据要素监管体系，强化数据交易监管，完善数据市场主体的自治体系。随着数据要素市场的不断发展，有必要加快构建多元共治的数据要素市场治理体系，规范各类市场主体的数据资源使用行为，鼓励社会各界参与数据要素市场治理。同时，建立数据交易跨部门协同监管机制，健全投诉举报查处机制，强化数据要素市场监管和反垄断执法，确保市场公平竞争和健康运行。

为规范数字经济的发展，保护数据跨境流动的安全，我国也制定出台了一

系列数据跨境流动监管政策。例如，海南省印发的《智慧海南总体方案（2020—2025年）》提出在培育和发展国际数字业务的同时，切实建立数据跨境流动的安全管理机制，以开展试点的方式探索出一套开放透明、安全可靠的数据跨境流动监管体系。目前，海南省正在依据该方案研究数据跨境规则的制定，探索建立数据跨境白名单，为数据的跨境流动保驾护航。

三、数据要素市场监管手段不断升级

从监管的技术支撑主体来看，数据安全企业的数量不断增加，包括综合型的网络安全企业（绿盟科技、奇安信等）、专注数据安全服务领域的企业（梆梆安全等），服务领域不断拓宽，包括数据安全治理、文档加密、容灾备份等多个领域，对数据安全支撑的力度不断加大。

人工智能、大数据和区块链等新技术飞速发展，推动监管科技取得长足进步。其中，人工智能的应用，有助于推动机器人自动化监管的实践探索；大数据技术强大的数据感知和支撑能力，为监管部门挖掘背后隐藏的信息提供帮助；区块链技术能够构建跨行业监管的联合监管生态，推动协同监管的发展。例如，浙江省推出的"浙江公平在线"，构建新型网络数据监管系统，形成大数据监控、风险预警、线索核查、调查处置的全链条监管工作机制，加大对"大数据杀熟"和"二选一"等数据垄断现象的打击力度，规范数据要素市场的健康发展。截至2021年2月，该系统对接了20个平台、1万多个经营者、500多个重点品牌和10余万种商品。

第五章 | Chapter 5

数据要素市场之道：厘清运行逻辑

随着我国数据要素市场的建立，市场化机制成为数据资源配置和运行调节的基础力量。每个数据要素市场的运行有着自己特有的运行轨道、方向目标、节奏和内在的复杂联系，要使我国数据要素市场不断发展和完善，就需要建立起真正使数据要素有效配置、高效率与效益相统一的、能使数据要素市场持续稳定增长的运行机制。因此，本章对数据要素市场运行机制的研究具有重要的意义。

第一节　满足供需是数据要素市场运行的内在动力

随着大数据、云计算等信息技术的发展，海量数据应运而生，数据作为生产要素的重要作用日益凸显，经济社会的正常运行对数据要素的依赖性逐渐提高，数据要素市场的需求也越来越大，与数据有效供给不足的结构化矛盾愈演愈烈。数据要素市场的供需结构性矛盾如图 5-1 所示。

图 5-1　数据要素市场供需结构性矛盾

一、数据要素有效供给不足

我国现有数据资源总量较为丰富。据国际数据公司测算，到 2025 年，我国产生的数据总量将达到 48.6 泽字节。海量数据资源只有具备可得性、可达性和可信性等基础性生产资料的市场特性，实现有序流动，才能转化为生产要素，从而进行大规模的市场流通交易。但是，我国尚处于数据要素市场培育的初级阶段，数据要素市场有效供给乏力，严重制约了数据要素化发展的进程。

（一）数据的可得性较弱，影响数据要素有效供给

作为大规模数据的主要提供者，政府、企业与个人易受到制度体系建设不完善、市场不良竞争等负面因素的影响，或出于保护国家安全、商业机密和个人隐私等原因，提供数据的意愿较低，导致数据流通活力不足。例如，由于相关法律法规建设滞后，政府部门或相关机构向征信行业提供个人身份信息等信用数据缺乏法律规范和指导，使征信行业难以完整有效地收集个人信用信息。企业出于自身收益与信息安全的考量，参与数据共享的积极性不高。例如，医疗数据的共享可以减少患者的检查环节，降低就医费用，但医疗机构对于数据共享可获取的收益尚不明确，对患者隐私数据保护技术仍存疑虑，缺少数据共享的内生动力。同时，发展迅猛的数字技术推动个人数据共享趋于自动化，个人数据可能在不被察觉的情况下被收集与存储，增加了个人信息安全风险，导致个人数据共享意愿降低。例如，高德地图采集用户住所及周边环境的图像足够清晰时，可凭借居民家中安装的移动热点进行网络挖掘、共享居民个人数据，导致居民个人信息面临泄露风险。

（二）数据的可达性欠缺，制约数据供给能力提高

完善的数据基础设施是保证数据要素顺利流通的基础。我国数据中心数量众多，总体规模增长迅速，但主要集中在北京、上海、广东等经济发达地区，新疆、西藏、青海等经济发展相对落后的地区还未建成，导致数据传输存在障碍，数据要素在物理上的联通融合难以满足。数据中心实现数据的便捷传输需要高带宽、低延时的网络环境，第五代移动通信网络的建设为数据要素的可达性奠定了基础，但技术成熟度与业务适应能力仍有待提高，将数据加工为最终产品并送达消费端必需的边缘计算等数字技术仍有创新发展的空间，以降低基础设施建设不足对数据传输可达性的制约。

（三）数据的可信性不足，严重掣肘数据的质量和价值

网络通信等基础设施的建设更多应用于数据传输环节，无法确保数据在交易场景内完全可信，削弱了企业参与数据可信交易的积极性，影响数据供给量与数据交易量。由于缺乏统一的数据质量管理标准和先进数据管理技术的有效支撑，数据质量管控难度较大，数据要素的一致性不高、时效性不强，导致供给方难以提供大量满足市场流通要求的数据要素。供给方提供的海量数据涉及国家安全、商业机密及个人隐私等关键数据，现有的数据安全技术防护能力相对较弱，数据流通安全可信性不足，数据云端集中容易受到不法分子攻击，降低了供给方提供数据的意愿。

二、数据要素应用需求旺盛

数字经济的发展带动了数据要素应用需求的快速增长。作为数据交易的载体，数据交易中心的高额交易数量体现了数据要素市场的旺盛需求。

（一）政府侧数据应用需求日益迸发

目前，我国各级政府部门正处于政府数字化改革全面深化的重要阶段，迫切需要数据要素加以支撑。

第一，为改善城市公共卫生、教育、医疗、城市规划及交通服务等问题，向市民提供针对性的公共服务，政府部门需掌握大量的人口、法人和城市空间地理等基础数据，以及教育、医疗与交通等专业数据，并进行精细化分析、处理、挖掘，以满足公众的多样化、个性化、定制化需求。

第二，政府部门需借助金融、税收、进出口等相关数据，建立宏观调控数据体系，对各个领域进行行业动态监测和安全预警，为经济发展方式转变与宏观调控决策提供数据支持。拥有体量庞大的数据资源和数字技术，政府部门可以快速分析处理数据，充分挖掘事物之间的关联性，为政府的科学监管决策提供依据，提高政府监管效率，降低监管成本。

第三，通过对数据思维的构建和对数字技术的创新应用，各级政府部门能够强化数据的整合力度，打通"信息孤岛"，提高协同管理水平。数据要素的深度分析，可以为政府部门提供公共服务供给过程中的每个环节、步骤、行动的具体情况与细节，为各部门确立相适应的服务工作标准提供依据，推进公共服务的科学化、精准化、规范化。此外，政府部门可掌握全面的生态环境数据，为环境保护监管与环境政策的制定提供科学、坚实的数据基础。

（二）产业侧数据应用需求日趋强烈

以数据为驱动要素完成数字化转型是企业提高效率、控制风险、提高产品和服务竞争力的关键因素。

第一，农业企业可基于土地交易数据、气象数据、土壤数据和历年市场价格数据，为不同土地精准匹配相适应的农作物，实现精准种植，将投资风险降到最低，并对光照、湿度等环境数据进行监测，高效管理播种、施肥等生产过程，并根据客户对农产品的需求完成商品配送。

第二，工业企业拥有较长的产业链，数据全产业链整合应用于工业生产将发挥出巨大的价值，对数据要素的高需求量体现得更加明显。传感器、控制系统等数字技术与生产制造的深度融合可集合工业企业生产环节的数据资源，为企业内部与企业间研发设计、营销管理等各业务系统提供数据依据，促进不同业务系统的无缝衔接和综合集成，实现各部门协同发展。此外，数据要素的分析与应用能够满足消费者的个性化定制的需求，实现产品远程诊断维护，助力上下游企业提高供应链管理效率，对工业转型升级具有重要意义。有调查发现，工业领域对数据的依赖程度已达到较高水平，大多数工业企业对数据应用的需求强烈，但数据获取渠道较为有限。

第三，随着数据资源规模扩大和数字技术创新发展，服务业数字化进程逐步加快，远程办公、电子签约、在线餐饮、智慧家居日益普及，便利了居民生活。数据要素的应用可为服务业企业提供服务水平与质量的计量标准，能够根据用户的需求数据为其提供方便快捷的品质化服务，并助力产业链上下游不同行业企业的融合发展，驱动服务业企业向纵深方向发展，实现传统服务业的数字化、网络化和智能化发展。

总之，现阶段数据要素市场的供给与需求仍不匹配，亟须调整供需规模，提供有效供给，满足有效需求，实现供需平衡，以保障数据要素市场的正常运行。

第二节　流通范围是数据要素市场运行的场域边界

数据流通可以实现数据要素在不同主体间流转，激发数据在不同场景下的巨大价值。根据数据流通范围的不同，可以将数据流通分为数据共享、数据开放、数据授权运营、数据交易和数据跨境流动。根据数据流通主体的不同，可以将数据流通分为企业数据流通、公共数据流通和个人数据流通。不同主体的数据流通范围有所差异，如图 5-2 所示，具体内容如下所述。

个人数据
- 个人数据流通不仅可以为用户处理公共事务带来便利，也可以为用户维护个人数据权益创造条件
- 个人数据跨境流动可以有效拓展个人在全球网络空间的触达范围和活动边界

公共数据
- 公共数据共享可以有效提升行政办公效率和服务能力
- 公共数据开放具有巨大的经济社会价值
- 公共数据授权运营为数据要素市场发展提供新动能

企业数据
- 企业内部数据共享有利于提升企业市场竞争力
- 企业间数据共享有利于打通产业链上下游，加速产业链高效协作
- 企业与消费者数据共享有利于增加供需双方的信任程度
- 政企数据共享能够助力数据要素市场发展
- 企业数据跨境流动有利于跨国公司业务的创新和拓展

图 5-2　不同主体的数据流通范围

一、个人数据流通

随着互联网技术的快速普及，数十亿网民的个人数据以视频、图像、文字等不同类型沉淀，形成了海量的数据，引发个人数据被滥用、盗用、误用的风险，引导个人数据在合理范围内流通任重道远。例如，健康码是疫情期间的技术防控手段，是以真实数据为基础形成的个人二维码，但河南村镇银行储户被赋红码，致使健康码成为滥用职权的工具，如同十字路口的红绿灯胡乱变灯，

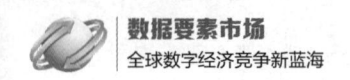

造成了恶劣的社会影响，严重损害了政府防疫的公信力。从流通范围来看，个人数据流通主要涉及个人在网络空间产生的用户数据在不同主体间共享及跨境流动两种情况。

（一）个人数据流通不仅可以为用户处理公共事务带来便利，也可以为用户维护个人数据权益创造条件

例如，家长为孩子办理入学、转学、升学等事宜时，以往需要手工填写大量的资料，同时要跑多个部门提交社保证明、房产证明、出生证明等多种证明，通过个人数据流转，可以将"群众跑"变为"数据跑"，大幅提高就学办事效率；患者就医时，不同医院的门诊通常需要重复做同样的检查，若打通医疗数据互认共享"高速路"，实现不同医疗机构间检查检验结果共享互认，不仅可以提高就医效率，还可以为患者节省大量的诊疗成本。作为海量用户的汇聚者，有的互联网巨头以格式化用户协议形式限制用户迁移数据，不仅损害了消费者的选择权和数据权益，也给市场竞争秩序带来负面影响，不利于平台经济的长远健康发展。随着国际社会对个人隐私信息保护要求的愈加严格，谷歌、脸书、微软、苹果、推特等企业在 2018 年联合推出了"个人数据迁移项目"，拟建立一个开源的公共框架，为不同平台提供更好的个人数据可移植性和互操作性，使用户能够在不同平台间进行个人数据迁移。2022 年 6 月，谷歌推出数据迁移计划，计划在未来五年投入 300 万美元和更多的工程师，以推进数据可移植性相关项目。

（二）个人数据跨境流动可以有效拓展个人在全球网络空间的触达范围和活动边界

对个人来讲，通过全球互联网开展国际性社交、跨境网络购物，可有效拓展个人在全球网络空间的触达范围。随着电子商务和社交网络的快速发展，个人基于国际互联网平台进行跨境经济社会活动日趋频繁，进而使个人数据跨境转移日趋普遍。推动数据有序跨境流动，对提振消费者对数字贸易的信心有积极作用，也是社会发展进步的必然要求。个人数据在不同国家之间流通时，受各国数据保护水平的差异影响，必然面临数据泄露或被滥用等隐私保护风险。跨境数据流通规范必然要考虑个人数据在不同国家流转时，对个人数据权益的保障，推动个人数据境外保护制度化发展。例如，基于云服务的跨境数据流通可以弱化存储位置对个人的影响，用户可以根据服务内容、质量和成本等因素，在全球范围内灵活地选择云服务商，用户的数字权利可以在更大的范围内得到保障。个人跨境数据流通为消费者的网络行为提供了更多的国际选择。以跨境电子商务为例，消费者可以通过全球互联网选择更为丰富的商品和更为优质的服务。世界贸易组织统计的数据显示，我国已成为全球最大的企业对消费者跨境电子商务交易市场，交易规模占全球比重高达 26%。在科研交流领域，研究人员可以通过网络与其他国家的研究人员进行交流，促进科研文化的全球化发展。在人才引进方面，相似的数据流通环境有利于吸引全球数据科技人才汇聚，推动数据技术进步和产业发展。

二、企业数据流通

企业数据流通包括企业内部数据共享、企业间数据共享、企业与消费者数据共享、企业与政府数据共享、企业数据跨境流动等不同场景。

（一）企业内部数据共享有利于提高企业市场竞争力

企业的高效运转离不开计划制订、工作组织、认知管理与部门协同合作。企业内部数据共享能够打破"数据孤岛"，打通不同部门间的沟通渠道，加强部门间的联系与合作，减少重复劳动，降低人力、财力与物力等组织运营成本，合理调整资源配置方向，充分发挥每项资源的最大潜能，提高生产效率与运营效率。以制造业为例，制造业的研发、采购、生产、销售、物流等环节会产生大量的产品质量信息、收发货信息、客户需求信息及物流信息等数据，数据共享能够实现企业内部各项数据的高度集成互联，减少过度生产浪费、工序浪费和产品运输浪费等，降低生产成本，实现资源优化配置。企业内部不同部门间的数据流通，可以使企业充分了解宏观环境、市场环境和用户需求，进行精准营销，提高企业产品

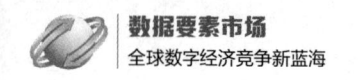

销量与服务质量。企业内部数据共享，能够提高跨部门协同合作效率，及时发现并改正企业经营管理中出现的战略决策失误、组织架构不合理和人员配备不当等问题，提高业务管理水平，以良好的组织形态有力地参与市场竞争。

（二）企业间数据共享有利于打通产业链上下游，加速产业链高效协作

企业间数据共享能够帮助企业对生产设备实现预测性维护，延长机器运行时间，提高产品质量，提高生产资产的利用效率，为实现产业链相关利益方合作共赢奠定基础。企业间数据共享有利于在整个供应链中对产品进行跟踪，便于快速处理突发情况，最大限度地降低损失。产业链上下游企业数据共享，可获取产业链上企业连续完整的产品生产流转记录，能够增加产业链上企业间的信任程度，督促各企业严格遵守监管要求，按既定流程完成商品的生产、流转、销售与物流等各个环节。

（三）企业与消费者数据共享有利于增加供需双方信任程度

一方面，企业能够了解消费者的实际需求与潜在需求，为消费者提供高品质、极具性价比的产品与服务。另一方面，随着消费者对产品品质要求的提高，他们更加希望了解产品来源与生产加工方式，并明确产品真伪。企业通过为原材料与产品标注防篡改标识，建立产品溯源体系与可靠性追踪系统，共享产品原材料来源与生产数据，帮助消费者识别产品质量与真伪，为供需双方建立牢固的信任机制。

（四）企业与政府数据共享能够助力数据要素市场发展

政企数据共享的实质是政府与企业两个数据要素市场主体间数据的双向流动。一方面，企业能够为政府提供原始数据与衍生数据等形式各异的数据和数据验证等服务。另一方面，政府可向符合制度要求的企业开放平台，或向数据管理部门申请授权开放方式，便于企业获取可公开的政府数据。政府数据是数据要素市场中急需的关键数据，具有准确、合法、价值高等特点，与以企业为主体的社会数据共享融合，能够实现二者的优势互补。政府可基于企业数据调整宏观调控

政策，并为企业和相关公民提供优质的公共服务，加速推进政府数字化转型。企业可充分利用政府开放的人口、法人、公共信用等数据，降低数据采集和维护成本，细分客户群体，制定符合群体特征的销售政策，提高产品销量与服务质量。政企数据流通融合可发挥"1+1>2"的数据效能，充分释放政企数据蕴含的巨大价值，为数据要素市场发展注入"强心剂"，进而驱动经济高质量发展。

（五）企业数据跨境流动有利于跨国企业业务创新和拓展

目前，大多数的企业都依赖数据跨境流动开展供应链、营销和商业模式创新。尤其跨国企业，其业务范围遍及全球，数据的集中协同处理成为企业经营的客观需要，跨境数据流通不仅是企业在全球范围追求高收益的结果，也是企业在全球化经营发展中的基本需求。对于跨国企业来讲，几乎不可能不需要跨境数据流通。麦肯锡咨询公司研究发现，60%的美国和欧洲企业都需要利用数据分析开展业务。例如，力拓集团在全球40多个国家收集矿山信息，并统一汇集到澳大利亚的加工中心处理，数据本地化政策使力拓集团需要在很多国家驻地分享相关数据，进而增加了企业的运营成本。跨境数据流动也为企业跨国拓展业务带来了便利。对互联网企业来讲，数据是业务在全球扩展的血液，谷歌、脸书和亚马逊等互联网企业通过数据跨境流动，实现了业务版图的全球扩张。中国国际经济交流中心发布的《数字平台助力中小企业参与全球供应链竞争》报告显示，2020年我国跨境出口B2B电子商务市场规模超3万亿元，预计2025年跨境电子商务B2B市场规模将达到13.9万亿元。此外，跨境数据流通可以降低企业运营成本。美国国际贸易中心的报告显示：跨境数据流通将使全球贸易成本降低26%；国际互联网使大量中小企业在全球各类平台上的存活率达到54%，使各类中小企业可以和大型企业一样具有国际化生存能力。

三、公共数据流通

公共数据流通包括公共机构间数据共享、公共数据开放、公共数据授权运营等不同形式。

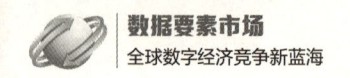

（一）公共数据共享可以有效提高行政办公效率和服务能力

政府部门掌握的大量公共数据是国家重要的战略资源。基于数字技术的公共数据共享，激活了政府治理公共数据的能力，实现了资源整合与利用率的提高，降低了数据的搜寻、保存和管理成本。基于数据可用不可见、数据"不搬家"、数据点对点直接交换等交换模式，通过平台对公共数据进行整合，助力政府部门提高数据交换效率与信息化建设水平，以提高行政办公效率，实现政府决策科学化和公共服务高效化。公共数据共享有利于政府部门精准对接公民的公共服务需求，提供高质量、多样化、多层次的公共服务，实现对公民疑难诉求的高效处理。

（二）公共数据开放具有巨大的经济社会价值

公共数据开放能够带动经济发展。公共数据的开放共享有利于政府部门构建经济治理基础数据库，能够加强对关乎国计民生关键数据的全链条治理与应用，推动传统产业转型升级，促进新兴产业高质量发展；能够对经济运行全周期进行统计监测和综合分析，实现对经济发展趋势的精准研判，助力跨周期经济政策设计；能够有效感知经济运行动态，有助于衔接各领域经济政策，提高经济调节政策的科学性与准确性，从而推动我国经济高质量发展。公共数据开放共享能够创造更多就业机会，为专业人才提供发展平台。公共数据开放共享与数据生态的建立，需要以数字技术的创新应用与智能集约的平台体系建设为支撑。开发利用创新基地、打造创业孵化器等，对专业人才供给规模提出了相应要求，满足了大批数据要素专业人才的就业需求。公共数据的开放融合及其与各行业的融合发展，也有助于培育新兴行业，创造更多就业岗位。

（三）公共数据授权运营为数据要素市场发展提供新动能

公共数据是数据资源的重要组成部分，关乎国民经济发展中生产、生活的各个方面。政府部门制定公共数据授权运营管理办法，明确可授权的标准、条件和具体的程序要求，并建立授权运营评价和退出机制，通过竞争方式确定公共数据被授权运营主体，明确其在一定期限和范围内以市场化方式运营公共数据，通过提供数据产品与服务获得收益。公共数据授权运营扩大参与数据要素市场流通的数据范围，激发各市场主体的数据流通热情，盘活了数据资源，降低数据治理成本，提高数据质量，满足社会对公共数据的需求，完善数据生态体系建设，释放公共数据价值红利，充分发挥公共数据要素引导与资源配置的积极作用，加速数据要素市场化的实现。

第三节 市场机制是数据要素市场规范运行的依据

市场机制是通过市场竞争配置资源的方式，即资源在市场上通过自由竞争与自由交换来实现配置的机制，也是价值规律的实现形式。具体来说，市场机制是指市场供求、价格、竞争、风险等要素之间的联系及作用机理。一般市场机制是指在任何市场都存在并发生作用的市场机制，主要包括供求机制、价格机制、竞争机制和风险机制。目前，我国数据要素市场建设尚处于起步探索阶段，大量数据要素市场运行仍存在安全保障、权属界定及价格制定等方面的瓶颈制约。市场机制是数据要素市场有效运行的根基，完善的制度规则体系能够激发各类市场主体的活力，促进其充分竞争、优胜劣汰，实现资源的合理有效配置，充分释放数据要素的动能，确保数据要素市场的安全、规范运行。图 5-3 为数据要素市场运行机制示意图。

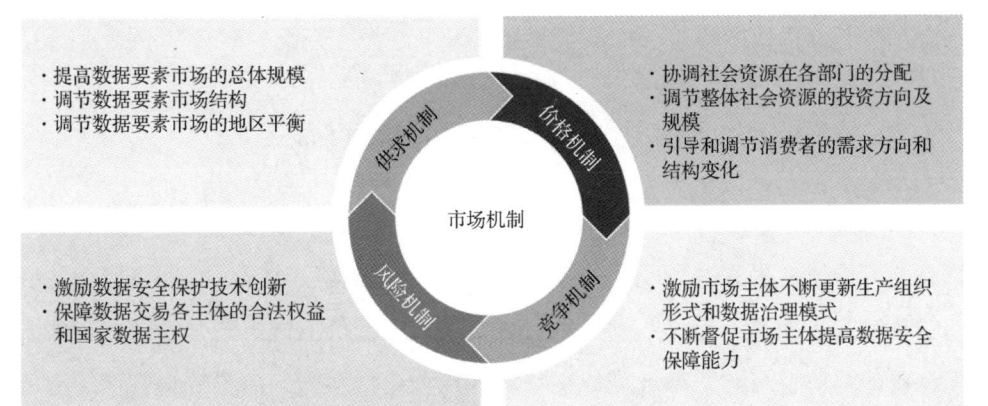

图 5-3　数据要素市场运行机制示意图

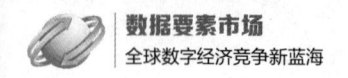

一、供求机制是盘活数据要素市场交易的关键

供求机制是数据要素市场的主体,是平衡市场供需关系、解决市场内部矛盾的核心。数据要素市场的供求机制体现了数据要素供给者和需求者之间的关系,有效促进了数据要素市场的流通与应用。数据要素市场的供求关系受价格、竞争等因素的影响,同时供求关系的变动又反作用于价格和市场竞争格局。从当前我国数据要素市场供求情形来看,数据要素市场的有效供给仍然不足,面对丰富的应用场景需求,高质量、高价值的数据供给量较少,因此制约了数据要素市场的发展。完善的数据要素供求机制具有以下三个作用。

第一,有助于提高数据要素市场的总体规模。通过有效的数据要素市场供给和深度挖掘数据要素市场需求,可以促使更多数据进入市场交易,做大整个数据要素市场。

第二,有助于调节数据要素市场结构。通过与价格机制相结合,可以提高高质量、高价值数据要素的价格,以此促进生产资料和劳动力等其他要素在市场中的合理转移,平衡数据要素市场结构。

第三,有助于调节数据要素市场的地区平衡。当前数据要素市场主要集中于中部和东部地区,西部地区发展较为缓慢。通过在西部地区建设数据中心和算力中心,可以调节数据要素市场在地区间的分布情况,充分发挥不同地区的资源优势,促进全国统一大市场的形成。

二、价格机制是调节数据要素市场供需的有效手段

数据要素市场要实现资源的有效配置离不开合理的数据价格。一般而言,影响要素价格的因素有三类——成本、供需和市场竞争状况。数据要素定价机制的核心为数据购买者和数据提供者对交易数据的价值做出一个合理的、双方均认可的评估,在此基础上完成交易。与传统要素不同,由于数据要素的价值存在不确定性和多变性,且在交易过程中存在信息不对称的情况,其定价模式相对不统一。一方面,数据可流转范围、主体对象与流转程序不明确,不合规

数据交易屡禁不止。另一方面，在不同使用场景使用同一定价模式，易对数据主体的利益造成影响。

对于数据要素市场而言，合理高效的数据要素价格机制可以合理分配各个主体的不同利益，形成长效的、可持续的激励机制，有效提高数据变现能力，释放数据隐藏的信息与重大价值，激发数据潜力，从根本上杜绝数据流通中的不法行为，推动数据要素市场规范化发展。对于经济社会而言，成熟的数据要素价格机制有助于协调社会资源在各部门的分配；调节整体社会资源投入方向及规模，推动劳动生产率提高和资源节约；引导和调节消费者的需求方向和结构变化，进而推动经济社会发展。

三、竞争机制是激发数据要素市场活力的内在动力

竞争机制是数据要素市场体系的动力机制，数据要素市场的有序发展离不开竞争机制的推动作用。市场竞争形成了对数据要素市场主体的外在压力，竞争作为一种强制力量，维持着价值规律、供求规律所要求的市场秩序，推动数据资源合理流动、市场效率和技术不断提高。数据要素市场竞争机制的建立有两个作用：一方面，能够激励市场主体不断更新生产组织形式和数据治理模式，提高数据产品与服务的产量与质量，提高数据要素市场的运行质量，推动数据要素市场各项经济活动有序展开。另一方面，能够不断督促市场主体提高数据安全保障能力，在频繁的市场交易中充分保障用户的数据安全，使数据要素市场规范运行。

四、风险机制是维护数据要素市场安全的核心保障

风险机制是数据要素市场平稳运行的保障。市场在运行过程中面临内外不确定因素的干扰，如内部经营管理、企业技术落后等风险，外部市场竞争、合规等风险。市场的各个主体在市场运行中均应承担相应风险。数据要素具有流动性和可分割性，在存储、分析、共享、交易和应用过程中都存在一定的安全风险，尤其在数据交易过程中，数据脱离提供者的控制，由第三方代理商掌握，

其安全防护和安全管理能力的未知性也给数据安全带来潜在的风险。数据在应用过程中存在被非法复制、传播、篡改等侵犯知识产权风险。因此，风险机制是数据要素市场不可或缺的一个关键机制。只有在风险机制的充分作用下，各数据要素市场主体才能努力提高劳动生产率，按照市场需要安排经营活动。一方面，完善的风险机制可激励数据安全保护技术创新，为数据要素市场的安全运行提供技术支撑。参与数据要素市场活动的企业应该积极采用工业数据空间等安全、可控的数据传输模式。第三方代理商应该具有一定的数据安全防护能力，并由相应的鉴定机构开具证明。另一方面，风险机制对违法泄露个人隐私、商业机密及国家安全数据的行为进行有效监管，保障数据交易主体的合法权益和国家数据主权，有助于数据市场的规范和长远发展。

第六章 | Chapter 6

数据要素市场之梱：构建市场体系

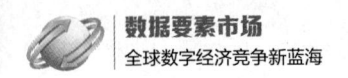

在理论上确定数据要素市场后,需要在实践上定位数据要素市场的发展,为数据要素市场的发展确定基本方向。本章力图在研究数据要素市场发展模式、发展定位、发展目标和发展原则的基础上,提出数据要素市场的总体框架及下一步的推进思路,为数据要素市场建设实践提供启迪和借鉴。

第一节　数据要素市场发展模式

从当前我国各地数据要素市场发展模式来看,政府是数据要素市场培育的主力军,各地依托当地资源优势和产业特色,统筹区域发展,发挥比较优势,探索不同数据要素市场培育模式,形成差异化、多样化、个性化的数据要素市场发展格局。

一、以两级市场体系为特色,构筑数据要素市场蓝图

为有效解决公共数据的交易和流通,各地纷纷推出"政府主导+企业主导"的模式来构建本地数据要素市场。广东省作为改革开放的前沿阵地,充分吸收土地、资本等两级要素市场结构的有效经验,率先推出"1+2+3+X"数据要素市场化配置模式,探索数据要素市场化配置路径。"1"是统揽"全省一盘棋"。"2"是搭建一级和二级并行的两级数据要素市场。"3"是推动建设促进数据收集和交易等各环节发展的新型数据基础设施、数据运营机构和数据交易场所。"X"是促进数据要素在各个场景中的应用,释放数据要素的潜力。一级市场强调政府管理机制,构建公共数据运营组织,打破原有公共数据运营模式,推动实现公共数据的分级分类管理,打破"数据孤岛",确保公共数据顺利进入市场流通和交易,同时利用规模经济,促进公共数据的深入开发和利用。二级市场强调市场自由竞争,建立健全市场监管和各项保障正当竞争的制度,充分激发供给主体的市场活力,充分发挥价格和竞争机制的作用,由市场供求关系及自身价值决定数据要素的价格,优化数据资源配置,增强数据要素在数字经济发展中的基础性作用。此外,北京以"北京金融公共数据专区、北京国际大数据交易

所"为特色,上海以"上海数据集团有限公司、上海数据交易所"为龙头,福建以"福建省大数据有限公司、福建大数据交易中心"为核心,共铸区域数据要素市场两级体系的雏形初步形成。

二、以生态培育为突破口,打造数据要素市场价值链

与数字经济一样,数据要素市场也是一个生态,从基建设施到第三方数据服务,从要素获取、交易到处理应用都要集聚发展,才能有效激活数据要素的价值。江苏、上海、北京等地纷纷以生态培育为目标,创新数据要素市场发展模式。江苏省率先开展数据要素市场生态培育项目,基于数据的资源、资产与资本属性,以构建生态的思路,围绕数据收集、管理、应用、流通等培育方向,引导政府、园区和各类企业先行先试,遴选了一批培育项目,并对其进行跟踪指导,打造数据要素市场价值链,构建数据要素市场生态体系,推动数据要素有序流动和高效配置。上海数据交易所首提"数商"概念,将数据要素相关的业务主体汇聚到一个平台,包括数据交易主体与数据合规咨询、质量评估、资产评估、交付等服务商,帮助企业或机构更好地处理和管理数据,培育和规范新主体,构筑更加繁荣的流通交易生态。北京国际大数据交易所建立了面向全球的首个数字经济中介产业体系,对数据托管、数据经纪等一系列创新型中介产业进行培育。数据托管是对受托数据进行清洗脱敏和对数据来源进行合法性核验,进而实现数据的合规存储、授权管理和市场应用,促进对数据价值的深度挖掘和提高;数据经纪则侧重对接数据资源,撮合数据交易,促进数据可信有序地流通和市场化利用,加速数据与经济活动融合,催生新产业、新业态、新模式。

三、聚焦登记、确权、定价等难点,破题数据要素市场关键点

全国各地围绕数据登记、确权、定价等难题,积极探索数据要素市场破题路径。在数据登记方面,山东数据交易公司在全国率先推出数据登记制度,发布了多项数据登记标准,提出"先登记后交易"的发展模式,为数据确权提供

了切实可行的路径，为促进数据要素流通做出了有益尝试。中国资产评估协会制定出台《数据资产评估指导意见（征求意见稿）》，以规范资产评估机构及资产评估专业人员在数据资产评估业务中的实务操作，更好地服务数据要素市场的发展。围绕数据确权，多省市针对政务数据、知识产权数据等不同领域开展数据权属划分。例如，福建省率先探索政务数据产权机制，明确规定"政务数据资源属于国家所有，纳入国有资产管理"。浙江省建立分级分类的数据知识产权保护基础性制度和标准规范，率先建立数据知识产权确权、用权、维权全链条保护机制。围绕数据要素定价，有的地方专门出台定价制度，规范市场行为。例如，鄂州市制定出台《推动数据要素市场化建设实施方案》《鄂州市数据确权管理制度》《鄂州市数据定价策略》等文件，在数据确权、定价等方面进行了大量的探索，以最大化地推进数据资源的生产和利用。

第二节　数据要素市场发展定位

在实践中，定位数据要素市场的发展，可为数据要素市场发展确定基本方向。本节重点研究并力图解决数据要素市场发展的定位标准和定位依据，以进一步明确我国数据要素市场的发展定位。

一、数据要素市场发展定位：规范化与规模化的标准

数据要素市场的规范化是在本质上对数据要素市场进行发展定位，需要数据要素市场达到市场经济的发展要求，其界定标准为：以公开、公正、公平的"三公"原则为基准，实行数据要素市场主体行为、法规建设、监管体制等全面规范化。"三公"原则是实现数据要素市场规范有序运行的基础守则。一方面，数据要素市场在我国经济发展中发挥着重要作用，规范有序的数据要素市场是促进经济高质量发展的有效路径；另一方面，市场中存在多个主体，如数据经纪人、数据信托、"数商"等，若规则不完善，难免产生数据滥用、数据垄断等不正当行为。数据要素市场全面规范化主要包括以下四个方面。

（一）市场行为规范化

规范的市场行为是防止数据垄断方利用寡头地位控制市场的重要保障。

（二）信息披露规范化

规范的信息披露是保证实现信息有效交换和市场理性决策的关键支撑。

（三）法律建设规范化

规范的法律法规是防范临时性法规和个人行为误导的根本保证。在通常情况下，依照法律制定行业自律的规章制度，对于市场的正常运行至关重要。

（四）监管体制规范化

规范的市场监管体系有利于打造平稳的市场环境。

此外，数据要素市场的全面规范化还包括其他方面，如市场交易流通中的签约、履约、结算、交割等数据中介行为。

需要明确的是，此处界定的数据要素市场规范化标准，具有相对性。由于受数据要素市场发展和人们对其认识的制约，规范化标准也是呈阶段性发展的，每个阶段的标准内容将随市场经济发展，以递进提高的趋势发展。

至于数据要素市场规模化发展，则是从量的角度提出的适应规模经济发展要求应该达到的规模，其界定的标准是：从我国国情出发，规模太小或者太大都不经济，应该选择"适度规模"。只有规模适度，才能形成与社会规模经济相匹配的规模市场，否则将会造成浪费。但"适度规模"的界限是一个相对的数量区间，要找到这个数量区间，基本前提是有完备的统计资料，需要设定若干指标予以测定。然而，在我国数据要素市场概念及范围尚未形成共识的情况下，这个问题只能留在日后加以研究。

二、数据要素市场发展定位：规范化与规模化的根据

数据要素市场规范化和规模化的发展定位，是由市场经济规律客观要求和

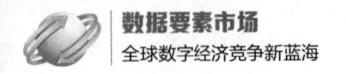

我国国情决定的。

（一）从完善社会主义市场经济体制出发，提出数据要素市场向规范化、规模化发展的要求

从深层次看，国内国际双循环、统一大市场的战略推出，要求社会主义市场经济体制和市场体系符合国际标准，调动国内外资源，以满足现代经济体制发展的需要。因此，数据要素市场的发展需要向更高的层次和规模升级，并向标准化和规模化方向发展。

数字经济时代，我国社会主义市场经济体制内容不断丰富，数据要素市场成为市场经济体制的重要环节，对于加强和完善中国特色社会主义市场经济体制建设具有重要意义。从基本功能来看，数字化时代的土地、资本、劳动力等生产要素市场和一般商品市场逐步向虚拟空间迁移，缺乏规范化制度、市场不发达等问题将不可避免地限制其他生产要素市场和一般商品市场标准化的发展。相反，提高数据要素市场本身的质量和数量也将有助于提高其他生产要素市场和一般商品市场的质量和数量。从深层意义来讲，国内国际双循环和统一大市场的战略部署，要求社会主义市场经济体制和市场体系必须与国际接轨，盘活国内外资源，这样才能符合现代化经济体系的发展预期。为此，发展中的数据要素市场必须上档次、上规模，向规范化、规模化发展。

（二）从生产要素市场化配置出发，提出数据要素市场向规范化、规模化发展的要求

虽然各地各部门对数据要素市场已有一定的探索，但远未达到规范化发展的要求。具体表现在两个方面：一方面，一些重要法规尚未出台。对公共数据授权运营、数据交易场所、企业间数据流通的标准合同模板等方面的探索仅局限在部分领域，在全国层面尚未形成有效的制度管理体系。另一方面，从实际意义来看，我国数据要素市场尚未有效形成。我国数据要素市场规模还很小，各地数据交易机构大多数在筹建，已建的数据交易机构成交量不大。加快推动数据要素市场规范化、规模化发展，才能适应构建高水平社会主义市场经济体制的要求。

规范数据要素市场，平衡数据要素供需之间的关系，能够有效实现数据要素的市场化配置。一方面，完善的数据要素市场有助于保障各市场主体快速高效获取数据要素，充分满足数据需求方的数据需求，进而有助于促进更多数据进入市场流通。另一方面，完善的数据要素市场具有成熟的产权制度和定价制度，有助于数据交易的规范展开，进一步促进数据要素的流通交易，基于价格机制的市场作用可以有效实现数据要素的市场化配置。

（三）从数字经济高质量发展出发，提出数据要素市场向规范化、规模化发展的要求

数字经济是引领国家创新战略实施的中坚力量，数据作为关键性生产要素，能够催生和推动数字经济新产业、新业态和新模式的发展，是促进数字经济高质量发展的重要抓手。一方面，高质量、高价值的数据资源的集聚，极大地促进了数据要素在场景中的应用，催生了一批新业态、新模式、新产业。同时，规范有序的数据要素市场能够促进数据采集、数据标注等新产业的培育发展，也将极大地提高相关企业的数据挖掘、脱敏、分析等技术，进而促进数据价值的充分挖掘和数据资源的有效利用，推动创新，加速数字经济产业化、规模化发展。另一方面，高质量、高价值的数据对其他产业具有乘数效应，通过实现供给与需求的精准对接、创新价值链流转方式，推动传统产业数字化转型和产业升级，对于其他生产要素（如劳动力、资本等）也大有裨益，极大地提高了其他生产要素在社会经济中的价值。

（四）从建设统一的数据市场出发，提出数据要素市场向规范化、规模化发展的要求

构建统一的数据市场，是基于国际形势与国内发展的需要，也是构建新发展格局的重要支撑。《中共中央 国务院关于加快建设全国统一大市场的意见》明确提出，要加快培育统一的数据市场。我国统一数据要素市场的构建，面临数据供给不足、流通壁垒难以打破、数据场景应用不充分等制约因素。

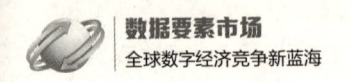

第一，规范数据要素市场，有助于规范整合政府数据、企业数据和个人数据等数据要素，提高数据治理能力，保障数据供给，满足使用方需求，提高数据供给质量和数量。

第二，通过构建公平有序的市场规则，打破超大平台企业对数据要素的垄断，保障各市场主体平等获取和使用数据的权利，进而有效破除统一数据要素市场的壁垒。

第三，通过构建多渠道数据要素流通平台，对接数据产品的供给方和需求方，有效撮合，进而极大地拓展数据要素的应用范围，并研究推出数据要素应用场景指引，培育不同场景的数据应用能力。

第三节 数据要素市场发展目标

明确数据要素市场发展的总体目标，并根据《中华人民共和国国民经济和社会发展第十四个五年规划和2035年远景目标纲要》《"十四五"数字经济发展规划》《"十四五"大数据产业发展规划》等文件将其拆解为阶段性目标，有利于明确数据要素市场不同主体聚焦用力的方向，推动数据要素市场更快发展。

一、数据资源生产的专业化和要素化

各级政府和企业作为数据要素的主要供给源头，要充分利用数据捕捉、收集、存储、开发及价值评估等专业技术力量，配备先进的数字化设备和各类数据处理技术及专业化的生产组织形式，将原始数据加工成为可应用于不同场景的数据资源。海量数据资源生成后，组织开展专业的数据治理，并通过数据安全、数据管理与计算处理等技术手段，将数据资源转化为可供生产使用的投入要素。通过对数据的专业化处理，将其转化为可供生产应用的数据产品，进而实现数据资源的专业化和要素化转变，激发数据要素的流通活力。

二、数据资源配置的开放化和精准化

数据资源的精准配置是数据要素市场有序运行的必要条件,既包括公共数据开放共享,也包括数据交易流通。以数据交易为例,数据交易机构是数据要素市场化流通的主要场所,其主要功能之一就是高效撮合数据供给方与需求方的数据交易。数据交易机构可对数据供给方提供的数据要素进行属性分析与分级分类管理,明确不同类型数据的应用场景,并精准捕捉和分析数据需求方的数据使用需求,为其提供高度匹配的数据要素,降低数据资源的搜索成本和交易摩擦成本,实现数据资源配置的开放化和精准化。

三、数据资源流通的平台化和自动化

无论是公共数据开放共享,还是数据交易流通,都需要平台作为数据流转的渠道和载体。除政务数据共享交换平台、公共数据开放平台外,数据交易机构通过打造不同层级的交易平台,根据参与流通数据的不同类型和级别自动分级分类管理,并提高交易平台对交易标的估值、定价、生成账单和风险防范的自动化水平。基于不同交易的成本和风险差异问题,数据交易机构在利用区块链技术进行数据可信存储后,以分级分类的形式生成目录,将其自动上传至不同层级的数据交易平台,并通过智能合约体系等数字技术自动为交易主体生成账单,获取所需数据要素,完成数据交易,实现数据资源流通平台化和自动化,提高数据流通效率,降低交易风险。

四、数据资源应用的场景化和赋能化

数据资源正全面融入社会交往和日常生活,实现数据要素应用落地,并为其打造更能发挥生产效能的应用场景是最大化其价值的关键。数据要素具有较强的互补性和溢出效应,可通过对资本、劳动等生产要素的耦合、渗透和改造,为各项生产要素赋能,促进各类生产要素的数字化转型,全面提高生产效率。单一的数据资源只有与其他生产要素组合、应用于多种复合场景,才能最大限

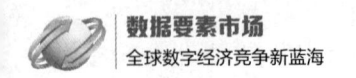

度地发挥其价值，政府部门和相关企业应重点关注数据资源应用的场景化与赋能化，借助数据要素化发展，加速推进生产要素的数字化转型，并积极探寻数据资源不同权属的适用场景，激活数据要素潜能，促进数字经济与实体经济的深度融合，推动经济高质量发展。

五、数据资源生态的综合化和体系化

数据资源的生产与使用涉及政府、企业和公民等多个主体，针对数据要素市场运行的薄弱环节，应结合各方市场主体的优势，补齐短板，打通数据要素市场发展之道。推动数据要素市场可持续性发展，需要打造完善的数据要素市场生态体系，由政府、行业协会、企业、公民等各方主体基于自身角色地位共同参与建设，建立健全数据要素市场运行规则体系，落实相关主体的监管责任，保障各市场主体切实履行责任与义务，畅通数据要素市场的生产、分配、流通与消费等各个环节，提高数据要素市场运行效率，为数据要素市场高质量、可持续性发展提供强劲动力。

第四节　数据要素市场发展原则

基于数据要素市场的发展模式与定位，结合经济高质量发展的总体要求，在实现上述主要发展目标的过程中，数据要素市场必须坚持协调发展的五项原则。

一、坚持系统推进与协同高效相统一

数据要素市场建设是一项系统性工程，需要以系统的思维谋划全局，建立完善的数据要素制度规则体系，规范数据要素市场主体行为，构建公平有效的市场监管机制，科学系统地推进各项工作。数据要素市场的建设工作涉及各级政府部门、行业组织、企业与个人等主体，需要统筹协调各层次关系，提高政策规则的统一性和制度执行的协同性，确保数据要素市场的有序运行和可持续性发展。

二、坚持创新驱动与规范发展相统一

要积极探索、创造出符合我国数据要素市场运行与发展特征的中国特色制度规则和管理体系，让数据在明确的市场规则下应用于各个现实场景，成为数字经济高质量发展的重要助推力。同时，要准确把握数据要素市场规则体系建设的方向，切实符合数据要素市场的发展和监管要求，严格遵循市场规律，推动数据要素市场科学、规范、有序发展。

三、坚持技术应用与管理创新相统一

数据要素市场的有效运行，离不开数字技术的保驾护航，应对数字技术创新行为予以大力支持，营造良好的创新环境，并鼓励参与数据要素交易的市场主体积极应用先进的数字技术。海量数据的有效管理，对数据管理模式创新提出了更高的要求，各个市场主体应与时俱进，不断优化和完善数据要素管理模式，高质量地完成数据要素生产、分配、交换及消费等各个环节的市场活动。

四、坚持重点突破与生态营造相统一

数据供给方、数据需求方与数据中介方等是数据要素市场运行的微观主体。实现数据要素市场的可持续性发展，要坚持重点突破与生态营造。一方面，要满足微观主体的发展诉求，重点完善数据权属、定价与收益分配等关键制度体系建设，督促监管主体将责任落实到位，打通数据要素市场有序运行的关键堵点、难点和重点。另一方面，要对政府部门、行业协会、企业及个人等数据流通具体参与者的行为、诉求高度关注，对于数据要素市场各个环节的薄弱部分，有针对性地提出改进措施，补齐短板，锻造长板，打造良好的数据要素市场生态体系。

五、坚持价值创造与风险管理相统一

数据要素具有非消耗性和非排他性特征，某个主体使用或消费数据既不会造成数据减少,也难以限制他人接触和使用。因此,数据要素市场在促进数据流通、积极发掘数据要素的应用场景、满足不同市场主体需求、最大化释放数据要素价值的同时,也应注意避免数据要素流通应用风险事件的发生,积极推动数据安全保护和隐私计算等技术创新应用,切实保障参与流通的隐私、机密数据不被泄露与滥用,做到防患于未然。

第五节　数据要素市场体系总体构成

数据要素市场体系包括基础制度、市场供给、市场流通、市场应用、市场监管、基础设施等,如图 6-1 所示。

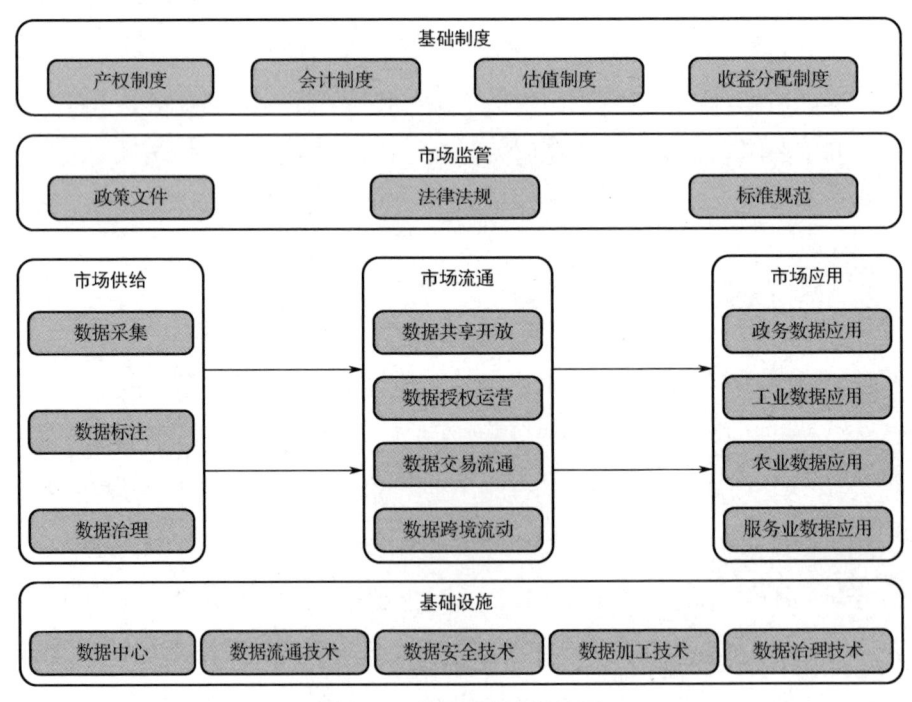

图 6-1　数据要素市场体系

一、基础制度是保障数据要素市场规范发展的前提条件

数据的不断生产、集中、共享和融合,离不开相关收集、利用、交易、保

护等规则的建立健全。数据要素的基础制度主要包括产权制度、会计制度、估值制度、收益分配制度等内容。完善的数据产权制度是数据要素市场培育的基础。数据要素产权制度可以调节市场主体间数据使用的利益关系。数据产权制度不纠缠于"数据归谁所有",从数据使用、数据流通和数据收益三方面确定具体数据权利的归属,保障了数据流通效率和数据收益分配的公平性,并通过数据合规公正和数据登记的方式,解决了数据交易信息不完全对称、信用建立不足和数据流通交易权属不清的问题。数据会计制度可以提高数据要素的利用率。数据会计制度明确了数据核算范围和分类、数据初始和后续计量及资产处置等账务处理与报表列示事项,全面、准确地反映数据要素的资产价值,有利于盘活现有数据要素,激活数据要素市场供需主体的发展活力,为数据要素的深度分析与广泛应用提供新动能。数据估值制度助力数据要素以公允价值完成市场经济活动,打造公平有序的市场环境。数据估值制度制定了专业的价值评估框架和评估指南,从第三方视角对数据资产的使用价值、规模活性和可用场景等维度进行量化分析,为数据流通、数据交易等精准、多元的数据要素应用提供有力支撑。数据收益分配制度保障公平有效的数据要素收益分配。数据收益分配制度以成本分配为主,以数据财税政策为核心,构建由市场评价贡献、按贡献决定报酬的利益分配机制,加强公共数据治理和流通交易,平衡供需主体分配不公平的问题,并逐步消除区域和群体间的数字鸿沟。

二、市场供给是数据要素市场运行的基础原料

数据要素市场供给是指在特定时间范围内和价格水平下,市场主体愿意提供的数据要素总规模。数据要素通过数据加工、提炼、整合形成资源,一般包括数据采集、数据标注、数据治理等新业态,重在解决数据供给质量良莠不齐等问题,涉及数据采集方、数据提供方、数据生成方等主体。其中,数据要素市场供给的主要功能体现为把控和管理数据产品质量,构建完善的数据要素质量监管体系。完善的数据要素市场供给机制能够对数据要素提供者产生监督,严格把控进入市场的数据产品结构和质量,同时搭建标准化的数据产品生产流

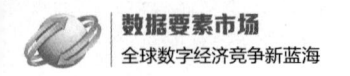

水线，建立统一的产品生产和操作标准。

三、市场流通是数据要素市场运行的主轴枢纽

数据要素市场流通是为数据生成方、数据应用方、数据开发方带来价值的过程，流通载体由平台运营方管控，包括数据开放共享、数据授权运营、数据交易流通、数据跨境流动等内容。良好的数据要素市场体现在市场环境安全可信、包容创新、公平开放，这也是数据要素市场的基本功能。例如，鼓励公共数据、企业数据和个人数据进入数据要素市场，提高公共数据管理机构、数据要素型企业和个人参与数据流通应用的积极性。从制度建设来看，我国当前尚未形成数据要素交易的相关规则体系，需建立数据要素准入、标识、质量、处理、安全等方面的规范标准；对不同来源和层级的数据设立相应的数据跨境审核要求和监管标准，引导政府、行业协会和企业参与数据出境风险监管，鼓励数据控制主体自我监管，降低数据跨境传输的合规风险。

四、市场应用是释放数据要素市场经济价值的必要环节

数据要素市场应用是数据价值释放的过程，主要涉及政务数据应用、工业数据应用、农业数据应用和服务业数据应用。政务数据应用是将政务数据应用于政府履职过程，提高政府履职能力的重要手段。例如，将大数据应用于宏观经济调控，可以提高宏观经济运行的实时感知、预测和精准调控能力；应用于市场监管，可以创新监管模式，实现穿透式全过程监管；应用于社会治理，可以提高社会治安管理能力，预测不法行为。工业数据在企业经营管理中的有效应用，可以实现企业管理模式变革，大幅提高生产效率，降低企业运营成本。农业数据在农产品种植、销售中的应用，可以降低农作物生产风险，提高农作物产量，实现精准营销。服务业数据应用，可以最大化地实现服务资源的有效配置，提高社会运行效能。

五、市场监管是维护数据要素市场运行秩序的必要之策

市场监管主要对数据要素市场登记备案、流通安全与秩序和信用体系等方面进行监督管理，主要包括与数据要素市场相关的政策文件、法律法规和标准规范，为数据要素市场发展提供监管依据，其涉及主体一般是政府机构和行业协会。例如，数据市场交易登记备案监管，对数据资产和流转情况登记情况进行监督，并对数据资产凭证的生成、存储、归集和应用全流程进行管理，促进数据交易服务行业协会和企业自律，督促交易参与主体履行责任与义务，有助于解决数据要素确权定价的问题，畅通数据要素流通渠道。数据交易市场安全与秩序监管，对数据泄露、垄断和不正当竞争等违法违规行为进行管理和整治，对第三方服务机构数据权属与数据使用等行为进行监管，避免数字化企业野蛮生长，打掉"灰色""黑色"数据产业链，避免数据泄露和数据滥用事件发生，保证数据要素市场的安全、有序运行。数据要素市场信用行为监管，制定交易数据"负面清单"，严禁或严格限制数据类型参与市场交易活动，对交易主体信用信息和失信行为予以公示，严格限制违规操作的交易主体参与数据要素交易活动，维护数据要素市场的公平竞争秩序，降低数据交易成本。

六、基础设施是推动数据要素市场发展的重要支柱

数据要素市场的建设离不开数据流通、安全、加工和治理等关键技术和数据中心的支撑。

数据中心能够传递、存储、展示和计算数据信息，以最快速度和最小延迟处理大量的数据，是承载数据的基础物理单元，也是算力的重要载体，为保障数据安全存储与深度分析提供重要支撑。

数据流通技术能够根据大量数据与场景、数据与数据间的有用性和价值关系，利用数据定价算法的网络化模型，对数据和场景进行科学合理的匹配，高效撮合数据交易，并采用区块链等可溯源技术对数据要素的交易、计算过程进行全程记录。

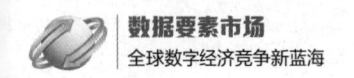

数据安全技术主要包括以多方安全计算为代表的隐私计算技术，保证数据在不出供给方控制范围的前提下由需求方使用，实现数据"可用不可见"的交易范式，有效整合不同主体间或同一主体内部的数据要素，打破"数据孤岛"现象，促进数据要素的共享与流通。

数据加工技术能够辅助数据建模，获取数据要素的经济价值，提高工作效率和管理层决策效率。例如，在工业生产活动中，企业可借助已有的生产数据资源构建智能生产模型，提高生产效率；借助原材料、产品的物流调度数据构建智能调度模型，优化物流调度路径。

数据治理技术是从使用层面和监管层面对算法进行监管、对数据模型进行治理，为企业和监管机构模型价值、公平性、合规性和风险系数等提供底层支撑。

第六节 数据要素市场发展总体思路

一、完善数据要素市场政策法规

（一）强化数据要素市场发展的顶层设计

谋划成立数据综合管理部门，统筹推进数据要素配置管理和监管；编制出台培育数据要素市场指导性文件，明确发展思路及主要任务，坚持问题导向、一边发展一边完善、分阶段分步骤、由易到难、逐步试点探索的发展原则；发挥数据要素市场关键作用，激活数据要素潜力，进一步完善数据生态，建立健全数据资源产权、交易流通、跨境传输和安全保护等基础制度和标准规范；解决数据要素市场供给侧、需求侧及供需对接机制等方面的问题，为各地区配套出台相关政策提供思路和基础保障。

（二）完善数据要素市场发展的法律法规

完善国家现有数据法律体系，确立数据的法定资产身份，制定出台数据流通专项法规，对数据流通中的授权、使用、确权等具体问题做出规定，确保数据交易依法合规展开；鼓励地方政府因地制宜，分级分类研究制定或持续完善数据生成、确权定价、流通交易、安全管理等方面的地方性法规；构建数据流通法律监管和实施环境，配套出台数据流通监管法规，加大对违规使用数据案件的查办力度，引导数据要素企业规范经营；建立健全数据分级分类规则，在数据要素应用愈加丰富的情况下充分保障数据安全（例如，在对涉及个人信息和个人隐私的数据处理前依法获得个体授权、在处理过程中依法匿名化），防止个人数据泄露引发大规模的社会安全问题。

二、开展数据要素市场培育试点

（一）依托试验区先行探索

依托国家数字经济创新发展试验区、自由贸易试验区等，开展数据要素市场先行探索。一方面，围绕医疗、社保、交通等重点民生领域，组织开展数据要素市场培育试点，对拟制定推行的数据要素领域的相关法律法规、监管体系、标准规范在试点地区先行试验；加快构建多元共治的数据要素市场治理体系，规范数据资源利用行为；依托数据交易所、数据经纪商等市场中介，完善数据交易规则，规范市场主体交易行为；强化对数据要素市场监管和反垄断的研究，推动数据要素市场公平有序竞争。另一方面，探索数据要素高效配置规则体系，开展数据流通交易、安全保护、确权定价、统计核算等数据要素细分领域的试点，形成标杆效应；探索运行数据采集、传输、存储、运营、追溯等数据要素全生命周期的管理、风险防护等涉及前沿技术突破与应用的一体化管理系统。

（二）借助城市群示范推广

借助京津冀、长三角、粤港澳大湾区、成渝地区双城经济圈等重点区域进行示范推广；搭建数据供需对接平台、协同平台等，统一集群内数据流通标准和规则，大力发展数据流通交易与数据技术研发业务，增加跨区域数据合作；以重点城市为核心，加强省市上下联动及城市间联动，围绕不同场景加快数据深度应用，着力总结并形成一批可操作、可复制、可推广的经验做法。

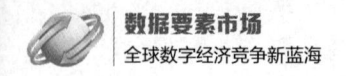

（三）鼓励有条件的城市挖掘新模式

鼓励和支持数据规模较大、数据市场需求旺盛的城市或地区，结合自身数据要素发展基础，聚焦数据要素细分领域，探索基础研究、应用研究、体制机制等新型数据要素管理和运作的新业态、新模式。

三、搭建数据要素市场生态联盟

依托粤港澳、京津冀等重点城市群，推进数据要素市场联盟建设。一方面，融合政府、高校、行业等多方主体，建立协作关系，充分发挥各方优势，实现强强联合、优势互补；举办数据要素市场研讨会和专题交流会，集思广益，汇集多方共识，为数据要素市场发展提供解决方案，发挥协会和联盟的桥梁纽带作用；从社会资源出发，提高全民数据要素利用意识和数据素养，让更多的主体参与到数据要素的挖掘和应用中来，共同建设数据要素市场。另一方面，着力搭建产业技术创新体系，以相关核心企业为中心，立足市场导向，推进产学研深度融合；通过相关政策导流，使创新要素聚集在核心企业，同时搭建具有关键共性技术的联合研发平台，联合产业链上下游共同完成技术攻关。

四、强化数据要素管理能力建设

依托数据要素管理能力成熟度模型、数据要素安全能力成熟度模型，组织培养一批权威的评估咨询机构，提供智力支持，引导全社会形成数据要素管理能力至上的良好氛围；除金融、工业、政府等领域外，在更多行业推进数据分类分级，让更多一把手认识到摸清数据底数的重要性，为全国数据资源普查做好准备；积极营造数据质量第一的良好环境，让更多的人认识到数据质量如同生命，对数据价值具有重要影响，推动各个层面全面提高数据要素管理能力，为数据要素市场发展打好基本功。

五、加强数据要素市场理论研究

发展数据要素市场，要发挥理论研究对实践发展的指导作用，从实践中来，到实践中去；针对数据产权、数据资产会计认定、数据收益分配等阻碍数据要素市场的关键难点，进一步发挥专家学者的理论研究优势，在国家重大研发计划中设置相应的研究专题，加大攻关力度，为数据要素市场在实践中茁壮成长注入理论血液；加大区块链、隐私计算、数据沙箱等技术的自主创新投入，依托联盟、协会等形成联合攻关小组，鼓励技术入股等多种形式的创新，为数据要素市场发展奠定技术基础。

六、推进数据要素市场基础设施建设

（一）建立可信、可追溯的数据要素流通平台

建立全国一体化可信、可追溯的数据要素流通体系，在数字经济发展基础较好、数据要素流通密集的地区，集中搭建一批数据要素流通平台，主要用来保障数据要素登记、存储和流通的有序运行。针对数据要素登记，可建立专业登记平台，对数据要素产权进行明确登记，积极开发区块链、多方安全计算等技术，以技术手段对数据要素流通进行追溯，保障各主体数据权利。针对数据要素流通，完善相关增值服务，研发数据要素估值模型，建立健全数据要素报价、询价、定价等交易规则，提高数据交易的运行效率。

（二）稳步推进算力基础设施统筹布局

统筹布局建设全国一体化的算力网络国家枢纽节点，发展数据中心集群，引导数据中心集约化、规模化、绿色化发展。围绕强化数字转型、智能升级、融合创新支撑，加快推进数据中心、智算中心、超算中心等算力基础设施的建设，整体提高数据计算能力。一方面，依托我国现有的八大枢纽节点，围绕数据中心集群建设算力基础设施，结合国家新一代人工智能创新发展试验区建设要求，建设每秒百亿亿次级和每秒千亿亿次级超算中心；持续引导各区域算力

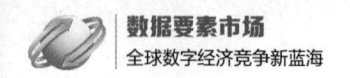

供需对接，提高应用水平。另一方面，加快支撑新一代人工智能科学研究、产品研制、应用推广的系统化基础设施和制度体系建设，推进建立新型科研组织，围绕智算中心、超算中心开展人工智能技术研发，加速成果转化。

（三）提高安全存储与算力资源调度能力

统筹推进"东数西算"工程，优化数据中心建设布局，加快建立并完善云资源接入和一体化调度机制；推动算力、算法、数据、应用资源集约化和服务化创新，加强云算力服务、数据流通、数据应用、安全保障等方面的探索实践；实现大规模算力部署与土地、水、电等资源的协调，重点提高算力服务品质和利用效率，充分发挥资源优势，夯实网络等基础保障，为全国范围内的数据加工、存储备份等算力需求提供保障。

制 度 篇

夯实数据要素市场制度根基

　　国之兴衰系于制，制度是定国安邦之根本。历史和现实都表明，制度稳则国家稳，制度强则国家强。习近平总书记在十九届中央政治局第十七次集体学习时指出："古人说：'经国序民，正其制度。'意思说，治理国家，使人民安然有序，就要健全各项制度。"数据要素市场的勃兴发展，同样需要整套紧密相连、相互协调的制度。本篇深刻把握数据要素市场制度建设的历史任务、时代要求，在建章立制上下功夫，着力固根基、扬优势、补短板、强弱项，面向数据产权、数据资产会计认定、数据资产登记、数据估值定价、数据收益分配等方面，创新性地提出一套数据要素市场基础制度，以期为中国数据要素市场实现历史性变革、系统性重塑、整体性重构贡献力量。

第七章 | Chapter 7

厘清数据要素市场产权制度

数据产权制度既是构建数据要素市场的基础，也是数据要素市场有序运行的基础。2022年12月2日，《中共中央 国务院关于构建数据基础制度更好发挥数据要素作用的意见》特别指出，要建立数据产权制度，推进公共数据、企业数据、个人数据分类分级确权授权使用，建立数据资源持有权、数据加工使用权、数据产品经营权等分置的产权运行机制，健全数据要素权益保护制度。数据产权制度属我国在全球首创的制度设想，根据数据的不同来源，分清楚每个数据与其数据主体的关系和权益形式等，并且以法律的形式，严格明确其产权归属规则、产权结构规则。另外，从生成的数据主体来看，现有的几种数据类型可以划分为个人数据、企业数据、公共数据三种类型。数据产权制度就是在数据采集、加工、处理、流转、交易等过程中，确立个人、企业、政府各类行为主体数据权利的制度。

第一节　建立完善数据产权制度的重要意义

完善的数据产权制度是规范数据要素市场行为的实践标准，是确保数据安全有序流通的必要条件，也是实现数据要素收入分配合理有效的基本前提。

一、建立数据要素市场规则秩序的前提条件是完善数据产权制度

产权是市场交易的基础，完善的数据产权制度不仅是数据采集标准化、开放共享、交易流通和开发利用的首要条件，还是包括数据安全保护等在内的全链条数据要素市场体系的前提条件，同时是数据要素实现高效流通的必要条件。以数据交易为例，在数据权属不确定的情况下，虽然交易的数据都会经过脱敏、脱密处理，但在数据被反复挖掘利用的过程中，无法确保数据运营行为的合规性，数据权益被侵害时无法找到侵权者。若想让数据成为所有产业竞争力提高的动力源，就要确立排他性产权的必要性，充分利用市场机制，更加有效地协调相关主体的利益。数据权属的确定，有利于明确数据交易主体的责任和权利，规范数据交易主体行为，化解数据产权不确定带来的利益冲突，保护各自的合

法权益，形成良好的数据交易秩序，引导数据交易相关方公正规范地完成数据交易，促进数据产业繁荣发展。数据所有者在相关法律的保护下，可以自主积极、创造性地挖掘数据价值，将各类沉积的数据变为资产。数据购买者在相关法律的规范下，可自觉约束自身经营行为并主动承担相应的经营责任，防止数据交易市场秩序失调。通过对各种类型的数据确权，明确界定权利与义务的边界，厘清不同数据主体之间的权属关系，在这样规范化的要求下才能够合理约束数据主体自身的行为，保障相关数据主体的合法利益，引导各主体参与数据要素市场建设，加速数据在市场上的整合、开放、利用与共享，推动数据要素市场的规范有序发展。

二、数据产权制度是厘清各类数据要素流通边界的根本途径

数据只有在流通中才能释放其蕴藏的价值。数据权属不清，会阻碍数据要素在不同主体间的有效流通，进而制约数据要素市场的发展。按数据来源主体划分，数据可分为政府数据、个人数据和企业数据三类。

（一）政府数据

从政府数据看，数据共享权责不清，问责机制不完善，当在传播过程中出现数据泄露、数据失真、数据误用等问题时，可能无法明确追责。数据提供方与使用方在共享过程中的职能和责任边界模糊，一些部门对数据开放共享持保守态度，使政府数据开放共享不充分。

（二）个人数据

从个人数据看，互联网企业收集的公民信息应归个人所有，但事实上大多数据企业拥有并免费使用个人数据。个人数据权利界定是实现个人信息保护的基本前提。目前，一些国家或地区已出台了数据保护的相关规定，如欧盟《通用数据保护条例》对个人的数据权进行了详细界定，个人作为数据主体有知情权、被遗忘权、修改权、收益权等，使个人数据权利保障更具有可操作性。对个人来说，仅靠个人力量维护数据权益会存在专业能力、技术装备等方面的局限性，需要从法律层面加大对数据拥有者的规范力度，明确企业对数据市场活动的行为边界。

（三）企业数据

从企业数据看，大部分企业存在数据授权信息难以界定、数据流通环节难以追踪管控、无法确保数据在允许的范围内流动等问题，对商业秘密、客户个人隐私泄露心存疑虑，对外部单位共享数据的意愿不高，由此直接制约了企业数据对经济社会价值的有效释放。

因此，必须通过数据确权的方式，明确界定个人数据、企业数据和公共数据，厘清数据流通的边界和尺度，以更好地保护个人隐私、商业秘密和国家秘密不受侵害。同时，要重视激发数据的创新再利用，这样才能使数据要素市场的长远发展真正有利于经济社会的发展。

三、数据产权制度是实现数据要素收益按贡献分配的必由之路

十九届四中全会提出，要形成数据要素由市场评价贡献、按贡献决定报酬的机制。建立完善数据产权制度，引导数据要素参与生产分配，是实现财富再分配、社会公平有效的重要手段，是完善我国收入分配格局、规范收入分配秩序的重要举措。数据要素按贡献参与分配是激励多元主体参与数据要素市场发展的有效举措，可以充分激发不同主体挖掘数据要素的热情。但是，分配主体选择与数据要素持有权、使用权、收益权等密切相关，在数据权属不确定的情况下，难以科学确定不同主体在数据要素市场活动中扮演的角色，导致在数据价值创造过程中群体性贡献与个体性拥有间的冲突，这是在分配过程中最难、最重要的环节。例如，很多传统制造企业正由"卖产品"向"卖服务"转变，为客户提供设备远程在线运维服务，但设备产生的数据属于设备提供方还是客户方、设备提供方基于设备数据产生的价值是否应与客户方分成或以其他形式补偿客户方，目前尚未有定论。再如，消费者在互联网平台购物、社交等行为中产生的大量数据，其本应作为数据采集环节的分配主体参与收益分配，以化

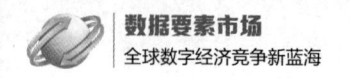

解个人数据商业化应用与隐私保护间的冲突。美国 DataCoup 公司曾以每月 8 美元的价格购买用户信用卡和社交网站中的信息，并让用户选择出售的数据。但是，由于数据收集者与数据提供者关于个人隐私的认知缺乏合理界定，使个人数据交易价格难以合理制定，并成为个人隐私信息被滥用、误用等问题的诱因。

第二节　数据产权制度的理论基础

一、数据产权配置理论之一——劳动理论

按照洛克财产权劳动理论，人对于其合法取得的劳动成果享有正当财产权。这一理论在商业活动中得到了很好的应用，它不仅是私人权利的基本理论，而且鼓励人们努力工作创造财富，是一切财产权的法理基础。对洛克财产权劳动理论的另一种解释为"劳动值得说"或"增值理论"。该理论认为，当一个人创造了对他人有价值的东西时，他应当因此获利。"增值理论"可用于对数据的不正当竞争保护，也可以用于对数据产品的赋权。对原始数据进行数字化记录的过程，就是赋予数据潜在价值的过程，为信息技术发展提供可供分析的原料。此外，在数据分析和加工的过程中，将凌乱无序的数据加工成数据产品本身也创造了价值，参与数据产品制作的主体理应享有财产权，参与数据增值收益分配。

二、数据产权配置的理论之二——外部性理论

外部性是指某一经济行为不仅为行为人带来收益并产生成本，还对其他人产生收益或成本。收益即正外部性，而成本为负外部性。数据是有风险的资产，这种风险可以看作负外部性。例如，大量的数据被免费使用，但并未将增值价值分配给相关数据供给方。数据产权配置不仅在于给数据控制者激励，还在于为承担最高风险的主体配置相应的权利。由科斯定理可知，产权的初始界定是市场交易的前提，对资源配置的效率产生影响，不同的产权界定就意味着不同

的资源配置效果。为提高数据要素市场的运行效率，需要建立相应的数据产权制度，以降低数据要素市场的负外部性，保护各主体的数据权益，激发相关主体参与数据要素市场建设的积极性。

第三节　数据产权制度发展现状

一、全球数据产权制度仍处于探索中，规则标准尚未清晰

从国际来看，全球范围内尚未就数据要素的产权规则形成共识，国外通过立法对数据要素的财产权开展了一定探索。美国采用财产权导向的分散式立法模式，认为个人信息在理念上是默认的个人财产，并分行业进行数据立法，不同经济部门的企业受到不同隐私规则和法规的约束，形成"部门立法+行业自律"的产权体系，更加注重对既得利益的保护。欧盟采用统一立法模式，在规避财产权、经营权、持有权等提法的基础上，有效推动数据市场的发展，其做法值得借鉴。欧盟《通用数据保护条例》和《数据法案》均明确了个人数据的被遗忘权、访问权和可携带权等，但并未规定个人数据有财产权。日本并未就数据权属出台相应的法律，但在其《反不正当竞争法》中增设"限定提供数据"条款来保护数据主体的权益。总的来看，不同国家根据其数据要素市场建设的侧重点，采取不同的产权运行规则，尚未形成统一的制度标准。

二、我国多地开展数据产权制度立法尝试，上位法缺失

数据权属通常可以划分为数据人格权、财产权和国家主权三大类别。2021年，我国颁布《中华人民共和国数据安全法》和《中华人民共和国个人信息保护法》，从立法层面解决了数据国家主权和人格权的问题，但受立法滞后和认知分歧等因素影响，法律对数据财产权并没有明确的界定，相关法律规章仍处于探索中。从地方实践探索来看，各地在其数据要素相关文件中对数据产权制度做出一定部署，甚至有的地区出台了专门探索数据确权的制度。例如，深圳发

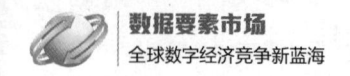

布《深圳经济特区数据条例》着力于数据要素资产配置问题；广东省、广西壮族自治区在数据要素市场化配置文件中均明确指出要探索建立公共数据资产确权登记和评估制度；鄂州发布《鄂州市数据确权管理制度》，对数据产权进行界定，确保有效保护个人隐私、企业权益和公共安全。除此之外，北京、河南、贵州、浙江等地纷纷通过建立数据确权平台的实践方式，对数据产权制度的建设进行了积极探索。总的来看，尽管部分地区进行了初步探索，以财产权益保护数据主权，但在实践中仍难以解决数据确权的困局。数据确权需要国家从立法层面予以支持。

三、数据产权制度高度依赖技术保障，但技术发展相对滞后于市场交易

不同于其他传统要素，数据产权界定高度依赖技术，技术是实现数据确权的重要手段。近年来，学术界与业界就数据确权技术不断展开探索，现已开发出包括数据引证技术、数据溯源技术、可逆隐藏技术、电子取证技术、数字水印技术等多种确权技术，将标识信息嵌入数据载体内部，以版本保护、保密通信、文件真伪鉴别和产品标识等方式实现数据产权保护。一旦发生数据所有权纠纷，可以将标志信息提取出来进行检测，从而证明版权的归属。此外，清华大学研究团队基于新型密码技术和经济学机制设计了一套数据确权与交易关键技术，通过结合现代密码技术和不可更改的数据库技术，实现了数据的权属声明、交易的可追溯性、数据的无争议送达等功能，在提高数据交易效率的同时，保障了数据交易的安全。总的来看，随着数据要素交易场景的不断延伸，数据交易模式不断创新，交易中涉及的产权主体越来越多，权属流转也更为复杂，技术发展水平相对滞后于数据要素的市场交易对数据产权技术提出了更大挑战。

第四节　数据产权制度构建的主要思路与原则

大数据技术实现了"海量数据"与"价值关联"的结合，使单一数据相对

微弱的产权属性在海量数据的集合下呈现出新的经济价值。当前，应该遵循公平与效率、防范过度保护等原则，对数据产权进行明确的界定和划分，进而形成不同时空、不同主体的数据要素确权框架。

一、数据产权确权的总体思路

数据产权界定是数据要素有效配置的基础，数据确权需处理好数据的原始生产者、采集者（集合者）、挖掘者与控制者之间的关系。数据作为一种无形的能反复交易和使用的商品，容易在未经合理授权的情况下被采集、存储、复制、传播、汇集和加工，也常常使数据生产者的权益被侵犯，隐私被泄露，所以个体常常存在对隐私保护和商业秘密保护的需求。因此，在数据产权制度建设中，需要注意两个方面：一方面，保障数据赋权主体能够有效进行数据流通和共享；另一方面，维护国家安全、社会安全和公众利益，防止个人隐私被侵犯，避免数据垄断和滥用市场支配地位等不正当竞争现象发生。与此同时，数据产权的确定不仅要以促进数据自由流动和便捷交易为价值导向，还要以明确数据客体承载的权利为出发点。因此，在数据产权确权体系构建时应分级分类，动态管理原始数据、集体数据、脱敏建模数据、人工智能数据等各个类别数据的权属界定和流转，形成覆盖数据生成、收集、使用全流程的确权体系。

二、数据产权确权需遵循的原则

（一）分类原则

数据权利的确立和相应保护应建立在准确的数据产权认定和分类基础之上。不同类型数据的权利结构大不相同，因此在划分数据产权时，应注意区分不同的数据类型和数据处理阶段。数据的产权主体可以是个人、企业、政府等。在数据生产、整理、分析、应用、销毁的不同生命周期阶段，数据资源产权主体可以拥有一项或多项基本权利。

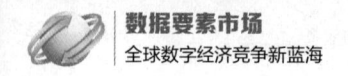

（二）公平和效率原则

在划分数据产权时，应充分遵循公平和效率原则。谁进行了付出，谁就拥有相应的权利。个人产生的数据、企业或政府收集的数据、平台脱敏建模的数据，各类主体都参与其中并做出了努力，如果简单地将产权配置给一个主体，就难以兼顾公平问题，因此数据产权划分应当在不同主体之间共同进行。如果仅按照效率将产权划分给平台企业，尽管数据资源配置效率最高，但势必会导致个体对数据产生消极甚至抵制情绪，长久下去将会阻碍数据要素市场的可持续性发展。但是，仅仅根据公平原则划分产权，又会降低数据共享意向，影响数据利用效率与社会公共利益。所以，兼顾效率与公平是数据产权划分应该遵循的基本原则之一。

（三）有限原则

随着数据来源的逐渐广泛和模型算法的逐渐优化，即使匿名化的数据集也有可能反向追踪到用户的个人身份等信息。因此，基于个人隐私保护和数据安全两个原则，平台企业对匿名化数据集行使持有权时，应当遵循有限原则。

（四）防范过度原则

数据要素市场发展需要严格保护隐私性质的数据和公共安全属性的数据，但同时也要注意防范过度的问题。数据一旦被滥用，可能对社会伦理道德、个人隐私、公共安全等产生负面影响，因此应明确数据的使用边界，寻求社会效率最大化和数据安全底线的边界。原则上，对涉及个人隐私和国家安全的数据保护底线绝不放松；对于实现匿名化、脱敏化、人工智能化的数据，通过确权促进其流动和共享。

第五节 数据产权制度的主要内容

数据财产权的构建应以促进数据要素自由流动和便捷交易为价值取向，从明晰数据客体承载的权利出发,划分个人数据、企业数据和公共数据在不同生产阶段的权利谱系,清晰界定数据生产者、收集者、挖掘者和控制者之间的权利义务关系。数据产权谱系如图 7-1 所示。

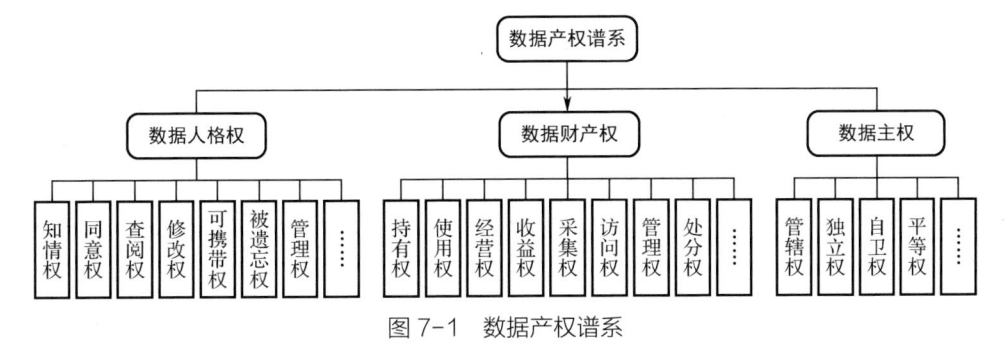

图 7-1 数据产权谱系

一、个人数据产权划分

个人数据权兼具人格权和财产权,对个人数据的侵害不仅损害隐私,还可能造成权利人财产的损失。数据人格权是基于《中华人民共和国个人信息保护法》,为了保护个人隐私而提出的个人对其个人信息数据的一系列权利,具体包括知情权、同意权、查阅权、修改权、可携带权、被遗忘权等。数据财产权主要包括持有权、使用权、经营权和收益权等。社会广泛认为只有企业集合、脱敏、模型化后的数据才具有一定的财产属性,但是,企业持有的数据资产仍然是从个人信息中积累和分析的产品价值信息。无论信息使用的形式如何,都显示了个人数据的特征,如利用大数据分析消费者的偏好、消费水平等来进行精准营销。个人数据不能由数据主体本身以个人隐私保护为由禁止开放利用,并非所有个人数据都是隐私的,个人数据应进行类型分析。在原则上,由于隐私类数据披露之后容易损害个人人格尊严,应该被严格保护。综上所述,原始数据与个人隐私紧密相关,应以数据人格权对个人隐私予以保护;对其他经集合、脱敏的数据从权利保护和有效使用的角度,在确认被遗忘权、可携带权及删除权等基本人格权范畴的基础上,保护数据主体的合法数据财产权。

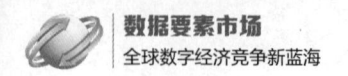

个人数据产权结构如图 7-2 所示。

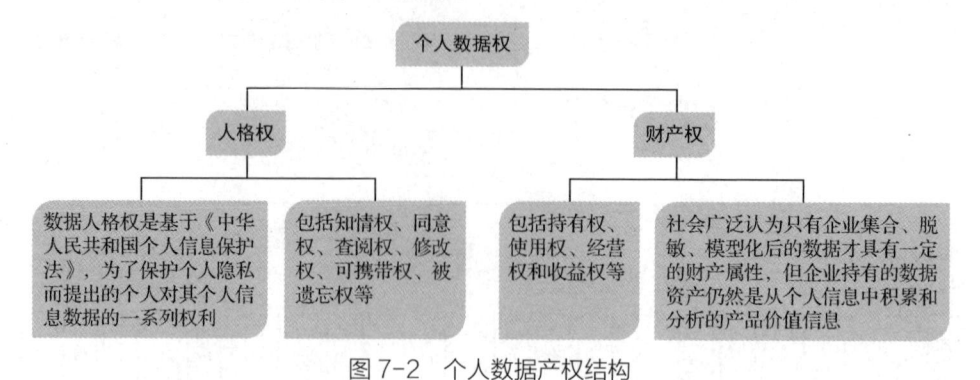

图 7-2 个人数据产权结构

个人数据权
- 人格权
  - 数据人格权是基于《中华人民共和国个人信息保护法》，为了保护个人隐私而提出的个人对其个人信息数据的一系列权利
  - 包括知情权、同意权、查阅权、修改权、可携带权、被遗忘权等
- 财产权
  - 包括持有权、使用权、经营权和收益权等
  - 社会广泛认为只有企业集合、脱敏、模型化后的数据才具有一定的财产属性，但企业持有的数据资产仍然是从个人信息中积累和分析的产品价值信息

二、企业数据产权结构

单一的个人数据价值并不高，只有将大规模多维度的数据统一在一起才能够促使企业挖掘出更丰富的信息。因此，在数据产业发展中，必须调动数据运营商的积极性。在保障个人数据安全的前提下，应建立以数据经营者为重心的产权制度，实现数据处理投入与产出的平衡，鼓励企业投入更多资源建设数据相关系统，使数据经济处于安全稳定的交易环境。企业类数据的产权主体有数据集合类企业、数据挖掘类企业、数据中介企业，权属结构主要包括持有权、使用权、经营权、收益权、采集权等。一般来说，数据收集企业有权收集、使用、经营数据并获得收益。数据挖掘企业在通过算法将数据脱敏、匿名和智能化后，可以在权限范围内使用、经营、处置数据并获得收益。对数据交易等数据中介机构来说，虽然没有数据可以供给，也没有能力开展数据加工，但具备数据经营权。除此之外，企业对脱敏化数据和匿名化数据也有部分处置权。在某些特定的情况下，数据主体有权限制数据挖掘和控制者对数据进行处理。

企业数据产权结构如图 7-3 所示。

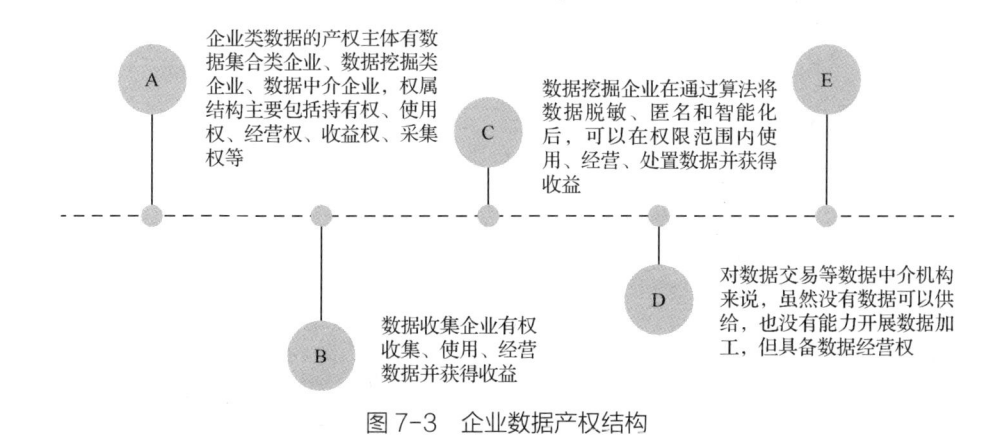

```
A: 企业类数据的产权主体有数据集合类企业、数据挖掘类企业、数据中介企业，权属结构主要包括持有权、使用权、经营权、收益权、采集权等

C: 数据挖掘企业在通过算法将数据脱敏、匿名和智能化后，可以在权限范围内使用、经营、处置数据并获得收益

E:

B: 数据收集企业有权收集、使用、经营数据并获得收益

D: 对数据交易等数据中介机构来说，虽然没有数据可以供给，也没有能力开展数据加工，但具备数据经营权
```

图 7-3　企业数据产权结构

三、公共数据产权属性

公共数据主要包括基于对自然和宇宙认知的数据、历史遗产和现代知识产权数据、国家宏观数据、公共企事业单位数据等。公共数据产权主体是政府，权利谱系结构包括持有权、管理权、使用权、收益权和处置权等。公共数据是一种产生于公共空间且带有极强社会属性的数据。政府有责任向公众提供属于公共资源的数据。在不涉及国家秘密、商业秘密和个人秘密的情况下，应当进一步促进相关数据交流共享。此外，在数据跨境流动中，政府具有维护数据主权的职责，可以将数据主权拆分为管辖权、独立权等。

第六节　我国数据产权制度建设展望

一、数据要素领域立法进程将不断加快，有望从根本上解决数据产权界定难题

第一，推动国家立法机关基于各地实践探索，在现行法律的基础上，加快制定数据产权法。根据个人、企业和政府等不同主体的类型，对主体的持有权、使用权、经营权、收益权等权利分类和明确，加快形成公开、全面、迭代的数据产权制度，明确数据产权的正确界限。任何采用非法手段获取数据资源并给数据资源持有者造成损害的，将依法承担相应的法律后果，包括民事责任、行

145

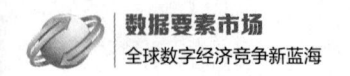

政责任及刑事责任。

第二，从实体性法律规范的角度出发，根据不同数据类型，搭建相应的数据权益保护机制。对于公共数据，不断强化行政法领域公共数据开放、信息公开等制度的设计与衔接，明确私有主体申请获得公共数据和参与公开监督的权利。对于企业数据，在坚持企业自治的基础上，应当重点关注竞争法律制度的有效跟进，维护合法高效的数据要素市场秩序，防止数据权利滥用引发的整体竞争秩序混乱；持续完善相应的授权使用合同机制，强调敏感信息的保密义务。对于个人数据，在民事一般法范围内依个人数据敏感程度进行层次化的权益保护，并适当改进相关侵权行为认定与评价规则，从正反两方面构建个人数据权益民事法规范。

第三，推动分类施策，不断加强数据产权保护的司法保护程序。对于企业和个人数据权益保护，重点关注被侵权人提起民事诉讼或仲裁的程序性权利。基于实践中不同诉讼主体实力悬殊的问题，在举证责任分配等方面加强对弱势一方的制度性倾斜。对于公共数据领域的权益保护，被侵权人可在现有行政性程序体系框架内，通过行政复议或者行政诉讼来保护自己的权益。对于严重危害社会主义市场经济秩序、侵犯国家安全、公共安全及个人合法权益的违法犯罪行为，通过刑事诉讼程序来解决相关问题。

二、兼顾公平效率的数据产权制度逐步建立，有望实现数据要素精准确权

第一，在数据分级分类的基础上，合法确认数据资源持有者持有数据资源的范围，并依法保护数据资源持有者的合法权益。促进公共数据、企业数据、个人数据分级分类授权使用，在数据资源持有权、数据加工使用权、数据产品经营权等产权分置运行机制的基础上，对数据收集、处理等各个环节不同主体的持有权、使用权和收益权等权利予以明确。对个人数据，侧重于个人人格权利的行使和保护；对企业数据，强调高效使用与合理限制相结合，避免使用权被滥用；对公共数据，强调提高公共服务和激活经济价值，保护好个人隐私和企业商业利益。

第二，区分原生数据持有权和二次开发衍生数据使用权，确保涉及个人的原生数据持有权归属个人，二次开发的衍生数据使用权归属企业和政府等开发主体。个人数据收益权应体现个人作为原生数据来源的价值，按其对数据的持有权、处分权等参与数据要素增值收益分配，获得相应的收益；企业数据收益权取决于数据要素使用权、经营权等，是数据要素市场交易价值的体现，关键在于形成科学合理的数据要素价格形成机制；公共数据的收益权则侧重于通过数据开放和共享等形式来实现。

第三，持续构建和完善数据登记确认、信用评估、资产公证等制度和标准规范，调节个人、企业和政府间的多元利益。以"数据登记"的方式解决现阶段数据流通交易权属不清的问题，以"资产公证"的法律形式明确各方权益，保证进入交易数据的合法合规，作为数据要素确权的基本前提。加强反垄断和反不正当竞争执法，坚决打击数据垄断和各种数据不正当竞争行为，确保数据要素市场公平竞争和健康运行。

三、多模组全流程数据确权技术不断成熟，有望实现数据可查、可溯源

第一，基于利用区块链、数字签名、隐私计算、智能合约等新一代信息技术界定数据产权的典型经验和有效做法，建立数据溯源体系。加快推进区块链在隐私保护、跨链控制等方面的核心技术攻关、集成创新和融合应用，加强区块链技术在大数据确权中的试点应用，鼓励大数据交易所作为区块链的主要节点参与数据确权的网络运营，积极积累一线实践经验，加快形成以点带面、点面结合的示范推广效应。

第二，搭建数据确权技术共享开发支撑平台，组建数据确权技术产业开发联盟，联合高校、企业、行业组织的力量，共同开展数据确权领域关键共性技术的研发，有序推进不同主体之间的成果共享，互通互用，降低数据要素市场供给侧开展数据确权工作的成本。加强区块链、隐私计算、智能合约等关键共性技术的基础研究投入，依托技术共享开发支撑平台，拓展技术在产业组织中的应用场景，并不断对技术进行改进和升级迭代，进而推动相关技术不断成熟。

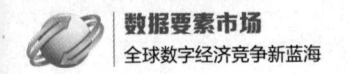

第三，积极搭建产、学、研、用联盟，联合学术界和业界，开展行业专项研究和技术成果转化，持续推进全球领先数据确权技术在数据要素交易活跃地区率先落地和迭代升级，形成"技术研发、系统迭代、成果落地、技术升级"的闭环，构建涵盖多行业、多领域、多平台、多人群、多机构的数据要素确权体系，打造数据产权生态圈。

第八章 Chapter 8

明确数据资产会计认定制度

伴随着大数据的广泛应用，数据价值被重新发现并被赋予前所未有的高度。通过数据资产会计认定，实现数据资产的价值量化，对释放企业数据价值具有重要价值。一方面，有利于企业对数据资产的使用与保护，实现对数据资产的科学管理，最大限度地发挥其使用效果，提高企业的竞争力。另一方面，有利于数据要素市场建设，是数据形成数据要素的基本前提，也是数据参与要素市场化配置的必要条件。如何将数据视为企业的一项资产来计量、管理、转让，学术界和业界已展开相关探索，但总体尚未形成统一标准。

第一节　在会计学意义下数据资产的具体内涵

当前，业界对数据资产的认识不一，有的认为数据资产是系统或应用程序输出的文件、数据库、文档或网页，有的认为数据资产是各类主体可控制的数据资源，有的则认为数据资产是拥有数据权属的网络空间中的数据集。从学术研究的角度来看，有的学者认为数据资产不具备实物形态，需要基于"无形资产"进行概念界定，也有学者指出只有明确持有权才可将数据资产视为无形资产。从会计学的角度定义，数据资产必须具有两个特点：一是权属明确，二是效益可计量。狭义的数据资产指的是数据本身，这些数据可以是工业数据、医疗数据、金融数据等。广义的数据资产不仅包括数据资产本身，还包括数据管理分析工具及人员。

第二节　数据资产会计认定的具体设想

数据资产会计认定是一系列会计操作流程，主要包括会计确认、计量、处理、列报与核算。

第一，通过会计确认，以无形资产或成本费用，将数据列入账户体系。

第二，通过会计计量将数据资产记录在资产负债表及利润表中，以确认会计要素和金额。

第三，当数据资产发生变动时，用特定的方法对数据资产进行会计处理。

第四，会计列报是对机构的某一特定时期的数据资产以财务报表形式进行披露，这也是数据资产会计认定的最终结果。

第五，会计核算在会计确认、计量、处理与列报中贯穿始终；对于不同来源的数据，会计核算时有不同的处理方式。

在实际工作过程中，数据资产的会计确认、计量、处理、列报与核算之间通常是紧密联系且相互交织的。

图 8-1 为数据资产会计认定示意图。

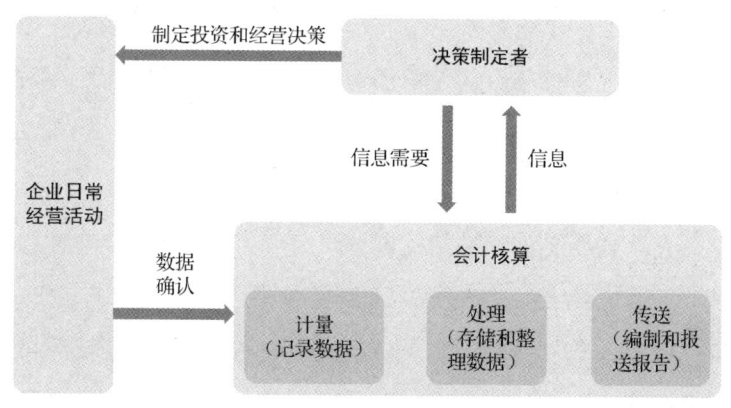

图 8-1　数据资产会计认定示意图

一、数据资产会计确认

数据资产会计确认指的是将数据资产确认进入账户体系当中，确认方式可以根据获取数据的方式分为以下两种途径：一是内部产生。企业本身的研发、生产和经营过程产生数据资产，企业通过人力、物力及各种技术手段获取的数据资产按照无形资产的处理方式确认。二是外部获取。顾名思义，企业在数据交易平台转移数据资产时，资产计入的位置与交易过程中的持有权和使用权的转移有关。当数据资产具有持有权或部分持有权时可进行资产的会计确认，应该将其归入"无形资产"的"数据资产"中；当持有权不转移，仅获取数据使

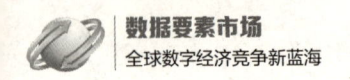

用权时，则不进行"数据资产"的转移，企业将其归为成本费用；当在获取数据使用权的基础上还需要取得代理、销售等权利时，企业则应将其纳入资产栏目。

二、数据资产会计计量

数据资产会计计量主要指的是通过计量的标准和方法将数据资产记录在资产负债表及利润表中，以确认会计要素和金额的过程。资产的会计计量方法包括公允价值法、可变现净值法、重置成本法、历史成本法和现金流折现法。数据资产的会计计量方法可以参照期权的会计计量方式，在数据交易发展的初期采用成本法计算，当数据资产市场不断发展、公允模型不断完善时，可以采用公允价值法计量。

三、数据资产会计处理

数据资产会计处理是指采用特定的处理方法，核对企业数据相关的业务。当数据资产增加时，企业根据资产的增加方式采取相应的处理方法。例如，当自有数据资产增加，并且增加的数据资产是具有价值形态的资产时，将其得到的价值归入数据资产借方；当数据资产是通过交易获取时，应该根据公允价值法，将其和交易过程中产生的费用一并计入成本中。

四、数据资产会计列报

数据资产会计列报是将数据资产在财务报表中进行列示并在批注中披露的过程。随着数字经济的不断发展，数据要素的重要性日益提高，许多学者主张将数据资产视为单独的科目，单独列报。一方面，财务报表为了更为直观地帮助投资者了解企业数据资产的现状，应当列示数据相关的项目及对应资金。另一方面，列示的位置至关重要，具有销售用途的数据资产可以归为流动资产，列示在资产负债表的"存货"项目中；将企业自身长期持有的数据资产归为非流动资产，列示在资产负债表的"无形项目"中。

五、数据资产会计核算

数据资产会计核算主要是以货币为单位，通过报告和计量等环节，对指定的主体活动进行记账等操作。根据获取数据的方式，可以将对应的处理方式分为以下三种。

第一，对于企业内部运营产生的数据，支出的归集方式与对应的数据处理部门有关，生产部门的数据支出归入经营成本，销售部门的数据支出归入销售费用。

第二，对于企业从外部购买的数据，如广告费用等，一般归入销售、管理等费用之中。

第三，对于通过网络爬虫获取的公开数据，由于该类数据资产存在权属不清晰等问题，不能单独进行资产列报。

第三节 开展数据资产会计认定的必要性

一、推动数据资源转化成数据资产

数字经济的快速发展带来了海量的数据资源，数据资源以数字、图片、视频等多种形式呈现，而数据资源只有具备权属清晰、可交易等特征后才能转化为数据资产，数据资产认定则有助于明确相关特征，进而推动数据资源成为数据资产。一方面，数据资产会计认定通过对数据进行加工清洗、标准化等程序，在一定程度上厘清数据资源的产权信息，如数据资源的控制权、使用权等。另一方面，完备的数据资产会计认定鼓励企业开发共享更多的数据，使其进入流通交易市场，发挥数据要素的价值。由此，数据资产会计认定通过明晰数据资源的权属及促进交易流通促进了数据资源向数据资产的转化。

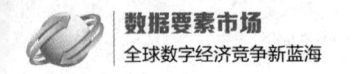

二、盘活数据资产的价值

第一，开展数据资产会计认定，有利于形成统一的数据形态，促进企业与政府、企业与企业、企业不同部门之间的数据流通。不同部门之间产生的数据格式各异，数据资产认定将不同格式、不同类型的数据统一起来，进而推动企业和政府、企业和企业、政府不同部门之间数据资源的交换，打破"数据孤岛"，充分促进数据资产价值的发掘，释放数据资产潜能。

第二，开展数据资产会计认定，有助于数据资源成为企业的核心资产，能够提高企业的数据意识和对数据充分挖掘的潜在动力。当数据成为企业重要的战略资产后，企业将持续增加对数据的重视，不断提高其对数据的收集、处理、分析能力，进而充分挖掘数据资产的价值。

三、提高企业数据资产化的能力

开展数据资产会计认定，有助于提高企业数字化意识，推动企业不断认识到数据资产的价值，进而加大对数据资源体系的建设投入，扩大数据资源的储备，提高数据资源的数量和质量，推动企业向数字化迈进。同时，数据资产会计认定，将引导企业建立数据资产认证的相关部门，不断提高企业数据资产核算、计量和确认的能力，保证企业的数据资产精准地记入财务报告中，确保企业数据资产的安全。

第四节　我国数据资产会计认定的新进展

一、各级政府积极探索数据资产会计实现路径

2020年10月，《深圳建设中国特色社会主义先行示范区综合改革试点实施方案（2020—2025年）》出台，授权深圳市开展数据生产要素核算的试点。随后，深圳市政府明确2021年在南山区开展相关试点，累计覆盖调查单位8403家，

并计划推广至全市。2020年2月,广州市公布《广州人工智能与数字经济试验区建设总体方案》,明确在琶洲数字经济试验区开展数据生产要素核算试点,广州市统计局还在海珠区开展对数据生产要素的讲解,推动大众加深对数字资产的了解。2022年9月,河南省工业和信息化厅办公室发布《关于组织开展数据资产评估试点工作的通知》,首批确定16家企业作为河南省数据资产评估试点企业,以探索建立数据资源确权、数据资产评估、数据价值评估等基础制度,发掘一批具有行业特点的数据产品和服务,促进数据高效流通使用,赋能实体经济。2022年10月,浙江省市场监督管理总局就地方标准《数据资产确认工作指南(征求意见稿)》公开征求意见,并对数据资产初始确认、后续确认、终止确认等内容提出建设性想法。2022年12月,财政部印发《企业数据资源相关会计处理暂行规定(征求意见稿)》,将企业内部使用的数据资源按照无形资产会计原则处理,企业对外交易的数据资源按照存货会计原则处理,标志着我国数据会计制度正式启航。

二、数据资产评估制度规范初步建立

为了规范数据资产评估的发展,中国资产评估协会于2019年制定《资产评估专家指引第9号——数据资产评估》,明确数据资产的评估方法及评估对象,对数据资产报告的编制做出规定,其中第二十三条明确提出"在编制数据资产评估报告时,不得违法披露数据资产涉及的国家安全、商业秘密、个人隐私等数据"。2022年6月,中国资产评估协会下发《数据资产评估指导意见(征求意见稿)》,对数据资产评估的对象、评估的方法及相关的准则等内容做出进一步要求。随着数据资产评估探索的不断深入,数据资产评估制度标准体系不断完善。

三、数据资产会计核算模式逐步完善

随着数字化的发展,各地不断开展数据资产的会计核算模式探索。鉴于数据资产的无形性,数据资产的会计核算模式要求设置独立于无形资产的单独核

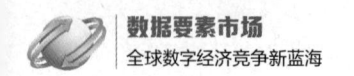

算，在资产框架内设立"全域赋能型数据资产"一级科目及"数据资产清理"等二级科目。在这些科目中，借方反映获取该类数据资产所投入的人力、物力等成本，贷方反映数据资产减值、完全失去赋能价值时清除报废的事项。同时，由于数据资产随着产品创新性增长而提高的特性，数据资产的价值将根据数据资产实质价值进行调整，对于增值的部分在账面上调高，对于贬值的部分在账面上进行对应的减值会计核算。

第五节 推行数据资产会计认定的制约因素

一、数据资产会计理论有待深化

随着数据要素市场的不断发展，数据资产受到广泛重视，但在会计理论上的研究不足，使目前数据资产难以列入会计报表中。数据资产这个概念并不完全符合会计准则中"无形资产"和"资产"的定义，目前数据资产会计计量概念尚不明确。同时，数据资产会计是一个深度交叉的研究领域，综合会计学、数据学、审计学等学科的知识，研究难度较大，相关的理论研究较少，现行的会计计量和确认方法难以有效地进行数据资产化。

二、数据资产会计制度有待建立

目前，我国数据交易活动逐渐频繁，规模逐渐壮大，但现行的会计核算制度和财务管理体系难以将数据视为资产，抑制了数据要素市场的发展。例如，银行为了进行个人信用评估而购入个人数据，但这些数据不能视为数据资产，不能将其归为银行的资产，进而不能对这些数据资产进行会计核算。同时，由于缺乏对数据资产量化考核和审计的制度，数据共享难度较大，进而使数据难以发挥更大的价值，造成数据资源的浪费。

三、数据资产会计核算实践较少

一方面,数据要素市场起步时间相对不长,企业数据资产化进程较短,企业数据资产应用的范围不大,数据资产会计核算的应用场景不多。另一方面,企业数据资产化是一个较为复杂的过程,其中涉及数据学、会计、审计等一系列学科,仅从其中一个角度研究难以满足企业的需求。因此,数据资产会计核算实践难度相对较大,相关探索也略显不足。

第六节 加快开展数据资产会计认定的着力点

一、注重理论创新,加大数据资产会计核算研究,夯实数据资产会计理论基础

坚实的理论基础是构建完整的数据资产会计制度的先决条件,同时数据资产化是一门多学科深度交叉的领域,理论探索的难度较大。为此,政府应牵头,组织高校、科研机构及企业等多方力量,汇集数据学、会计等多领域的科研人员,成立联合攻关研究团队,加大对数据资产化领域的研发投入,对数据资产化进行理论攻关,明确数据资产化的发展路径。同时,不断完善数据资产的理论评价体系,加大对权属界定、数据资产属性问题的投入。

二、注重制度创新,完善数据资产会计制度体系,夯实数据资产会计制度保障

尽快制定出台数据资产会计认定相关制度,将数据资产归入会计核算体系当中。首先,政府应构建完善数据产权制度并设立相关的资产登记机构,赋予企业开展数据资产会计认定的权利,从法律层面解决数据资产权属的问题。其次,政府应完善数据交易的相关制度,推动数据交易市场不断发展,进而为推进数据资产会计认定提供帮助。最后,政府应在推动数据资产会计认定进程的

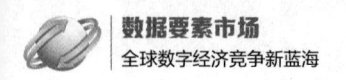

同时，加大对数据资产会计认定的监管力度，保护个人、企业和国家数据资产，确保数据资产会计认定安全、稳步进行。

三、注重实践创新，探索建设数据资产会计核算体系，夯实数据资产会计实践基础

大数据时代的到来，对数据资产会计核算提出更多要求，应构建完善的数据资产会计核算体系。

第一，行业协会等组织应当基于行业的自身定位，为企业推动数据资源向数据资产过渡提供帮助。传统的资产体系难以满足数据资产的要求，应加快构建数据资产的相关标准。

第二，应当加快推动数据交易所的建设，推动数据交易模式创新，进而促使数据资产会计核算模式创新，构建数据资产发展的良性闭环。

第三，进行数据资产会计核算的试点，在实践中摸索经验，及时发现会计核算过程中的问题，总结和推广成功经验，推动各行各业加快数据资产会计核算的进程。

第九章 | Chapter 9

完善数据资产登记制度

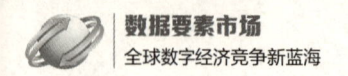

近年来，我国数据要素市场发展势头迅猛，产生了海量的数据资源，数据要素应用场景建设取得了重大进展。但是，数据资源仍面临权属不清、价值不明等难题，难以转变为生产性的数据资产，无法进入数据要素市场进行有效流通，数据要素的潜力尚未得到充分释放，经济社会价值仍有待深度挖掘。推进数据资产登记制度建设，明确数据资产权属与定价机制，可推动各类数据资源有序进入数据要素市场，实现数据要素的高效共享与流通，充分激发数据要素价值，有效赋能经济社会高质量发展。

第一节　数据资产登记的具体内涵

数据资产登记起源于我国政务数据资源目录体系建设，是解决我国数据要素流通"确权难、定价难、入场难、互信难、监管难"等问题的重要基础。数据资产登记需要数据持有者明确数据资源目录，梳理数据资源，交由第三方数据资产登记机构进行核验与统计分析。第三方数据资产登记机构基于制度规则与数字化技术，对数据资产进行审核、评估，并对数据资产及持有者的各项信息（包括数据资产名称、数量和流通轨迹等）予以登记，标注数据资源的持有权归属，为数据"确权"提供参考，有效地将数据资源转化为数据资产，推动各类数据积极参与数据要素市场化流通，保障数据在合法合规的框架下完成交易与共享，促进数据价值释放。

第二节　数据资产登记的必要性

数字经济时代，数据成为核心生产要素，是推动产业结构转型升级、实现经济社会高质量发展的重要推手。目前，数据要素市场的发展仍面临数据权属不清、数据定价机制不明等一系列难题，加速推进数据资产登记工作，能够尽快将数据资源转化为可参与市场流通的数据资产，明确流通共享数据的产权归属，提高数据要素市场主体间的互信程度，保证数据流通交易合法合规，推动数据要素市场的科学、高效监管，促进数据的资源整合、开放共享与价值提高。

一、数据资产登记是推动数据资产化的必由之路

根据《企业会计准则》，数据资产是能带来未来经济收益的数据资源，数据资源只有具备可控制、可计量和可变现的属性，才能转化为数据资产。

（一）数据资产登记解决了数据的可控性问题

数据资源只有在企业合法合规进行控制和管理的前提下，才能转化为数据资产。对元数据进行评估与审计后，数据资产登记明确导入第三方数据资产登记机构的数据权限，将其归登记方所有，为数据所有者颁发登记证书，明确数据产权归属，使数据权属受到法律保护。数据资产登记保障拥有者在合法合规的情况下，实现对数据的完全控制，获取数据流通产生的经济利益，并约束他人，使其无法从中获取收益。

（二）数据资产登记解决了数据的可量化性问题

数据资源要实现资产化，必须从企业实际生产与运营中分离出来，并能够以货币为单位进行计量。数据资产登记工作的推进，有利于推动数据持有者对数据进行目录梳理与分级分类管理，并登记数据名目，界定管理范围，便于后续的盘点、检索与使用等流程，使数据具备计入资产负债表的前提条件，促进数据资产进入市场流通，实现价值最大化。

（三）数据资产登记解决了数据的可变现问题

数据资源转化为数据资产需要为企业带来持续的经济收益。一方面，数据资产登记为企业数据类型与质量背书，证明运用该数据资产的产品存在市场，具有明确的使用价值。另一方面，数据资产登记能够对数据资源进行合规加工与处理，帮助数据资源提高价值或创造新价值。

基于上述功能，数据资产登记能够实现数据在一定时期内的重复使用，加速推进数据资产化，进而推动数据要素市场化配置。

二、数据资产登记是推动数据产权界定的先决条件

数据资产登记工作基于现有业务流程与制度规则，明确数据产权归属，破解数据产权界定不清晰与数据产权保障的难题。一方面，数据资产登记战略的实施，为数据确权提供了切实可行的路径。数据资产登记制度的推行，对数据资产登记流程和工作规范提出统一性要求，为公示通过的数据资产所有者发放登记证书，清晰界定数据产权，同时在登记证书中标注数据资产使用期限、使用次数与使用限制，将数据资产权属牢牢掌握在数据所有者手中，满足数据资产产权人对数据安全与保密的要求。另一方面，数据资产登记战略为数据产权保障与维护提供有力支撑。数据资产登记工作的推进与数据资产登记证书的发放，为数据权利人提供产权证明，明确数据所有者的合法权益受法律保护。

三、数据资产登记是数据市场主体间互信的凭证保障

数据资产登记工作主要由第三方数据资产登记机构基于数字化技术与现有工作机制完成，为构建数据要素市场主体互信奠定扎实的基础。一方面，基于区块链技术的数据资产登记体系，在技术上为数据流通构建可信的流通环境。数据资产登记业务基于区块链技术登记、存储和查询数据信息，利用复杂的加密算法，实现数据既向需求方透明开放，又能保证数据信息与属性写入后不被篡改，确保数据资产的真实、可靠，有效破解数据类型与质量的"黑箱"问题，最大限度地缓解数据供给方与需求方的信息不对称，为数据市场主体互信提供保障，便于高效撮合供需双方，提高数据流通效率。另一方面，由第三方开展数据资产登记，在机制上维护数据流通秩序，确保数据放心流通。第三方数据资产登记机构在登记数据前需要对数据资源进行核验与统计分析，通过审核的数据资产才予以公示、发放数据资产登记证书。数据资产登记证书为数据提供了第三方信用背书，需求方可放心购买、使用参与登记的可信、可用的数据，降低了数据搜寻成本，提高了数据流通效率。

四、数据资产登记是推动数据流通交易合规的有效依据

数据资产登记战略的实施，既为数据合规提供有力的证明，又能确保数据流转行为透明公开，奠定了数据流通合法合规的基础。一方面，数据资产登记为参与流通的数据合规提供强有力的保证。数据资产登记工作要求第三方数据资产登记机构对数据供给方与数据属性等相关信息进行严格审核与公示后，方可发放数据资产登记证书，为数据资产质量背书，提高了数据资产公信力，保证申请资产登记以参与市场流通的数据合法合规。另一方面，数据资产登记为数据流转行为合规提供依据。数据资产登记工作明确供给方数据的来源、内容与需求方的数据需求内容、用途等，采用信息化技术记载数据资产的来龙去脉，保障数据流通在公开透明的环境下完成，督促市场主体加强数据流通合规意识。

五、数据资产登记是数据流通监管科学化的必然选择

数据资产登记战略的推进，有助于厘清数据资产类别，掌握详细的数据资产内容与质量信息，对于实现数据流通的科学监管具有重要意义。一方面，数据资产登记业务有助于政府部门对数据进行分级分类监管。数据资产登记工作要求参与登记的企业梳理数据资源，对自身数据资源有明确的认识，在详细整理数据资源目录后将其提交至第三方数据资产登记机构登记、存储，政府部门可基于数据持有者提供的数据目录对数据资产进行分级分类管理，提高监管效率。另一方面，数据资产登记的核验与审计业务有助于实现政府的针对性监管。数据资产登记业务对数据内容与质量进行审核，对数据资产进行必要的跟踪调查与审计活动，利用区块链系统存证，并确保数据资产各项信息可追溯，推动政府部门精确制导式靶向监管的实现，提高精准监管水平。

第三节 全国数据资产登记的新进展

目前，我国多地已开展探索数据资产登记的有效路径，初步建立了数据资

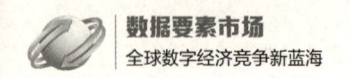

产登记相关制度体系,数据资产登记在数据交易流通中的应用成效正在逐步显现。

一、多地积极探索数据资产登记路径

随着全国统一数据要素大市场的构建,各地不断探索数据资产登记路径,以完善数据要素市场,推进数据要素的交易与流通。

(一)政府数据资产登记

在政府数据资产登记方面,贵州省出台政府数据资产管理登记办法,在政府数据资产登记方面起到良好的引领、示范作用。贵州省政府数据资产登记工作组织包含贵州省大数据领导小组办公室、各市(州)大数据主管部门、各级政务服务实施机构。数据资产登记工作内容涉及全省政府数据资产登记信息管理基础平台的建设、管理与维护,全省政府数据资产登记簿制作,省级政务服务实施机构上报的政府数据资产登记簿审核,以及数据资产登记人员的培训和技术指导等。数据资产登记监管由贵州省大数据发展领导小组办公室负责。贵州省政府数据资产登记业务探索,为了解政务数据资产状况、掌握数据资产信息、推动政府数据资产管理登记工作提供了参考和铺垫。

(二)公共数据资产登记

在公共数据资产登记方面,广东省作为先行者,已然走在前列。2021 年,广东省提出探索公共数据资产化管理的改革任务,在推动公共数据资源"一本账"管理的同时,致力于实现公共数据资源的资产化。广东省政务服务数据管理局监制全国首张空白公共数据资产凭证,为数据资产全生命治理周期提供"准生证",将其作为可验证数字凭证的信任源点。数据提供方在空白公共数据资产凭证的基础上发放公共数据资产凭证,并由广东省政务服务数据管理局与相关监管部门存证,对相关操作行为、文件进行全流程追溯与监管。广东省推行的公共数据资产凭证制发,推动了公共数据资产化方案从技术可行性向实际应用场景可落地性的转变,有利于我国数据要素市场化配置改革进一步向纵深推进。

（三）个人数据资产登记

在个人数据资产登记方面，2021年，温州市大数据发展管理局通过"个人数据管家"（个人数据宝），将包含个人不动产权、户口登记、婚姻、个人社保参保、公积金缴存等在内的57个领域的个人数据开放给用户本人；经用户授权同意可自动生成个人公共数据资产报告，并上传至"温州市公共数据区块链"平台，形成"个人数据资产云凭证"，推动数据要素从资源向资产转变。

二、数据资产登记制度初步建立

数据资产登记制度是构建数据要素核心基础设施、推进数据要素市场化流通的重要基础制度。从国家层面来看，多个文件对数据资产登记做出部署。2016年12月，国务院印发《"十三五"国家信息化规划》，首次提出完善数据资产登记、定价、交易和知识产权保护制度，探索培育数据交易市场。2021年12月，《"十四五"国家信息化规划》提出发展数据资产评估、登记结算、交易撮合、争议仲裁等市场运营体系。从地方层面来看，2015年5月，北京市成立中关村数海数据资产评估中心，在全国范围内首次开展数据资产登记确权赋值服务。

2017年7月，贵州省为保证非涉密政府数据权属清晰、可量化、可控制，推行《贵州省政府数据资产管理登记暂行办法》，明确规定了数据资产登记范围、相关部门工作职责与组织形式，以及技术服务保障、监督管理机构等内容，确保贵州省政务数据资产登记工作的高效推进与落实。

2020年10月至2021年初，山东省先后发布《山东省公共数据资源开发利用试点实施方案》《山东省贯彻落实要素市场化配置体制机制的实施意见》，积极推进数据资产登记路径探索工作。

2022年6月，广东省政务服务数据管理局印发《广东省公共数据资产登记与评估试点工作指引（试行）》，明确公共数据资产登记各个环节的工作要求和具体流程，对通过审核流程的公共数据资产进行登记，并发放数据资产登记证书，以破解公共数据资产流通面临的确权、互信、定价、安全和监管等难题。

山西省为加强数据资源整合能力与安全保护力度，在 2022 年 3 月发布《政务数据资产登记目录清单编制规范》，探索建立数据管理制度，规范各政务部门的数据资产目录清单编制工作，为政务数据资产登记奠定良好基础。

2022 年 7 月，山东数据交易有限公司联合洞见科技制定《数据产品登记信息描述规范》《数据产品登记业务流程规范》两项数据登记团体标准，详细说明数据资产登记相关信息填报规范与业务流程，为企业数据资产与公共数据资产确权提供依据。

为推动数据资产登记确权工作，2022 年 8 月，北京国际大数据交易所数据资产评估中心成立，利用区块链等信息化技术构建数据资产登记平台，为数据所有者发布数据资产凭证，明确数据资产产权归属的唯一性；积极探索建立数据资产登记相关制度规则，为数字资产登记提供制度依据和流程规范；发挥数据资产登记平台和数据资产交易平台的联动作用，探索建立数据资产登记—评估—增值的生态体系，充分挖掘数据资产价值与潜藏信息。

2022 年 8 月，德阳数据资产登记平台上线，为不同城市数据资产形成全国唯一的编码与凭证，实现数据资产在全国范围内互联、互认与可信登记，破解数据资产登记的区域性限制问题，推动数据资产的合规流通与价值变现。

我国数据资产登记路径探索成果如表 9-1 所示。

表 9-1　我国数据资产登记路径探索成果

时间	路径探索成果
2015 年 5 月	中关村数海数据资产评估中心成立
2016 年 12 月	《"十三五"国家信息化规划》首次提出完善数据资产登记、定价、交易和知识产权保护制度
2017 年 7 月	《贵州省政府数据资产管理登记暂行办法》发布
2020 年 10 月	《山东省公共数据资源开发利用试点实施方案》发布
2021 年 1 月	《山东省贯彻落实要素市场化配置体制机制的实施意见》发布
2021 年 12 月	《"十四五"国家信息化规划》提出发展数据资产评估、登记结算、交易撮合、争议仲裁等市场运营体系
2022 年 3 月	山西省地方标准《政务数据资产登记目录清单编制规范》发布
2022 年 6 月	《广东省公共数据资产登记与评估试点工作指引（试行）》发布

续表

时 间	路径探索成果
2022年7月	山东数据交易有限公司发布《数据产品登记信息描述规范》
2022年7月	山东数据交易有限公司发布《数据产品登记业务流程规范》
2022年8月	北京国际大数据交易所数据资产评估中心成立
2022年8月	德阳数据资产登记平台上线

资料来源：赛迪研究院，2022年12月。

三、数据资产登记应用成效逐步显现

数据确权是数据资产进入数据要素市场流通应用的关键环节，数据资产登记工作采用区块链等数字化技术，保证了数据产权归属的唯一性，推动了海量数据资源实现资产化并参与市场交易，扩大了数据要素流通范围，保证了数据在安全和合法合规的环境中流通使用，实现了数据要素的市场化和价值化，充分发挥数据要素蕴藏的价值。例如，广东省中小微企业可通过"粤商通"平台申请"电费贷"，授权农业银行广东省分行使用其用电数据，由广东电网公司制发实体公共数据资产凭证，并将企业用电数据提供给银行。用电数据资产登记与凭证发放，可帮助银行完成企业画像、审核信用额度、核定贷款利率，并对贷后风险管理和内部控制进行监管。在个人信用贷款业务中，温州市民可授权银行使用其个人数据，由"个人数据管家"生成"个人数据资产云凭证"，银行通过区块链平台获取资产凭证、查阅数据资产详情后，可迅速为市民发放贷款，有效破解用户授信核查难等问题，实现"数据多跑腿，群众少跑腿"。

第四节　推行数据资产登记的制约因素

数据资产登记制度的确立与推广应用，能够解决当前我国数据要素市场培育面临的一系列难题，同时面临制度体系不完善、相关服务机构缺口较大，以及登记平台缺乏等挑战。

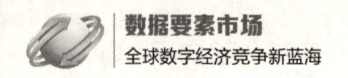

一、数据资产登记制度有待完善

我国各级政府部门已积极探索制定并应用数据资产管理登记政策，对数据资产登记制度体系建设进行了有益探索，但仍缺乏全国统一的数据资产登记立法。一方面，现有数据资产登记制度地域限制较强。我国部分地区已制定数据资产登记相关制度，对数据资产登记对象类别与认定标准、基本条件、机构设立基本要求与权威性认证、认定证书信息与颁发条件等关键要素进行约束，但仅致力于区域内统一的数据资产管理。例如，山西省颁布的《政务数据资产登记目录清单编制规范》与贵州省颁布的《贵州省政府数据资产管理登记暂行办法》，仅限于本省政务数据资产登记工作，难以实现数据资产登记的跨区域互认与统一管理。另一方面，数据资产制度存在较强的领域局限性。各省建立的数据资产登记制度，对数据领域具有较强的针对性。例如，山东省及数据交易机构颁布的制度条例对公共数据资产与企业数据资产的针对性更强，广东省颁布的电子数据资产凭证仅限于公共数据资产，浙江省"数据资产云凭证"仅应用于个人数据，尚未在政务数据、公共数据、企业数据与个人数据等多个领域同步实现推广应用。

二、数据资产登记机构普遍缺位

数据资产登记机构既是数据进入流通环节的核心机构，也是构建数据要素核心基础设施、推进数据要素市场化的关键环节，但我国现有数据资产登记机构相对缺乏，数据资产登记战略难以落地执行。一方面，专门负责数据资产登记确权业务的第三方数据资产登记结构缺位。自2015年起，我国陆续成立中关村数海数据资产评估中心、内蒙古数据资产评估中心等服务机构，开展数据资产登记确权赋值服务，但多作为辅助业务进行，针对性不强。专业数据资产登记机构相对匮乏，面对海量数据资源资产化的数据资产登记需求有较大的缺口。另一方面，具备数据资产登记服务能力的机构难以提高企业数据资产登记重要性认知。数据资产登记机构的缺位，弱化了政务部门和相关企业对数据资源梳理的引领作用，难以深化各部门对数据资产登记的认识、督促其参与数据资产登记工作。

三、数据产品登记平台亟须建立

数据资产登记平台是完成数据资产登记工作各项流程的重要载体。目前，我国数据资产登记平台相对分散、领域限制较多，功能较弱，且缺乏统一的标准。

（一）数据资产登记平台建设尚未实现互联互通

部分地区政府已构建相应的政务数据资产登记平台，部分第三方数据交易机构建立了企业与公共数据资产登记平台，北京国际大数据交易所数据资产登记中心作为全国首个数据资产登记中心已正式揭牌，但上述平台均不能实现数据资产登记的互联互通，不同领域数据间仍存在壁垒，限制数据要素资源与数据资产的汇聚融合与价值发挥。

（二）数据资产登记程序尚未明确统一

不同数据资产登记平台的业务要求存在差别（如数据资产登记申请所需材料、数据资产登记调查、审计要求不同等），数据资产登记服务体系难以统一，对数据资产在全国范围内的可信登记与上链形成掣肘之势。

（三）数据资产登记平台的规范性存在地区差异

关于数据资产登记证书这一明确数据资产权属的必要证明文件，缺乏统一的构成要件标准，各地区数据资产登记平台对数据资产登记证书包含内容（包括数据资产的登记日期与机构、数据来源、数据提供者、数据使用期限与使用限制，以及数据保密要求等）及形式规范存在较大差异，不同平台的数据资产登记证书与数据要素产权唯一性难以实现互认。

第五节　加快开展数据资产登记的着力点

随着海量数据资源的不断产生与数据共享流通需求的不断增加，数据资产登记工作作为数据确权探索的路径亟须加快推进。为解决数据资产登记掣肘问题，明确数据资产产权归属，推动全国统一的数据要素市场构建，应加强对数据资产登记工作的相关制度保障，简化、优化数据资产登记业务流程，构建全国互联互通的数据资产登记平台，保障数据资产登记工作的有序、高效进行。

全国一体化数据资产登记体系如图 9-1 所示。

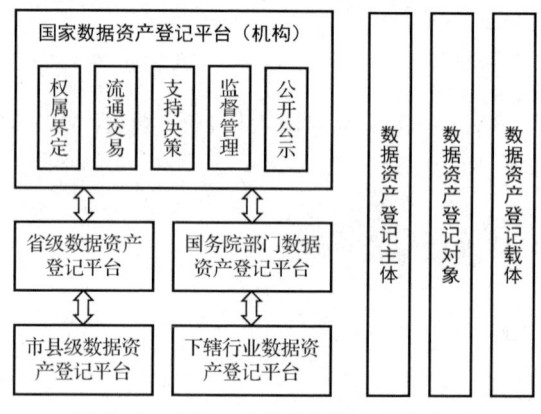

图 9-1　全国一体化数据资产登记体系

一、加强制度创新，完善数据资产登记制度体系

完善的政策法规与制度体系是数据资产登记工作有序推进的重要保障。构建完善的数据资产登记制度体系，需要做好以下四个方面的工作。

第一，明确制度体系定位与目标。制度体系建设应以我国数据要素市场发展实际情况为基础，以充分发挥数据要素价值为出发点，积极引导数据资产登记服务生态体系建设，加速推动各地区、各领域、各层级数据资产实现互联互通与汇聚融合。

第二，规范数据资产登记工作内容与流程。建立全国统一的数据资产登记制度，规范数据资产登记的申请材料内容与格式，服务机构办理、受理、数据权限归属公示与资产调查过程，构建合法合规、井然有序的数据资产登记服务体系。

第三，规范数据资产登记申请者与第三方服务机构行为。数据资产登记制度应对申请登记的数据资产编码、格式、信息完整性、登记保管与安全保障提出规范性要求，并严格要求第三方服务机构出具的数据资产登记证书具备全国统一的构成要件，保障数据资产登记证书与数据唯一性权属能够在不同地区、不同数据资产登记平台实现互认，保障数据所有者权益。

第四，制定数据所有者管理技术与数据资产登记平台相关技术标准。不同数据供给方持有的数据类型与级别存在差异，应对数据供给方的存储、管理技术与第三方服务机构的核验、审计、登记等技术提出差异化要求，对不同类别、等级的数据资产登记相关技术建立针对性标准，保证数据资产登记工作的安全、高效进行。

二、注重优化流程，构建数据资产登记程序流程

为保证数据资产登记工作的透明、有序进行，便于后续监管机构的监督管理，可将工作流程具体划分为资产梳理、资产评估、资产盘点、资产整合、资产审计、登记确权、证书发放与信息公开八个阶段。

（一）资产梳理

在数据资产梳理阶段，需要相关负责人员整理数据资源目录，确定数据资产数量，并对适合交易的数据进行标注，由数据资产管理员审核后提交至数据资产评估中心进行数据资产登记。

（二）资产评估

在数据资产评估阶段，由数据资产评估中心对数据所有者提交的数据进行

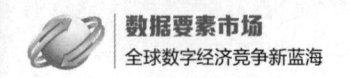

价值评估，通过系统方法选出具备资产属性、能够带来正外部性的数据，并对数据资产价值进行量化。

（三）资产盘点

在数据资产盘点阶段，由专门的数据资产监督管理机构组织数据资产所有者，对数据资产进行清点，以反映数据资产价值，保证登记的数据资产与实际情况相符。

（四）资产整合

在数据资产整合阶段，由数据资产评估中心打造数据展示交易平台，对数据资源进行加工处理，推动数据的汇聚融合与开放。

（五）资产审计

在数据资产审计阶段，由资产审计部门对第三方数据资产管理运营部门进行审计，确保数据资产处理流程的各个环节合法合规。

（六）登记确权

在数据资产登记确权阶段，由资产评估中心完成数据资产的评估、盘点、整合和审计工作后，登记数据资产元数据信息并进行公示，明确导入资产登记平台的数据资产权限归数据资产登记方所有。

（七）证书发放

在数据资产证书发放阶段，由第三方服务机构向公示无异议或所有异议均无效的数据资产发放数据资产登记证书，包含数据资产名称、类别、申请人、登记号等信息。

（八）信息公开

在数据资产信息公开阶段，向全社会公开非涉密数据资产登记信息及数据资产登记证书信息。

数据资产登记流程如图 9-2 所示。

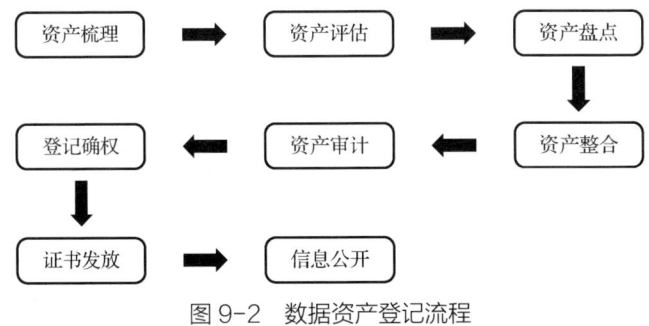

资产梳理 → 资产评估 → 资产盘点 → 资产整合 → 资产审计 → 登记确权 → 证书发放 → 信息公开

图 9-2　数据资产登记流程

三、强化载体建设，打造全国统一的数据资产登记平台

数据资产登记平台是完成数据资产登记工作的有效载体，也是全国统一数据要素市场的重要基础设施。打造全国统一的数据资产登记平台，需要做好以下三个方面的工作。

第一，应完善区块链等数据资产登记相关信息化技术，积极搭建跨省域区块链平台，打通覆盖全国的链网，解决数据资产登记的跨省域互信问题，为全国各级别、各类型的数据资产互联互通探路。

第二，打通各数据资产登记平台交流通道，基于完善的数据登记制度体系与统一的数据资产登记规范，利用信息技术构建可相互对接的数据资产登记服务运营平台，保证不同系统、不同层级、不同领域与不同区域的数据资产登记能够在合法合规的范围内互联互通，打破数据资产登记互认与数据确权互认壁垒。

第三，构建数据资产登记平台与数据交易平台沟通渠道，在数据资产登记确权的基础上，为供需双方提供更加便捷的数据交易方式，提高交易效率，降低交易成本，打造数据资产登记—评估—交易—增值的生态体系，充分挖掘数据资产的深度价值，赋能数字经济高质量发展。

第十章 | Chapter 10

建立数据要素定价机制

定价是数据要素市场化配置的重要环节,国家高度重视数据要素定价机制。《中共中央 国务院关于构建更加完善的要素市场化配置体制机制的意见》《"十四五"数字经济发展规划》等文件指出,鼓励市场主体探索数据资产定价机制,逐步完善数据定价体系。地方政府也积极探索建立数据要素定价机制。例如,《广东省数据要素市场化配置改革行动方案》提出健全数据市场定价机制;《上海市数据条例》提出,市场主体可以依法自主定价,但要求相关主管部门组织相关行业协会等制定数据交易价格评估准则,构建交易价格评估指标。对此,加快数据要素定价机制研究探索,对推动数据要素市场培育至关重要。

第一节　数据要素定价含义

从经济学角度来讲,价格是单位产品或服务的价值,是交换价值在流通中的转化形式,而定价就是确定单位产品或服务价值的过程。数据产品作为生产要素,具备经济属性,其本身价值也需要用价格来体现。具体来讲,数据产品是指经过数据收集、整理、分类、加密等一系列处理之后的数据衍生品和服务。根据数据处理和传输的方式不同,数据产品可以分为数据包、数据服务、数据应用程序接口和数据报告等不同形式。数据要素定价指的是对原始数据资源进行加工和处理之后,对能够作为生产要素的数据产品和服务的价格界定。

由于数据产品本身具有的特殊性,在定价时要充分考虑交易场景多元化、市场结构的复杂性等特征。具体而言,需要考虑以下三个因素。

第一,数据产品的价值高度依赖场景,存在高情景相关性。

第二,数据产品的交易不同于传统商品,数据交易包括使用权、持有权等不同权利谱系的交易,需要分别界定。

第三,单边市场和多边市场的复杂结构会影响定价。

我们认为,需要在具体场景下,根据市场结构和交易界定等多种条件确定数据要素价格,既包括对数据资产的估值,又包括将数据产品作为商品进行消

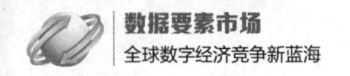

费的价格。

数据要素定价制度是数据要素市场基础性制度的核心。概括而言，主要有四个方面：一是完善由市场决定数据要素价格的机制，形成数据要素价格公示制度并搭建动态监测预警体系，对数据要素价格予以实时透明展示。二是培育规范的数据交易平台，健全数据交易平台报价、询价、竞价和定价机制，探索协议转让、挂牌等多种形式的数据交易模式。三是鼓励市场主体探索数据资产定价机制，推动形成数据资产目录，逐步完善数据要素定价体系。四是健全生产要素由市场评价贡献、按贡献决定报酬的机制，充分体现数据要素的价值。

第二节　数据要素定价机制的影响因素

国内外学者对数据产品有四个定价依据：一是基于马克思政治经济学提出的价值定价理论；二是基于数据商品可能或者实际满足人们使用需求的效用价格理论；三是基于数据商品的原创性和独特性的垄断价格理论；四是基于市场运行规则，体现买卖双方利益重构的市场价格理论。数据商品的价值、效用和价格是相互关联、相互制约的。数据产品供应商的定价原则基于消费者保留效用定价，尽可能消除消费者盈余，并最大限度地提高自身收入，实现利益最大化。

一、数据产品成本是定价的关键因素

无论是传统的实物产品，还是本书探讨的数据产品，其成本结构都是确定产品价格的关键因素。但是，与传统实物产品不同的是，数据产品的成本由重置成本和贬值损失构成。在使用成本法对数据产品进行定价时，由于数据产品的特殊结构，存在成本量化困难、定价效果不佳，需要不断调整定价预估值等问题。所以，对数据进行定价不可采用传统边际成本定价方法，需要考虑客户感知价值、潜在价值等多方面因素进行定价。

二、数据价值是数据产品定价的主要因素

数据产品价值评估是在交易中对其进行价格确定的主要依据。建立完整的数据资产价值评估模型，是对数据要素进行定价的前提。数据价值评估包括对数据要素的准确性、完整性、层次性等的判定。数据产品的准确性和完整性，以及数据产品的数据量，都与数据价值呈正相关关系。数据产品的层次和数据维度也会影响数据要素的价值判定，层次越高，数据维度越多，适用场景越广，对产品的价值判定越高，数据定价也越高。

三、数据产品的适用场景是数据定价的重要因素

对数据产品的使用是在特定的场景中，对数据产品的价值判定也要考虑具体的交易和适用场景，根据特定的使用场景核算数据要素的价值并对其进行定价。具体的应用场景与数据产品的价值息息相关，同样的数据产品在不同的买方场景下，其价值差异很大，定价也会受到影响。再者，数据产品在不同的交易场景下的定价也是有区别的，如成本法和收益现值法有不同的适用场景。对于数据要素而言，基于场景的数据定价是其与传统生产要素定价机制的最大不同。

第三节 基于数据价值和市场评价贡献的定价机制

从原始数据到数据产品，中间包括企业或数据处理人员的处理加工，使数据产品拥有丰富的经济效益和社会价值。对数据要素的定价，要通过其本身蕴含的经济价值及市场评价贡献来确定。数据产品是一种产权可界定、可交易的商品，是数据要素市场的主要交易对象和标的，在数据要素市场上交易的数据产品包含初级数据产品和高级数据产品。国家提出"由市场评价贡献、按贡献决定报酬的机制"，为建立健全数据定价机制指明了方向。

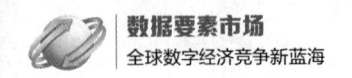

一、数据要素价值和市场评价贡献

数据要素价值具有特殊性。数据要素本身不创造价值，它通过与土地、技术等传统要素融合，通过数字技术链接现实世界和数字空间，实现单一要素的价值倍增，优化资源配置，增强创新能力，更好地实现价值创造。同时，作为商品，数据产品可以通过市场评价和市场交换进行有效配置，实现"潜在价值—价值创造—价值实现"的形态演进，推进经济发展模式变革、质量变革、效率变革和动力变革，使数据要素价值转变为社会价值。利用市场评价贡献，能够量化数据产品价值。一是通过数理经济模型或计量经济模型分析测试数据产品对工作产出的贡献度或贡献价值增量。二是数据产品在特定使用场景和交易场景中展现出高度的排他性和稀缺性，能以出售数据使用权或所有权的方式获得经济收益，从而通过市场评价来量化数据产品基于场景的市场价值。综上所述，数据产品在数据要素市场中，依托市场规则、市场交易和交易竞价来评价贡献，数据产品的价值转化为价格。同时，数据产品的供求关系反映其"市场评价贡献"，其影响和调节数据产品价格。

二、数据要素定价机制和策略

数据要素定价机制以数据价值和市场评价贡献为基础，是在特定适用场景下对数据要素进行价值判定的制度安排。根据以往的定价机制，传统生产要素采用由市场决定价格和市场在资源配置中起决定作用的价格机制。数据要素定价机制就是数据要素沿着"价值形成—价格发现—竞价成交"的形成路径，转化为数据产品价格的过程。具体而言，在数据要素"价值形成"的基础上，评估与调节数据要素"价格发现"过程，通过估值量化数据要素价值，同时基于"市场评价贡献"和适用场景反映供求关系，在市场上竞价并形成价格。一般来讲，数据价格受数据量、数据品种、数据完整性、数据实时性等影响，数据交易平台的定价模式有固定定价、实时定价、协议定价和拍卖定价等。下面围绕定价模式给出定价策略。

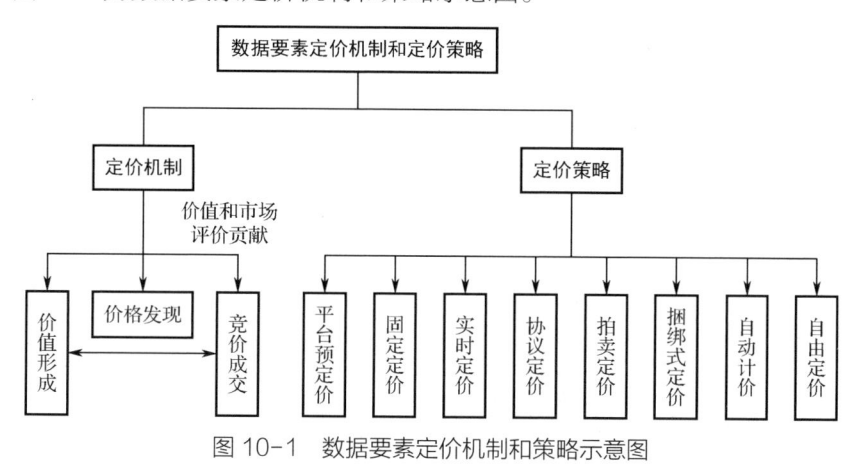

图 10-1 为数据要素定价机制和策略示意图。

图 10-1　数据要素定价机制和策略示意图

（一）平台预定价

当数据提供方将数据上架到数据交易平台后，数据交易平台首先根据其数据质量评价指标体系对数据进行评价，数据质量评价指标包括数据量、数据种类、数据完整性、数据时间跨度、数据实时性、数据深度、数据覆盖度和数据稀缺性等。评价之后，平台根据评价结果和同类同级数据集的历史成交价给出一个价格建议区间，数据提供方在此价格区间内定价。平台预定价策略在数据交易中引入第三方的价格建议，有利于防止交易平台内出现乱定价扰乱交易的现象，规范数据交易市场。平台预订价可作为以下几种定价模式的基础。

（二）固定定价

不同品种的数据，价格机制不一样。卖方针对自身数据商品的成本价值和效用价值进行评估，结合市场供需情况，给予数据商品一个固定价格，在数据交易平台上挂牌出售[①]。当买方认可此价格并决定出价后，该数据商品交易由数据交易平台自动成交。此种定价模式主动权完全掌握在卖方手中，可作为批量廉价数据的交易模式，数据的获得性和可复制性强，常见于一对多的交易模式。

---

① 王文平.大数据交易定价策略研究[J]. 软件，2016（10）：94-97.

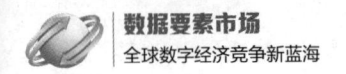

（三）实时定价

数据商品的实时价格主要取决于数据的样本量和单一样本的数据指标项价值，而后通过交易系统自动定价，价格实时变化。该定价方式适用于数据商品价格受市场供需影响较大的情况，当供需发生变化时，数据价值随之变动；也适用于数据价值随时间变化而衰减比较明显的商品，这种数据要求的时间特性很明显，仅在上市后的一段时间内就有较高的价值；还适用于长期提供的数据商品，数据提供方根据时间的变化实时更新数据，数据的价值也随即上涨。

（四）协议定价

协议定价发生在交易双方对数据价值的评估不一的情形下，通过协商（也叫讨价还价），由数据交易平台第三方撮合，数据买方和卖方反复报价协商确定对数据商品价值的一致认可。买方对于卖方提出的价格可以接受或拒绝，经过反复报价、议价后，当交易双方达成统一定价时交易成交。这种定价模式一般发生在特定的买方和卖方之间，目标性较强，数据针对性强。协议定价可为双方提供更多的沟通机会，提高成交率。

（五）拍卖定价

如果某类数据商品不能进行大范围复制式传播，只能将其所有权转移到一个或少数几个买方手中，同时为了兼顾市场原则，采用拍卖定价可以很好地保证卖方的利益。对于拍卖规则的设计，可以是直接拍卖，即在卖方设置数据商品底价的基础上，买方轮流报价，出价最高者中标。此外，可以采用密封式二级价格拍卖，使用保密的方式竞标，报价最高者中标，成交价格是第二高价者的价格，这种方式建立在诚实的基础上，更适用于数据交易这种信息不对称的均衡问题。

（六）捆绑式定价

为了薄利多销或推广某些数据产品，有时可以适当对数据产品进行捆绑式定价。例如，可以在出售价值量高的数据产品时附上价值量低的数据产品。

（七）自动计价

自动计价指交易所针对每个数据品种设计自动计价公式，数据品种的价格是实时的，实时价格主要取决于数据的样本量和单一样本的数据指标项价值（数据指标项包括数据品种、时间跨度、数据深度、数据完整性、数据样本覆盖、数据实时性）。目前仅贵阳大数据交易所在使用这一定价模式，这种定价模式可分为以下三种情形：一是自动交易，指买方的要约价格大于或等于卖方的挂牌价格，在此种情况下最终价格是买方的要约价格。二是选择成交，即数据卖方选择完成交易，这意味着卖方选择可接受的价格来完成与买方的交易。三是分拆成交，如果买方只需要部分数据，平台将按照数据集分割原则对数据进行分割，系统自动报价，并自动匹配买卖双方，从而自动促成双方合作。

（八）自由定价

自由定价主要分为两种方式——数据卖方自由定价和数据买方自由定价。数据卖方自由定价是最常用的数据交易定价方式。数据卖方有权自行确定交易数据价格、数据产品的定价方式可能因数据卖方而异，价格自由，不透明度高，其他人不能轻易得知具体的定价方式。数据买方自由定价仅适用于数据买方进行数据定制时使用。数据买方通过数据交易平台发布奖励任务，召集能够为自己提供相应数据产品的数据卖方，最后根据数据卖方提供的示例数据确定选择哪家的数据产品，数据价格完全取决于买方，并且定价方式和价格不透明。

三、数据要素定价模型

目前，国内外对数据要素定价的研究可分为两类：第一类是大数据交易从业人员从实际操作经验出发，根据市场交易的实际流程和实际情况定价，建立数据要素定价的经验公式，以指导交易过程。相关方法包括基于博弈论的协议定价模型、基于数据特征的第三方定价模型、基于元组的定价模型和基于查询的定价模型等。第二类是从学术研究的角度出发，考虑建立定价模型的各种影响因素，并以该模型作为定价的基础。在此，从实用的视角，我们建立了一种混合式数据要素定价模型,该模型主要包括基于博弈论的协议定价模型、基于数据特征的第三方定价模型、基于查询的定价模型三个子模型,其具体应用过程可以根据不同的场景设置不同的权重系数,以明确数据要素定价。

图 10-2 为数据要素定价模型示意图。

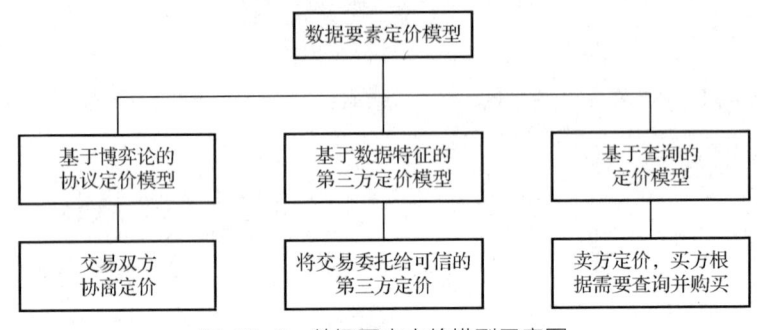

图 10-2　数据要素定价模型示意图

(一) 基于博弈论的协议定价模型

协议定价是数据持有者和数据购买者通过协商就价格达成一致,这是最常用的数据定价方法。交易双方根据对数据的理解,数据持有者率先报价;若数据购买者接受该价格,则双方交易成功,若不接受则进入协商阶段。双方可以就价格反复协商,若双方可以达成协议,则交易成功,否则交易失败。若有多个数据购买者,且数据购买者需要购买数据持有权时,则可以进行拍卖,出价最高的购买者取得数据。博弈论方法应用"一对一"和"一对多"谈判模型,对数据这一特殊产品定价过程进行了详细指导,并帮助建立定价模型。

(二) 基于数据特征的第三方定价模型

可信的第三方定价是当前国内外数据交易机构主要使用的定价方法。如果数据所有者无法准确定价数据,就可以将交易委托给可信的第三方,如微软数据交易平台、上海数据交易中心、贵阳大数据交易所等大数据交易平台。相关平台基于平台自有业务对数据的质量进行评估,包括数据体量、数据完整性、数据获取周期、数据稀缺性、数据价格等,根据数据属性系数和数据集的数据量计算每个数据集的价格。

（三）基于查询的定价模型

由于交易的数据通常存储在结构化或非结构化数据库中，并且用户需要购买的数据通常需要从数据库中查询，因此会产生基于查询的定价模型。在此模型中，卖方可以为某些数据指定价格，买方可以根据自己的需要查询并购买所需的数据。同时，该模型可以通过为某一视图[①]指定价格来为其他视图生成价格，以这种方式查询的数据价格是该查询范围内的最优解。

第四节　数据要素定价机制面临的主要问题

一、数据产权不清晰

明确的数据产权是数据要素市场化的前提，也是制约数据要素定价的关键因素。市场中的大多数数据均是由多个主体共同开发、使用的，特别是数据量庞大、数据分析要求极其复杂的数据要素。不同贡献主体的边界难以区分清楚，也由此围绕数据产权存在很多争议。确定数据产权，就是要解决数据归属、数据使用权及数据收益归属等问题。目前的法律规定和数据产权理论没有明确说明其产权划分和归属问题。数据产权的模糊性导致难以准确地界定哪些数据可以交易，哪些数据不应在市场上流通。数据交易如果不能在市场中科学地完成，那么数据要素定价的实现难度更大。

二、数据价值难以评估

与传统生产要素相比，数据要素的独特属性使其价值难以得到科学有效的评估。

第一，数据通常是在多个环节中生成的，数据商品的各个生产环节都是相对独立的系统，并非将整个数据生产环节全部走完才能够产生价值，从数据采

---

① 视图指基于一个或多个数据表的动态数据集合。

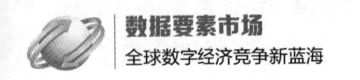

集到数理处理和分析，每个衔接环节都会产生阶段性成果，以满足特定场景的需求。所以，数据在本质上的实时变化导致无法静态评估其价值。

第二，数据产品的使用是可重复的，存在多主体使用的情况，且数据本身在使用后也不会受到影响，可以被广泛使用。不同的主体对数据产品的价值评估是不同的，因此难以定价。

第三，数据价值发挥涉及要素融合。数据产品通常需要与实物资产和有形资产相结合才能产生价值，但在最终计算价值时，需要将最终成果剥离出来进行价值评估，这样为数据产品估值带来困难。

三、数据价值测度体系仍需健全

作为重要的新型生产要素，明确价值评估及定价机制是数据要素交易的前提。目前，数据的价值测度体系建设有一定的困难。一方面，数字经济与传统经济不同，数据要素产生于很多免费的数据产品服务。另一方面，与数据的特性有关：一是数据存在显著的异质性，标准化的数据占整体数据的比例很低；二是以流量形式存在的数据价值更能得到体现，以存量形式存储的数据价值可能锐减；三是数据价值高度依赖使用场景，同一数据在不同场景体现的价值差异较大；四是数据的价值变化呈现非线性特征（例如，一项数据随着收集量的增加，边际成本递减，而价值不断增加）。

四、数据交易规则尚未确定

作为一个新事物，数据交易目前在我国尚未形成统一的、规范的交易规则，尚未形成完整成熟的数据交易模式。从实践来看，大多数数据交易都依赖相关平台，包括交易模式、定价、监管等方面，而数据要素的市场监管不同于传统市场监管。数据交易市场透明度相对较低，买卖双方关于交易价格的信息不对称将会阻碍数据要素定价机制的制定，导致数据垄断行为出现，甚至出现数据产品被复制、盗用、滥用等情况。

第五节　加快建立数据要素定价机制的三大对策

一、建立健全数据产权体系

确定数据产权的核心是针对不同来源的数据，厘清数据主体之间的关系，并通过法律手段对数据权利予以明确。数据产权基本没有理论可循，需要在实践中去探索和总结，建立并完善数据产权制度是一个循序渐进的过程。从数据使用主体的角度看，用户原始数据的所有权属于个人，企业拥有二次开发和使用数据的权利，政府拥有政府数据和公共数据的所有权。从使用权的角度看，对个人数据的使用应注重个人隐私保护，对企业数据的使用应强调使用权与持有权的结合，对政府数据的使用必须以个人隐私不可侵犯和防止重要数据被滥用为前提。从收益权的角度看，个人和企业都应根据自己的投入获得收益。明确数据产权，可以更好地推动数据交易顺利开展，促进数据要素定价机制的建设，释放数据要素的潜在价值。

二、建立科学的数据价值评估体系

科学的数据价值评估是数据产品定价的基础，而数据价值受多个因素的影响，因此对数据价值进行评估需要从实际情况出发来具体分析。目前对数据价值的评估指标大多数是对传统要素评估方法的改进和延伸，无法完全适应数据要素的特殊属性。考虑到数据定价和数据交易的实践需求，可借鉴传统无形资产评估的相关方式和指标，供需双方先对数据质量进行评估，在此基础上分析数据价值的主要影响因素，最后明确数据价值的评估影响因素和指标。

健全数据价值测度体系，可以采取以下措施：从数据质量、数据使用量、数据产生的市场价值等方面建立数据价值评估体系，奠定数据定价基础；探索多种测算方式相结合的定价机制，借鉴收益法、成本法、市场法等对无形资产的会计测算方法进行综合评测。对于企业部门数据，可以参考成本法计算劳动

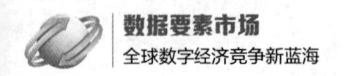

者报酬、固定资本消耗、中间消耗、其他生产税净额及资本净收益；政府部门数据，可以结合成本法和收益法，计算数据的采集成本、安全保障成本和可能创造的公共价值等；对于个人数据，可以综合运用市场交易估价方法中的需求法和供给法，确定相对客观的价值区间。

三、建立完善的数据交易规则

规范有序的数据交易规则是数据交易平台发展的基石，也是数据要素定价的前提条件。数据交易平台必须向数据买卖双方明确数据交易的相关规则，包括交易登记规则、定价规则等；保证数据交易的合法性和交易双方信息的透明度，保证数据要素定价科学合理，确保数据交易主体可追溯、交易质量可投诉、交易过程可公开。同时，市场交易平台之间加强互联互通，促进不同行业之间的连接。政府部门加强对数据交易平台的监管，建立数据交易平台准入制度，合理界定交易平台的法律责任范围，保证交易公平合法，打击交易平台的"黑色""灰色"交易和数据垄断等。

第十一章 | Chapter 11

设计数据要素收益分配制度

数据作为数字经济时代的关键生产要素，是我国经济高质量发展的核心驱动力。数字经济的快速发展使数据成为可以参与分配的要素之一，收入分配制度也要随着生产要素外延的拓展和社会经济关系的演进进行调整和变革。对此，在党的十九届四中全会上，国家首次提出把数据作为生产要素，建构"由市场评价贡献、按贡献决定报酬的机制"，明确数据要素报酬由市场评价数据贡献来决定，反映了在新的社会生产条件下对社会主义初级阶段分配理论的完善。对数据要素参与分配机制的完善是对我国数字经济高质量发展的保障，也是对马克思主义政治经济学的创新。充分认识马克思主义劳动价值论的内在精髓，准确把握健全数据要素收益分配机制面临的主要挑战，进而形成针对性的应对方略和举措，对加快推进数据要素收入分配制度建设极为重要。

第一节 数据要素参与分配的历史演进

我国曾经将按生产要素分配与按劳分配对立起来，后来逐步确立适应我国国情的"按劳分配为主体，多种分配方式并存"的分配机制。

党的十三大之前，我国实行按劳分配的机制，根据劳动的数量及质量来确定报酬，仅克服平均主义，按生产要素分配的机制还未建立。

党的十五大明确提出将按劳分配和按要素分配结合起来，允许资本、技术等要素参与收入分配，但并未对生产要素参与分配的方式有明确指示。

党的十七大明确提出生产要素参与分配的机制为按贡献参与分配的制度。

党的十八大在生产要素分配机制上进一步提出按贡献参与分配的初次分配机制和以税收、社会保障、转移支付为手段的再分配调节机制。

党的十九届五中全会将分配机制完善为生产要素按市场决定报酬的机制，这为数据要素参与分配的机制指明了方向。

党的二十大报告指出，坚持按劳分配为主体、多种分配方式并存，构建初次分配、再分配、第三次分配协调配套的制度体系。单一分配方式向多种分配方式演变，按要素参与分配的方式在国家分配中的地位上升。参与收入分配的生产要素从无到有，逐渐发展到包含土地、知识、数据在内的五种要素。数据要素参与收入分配主要包含两个方面：一是数据要素的所有者能够像传统生产要素所有者一样参与收入分配；二是数据要素在市场经济分配路径下的优化。

第二节　数据要素参与分配的重要意义

数据要素参与分配体现了我国分配格局得到进一步完善，有利于完善我国再分配调节机制，规范收入分配秩序。在收益分配方面，从数据产生、加工、存储到销毁的全生命周期涉及的参与主体都应有按贡献参与收益分配的权利，以吸引众多主体参与数据要素市场体系建设，对数据要素市场发展具有重要的推动作用。

一、从收入分配来看，数据要素参与分配有助于进一步促进共同富裕

党的二十大报告指出，分配制度是促进共同富裕的基础性制度。数据要素参与收入分配有利于促进共同富裕。数字化产业的蓬勃发展促进我国经济发展，参与这一产业发展的主体是非常庞大的。与传统行业相似，多种分配方式并存，数据要素参与收入分配将增加获取收益的渠道，有利于促进共同富裕。

（一）促使收入分配更加公平

数据要素参与分配是数据要素创造价值与现实相适应的公平原则的外在体现。从劳动价值论来看，在当下的社会生产中，智能机器人正慢慢取代人类的部分体力劳动，使数据要素参与劳动的比例逐步扩大。同时，作为生产性投入资源，数据参与社会生产和价值创造，极大地提高了我国的社会生产力水平。因此，从市场规律来看，数据要素应当参与价值分配过程。

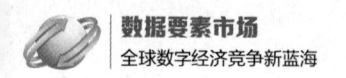

（二）推动收入分配更加均衡

数据作为推动经济发展的新型生产要素参与分配，有利于完善我国的分配制度，拓宽我国的收入分配渠道。根据生产要素分配有以下含义：对于要素持有者来说，根据不同主体对生产要素的具体占有情况决定分配比例；对于要素参与者来说，根据其参与程度决定价值分配比例。

（三）促使收入分配更加合理

国家坚持按劳分配原则，完善按要素分配的体制机制。数据要素作为收入分配涉及的新因素，应反映数字时代分配中的合理性和有序性。对数据要素的价值要加以考量，不能使其超出本身价值的合理范畴。

二、从收入主体来看，数据要素参与分配有利于优化收入分配结构

数据要素参与分配将有利于打破数据要素市场在区域、主体间存在的收入分配不公平现象，推动收入分配结构不断优化。从区域来看，数据要素参与分配有利于提高西部地区数据收益水平。国家数据资源调查报告显示，广东、北京、浙江、江苏、上海等地区数据资源较为丰富，我国东部地区数据产量和存量均高于西部地区。数据要素收益纳入分配，将推动西部地区增强培育数据要素市场的意愿和动力，进而提高西部地区数据要素总体收益水平。从主体来看，数据要素收入分配有利于壮大中等收入群体。数据要素按劳分配提高数据要素市场效率，同时有利于提高居民收入水平，尤其一些拥有较高数据禀赋的个体和企业。数据资源作为当代社会的必需品，已经呈现出越来越重要的价值，数据要素参与收入分配也可以大大促进大数据与传统行业的技术融合，为传统行业带来新的活力，必然孵化生成大量的就业岗位，促使中等收入群体规模不断扩大。同时，数据参与分配可激励各主体参与创新，调动各主体的积极性，有利于鼓励广大群众学习与数据相关的先进技术知识，自觉提高其与数据相关的劳动能力和工作水平，从而提高整个社会的数据劳动者占比。

三、从经济增长来看，数据要素参与分配有利于刺激经济高质量发展

数据要素参与收入分配能够提高社会生产效率，与实体经济深度融合，共同推动经济高质量发展。一方面，有利于壮大新兴产业。如同数据资产化一样，数据要素参与分配对大数据发展和应用带来正向激励，推动大数据与各行各业有机融合，构筑大数据产业生态体系，提高整个行业的生产效率，促使大数据更好地服务国家战略。另一方面，有利于释放数据对经济发展的倍增作用。建立自主可控的数据产业链，数据被多维度、多层次地应用于各产业，可以放大生产力乘数，推动数字经济与实体经济深度融合，充分发挥数据要素在生产和流通中的积极作用，创造比以往更多的价值，同时降低生产流通成本，缩短流通时间，加快经济发展速度，提高经济发展创新能力，优化产业结构，推动整个国民经济高质量发展。

第三节 数据要素收入分配机制设想

我国现阶段分配制度应符合三项基本目标：一是完善市场初次分配机制，在初次分配中提高劳动报酬所占比例，进而提高我国中等收入人口比例；二是调整再分配机制，提高税收、转移支付和社会保障的精度和强度；三是创新第三次分配机制，从道德意愿出发，开展慈善捐赠。国民收入分配和再分配理论表明，社会分配关系来源于生产关系，正如马克思所言，"一定的分配关系只是历史规定的生产关系的表现"。中国特色社会主义的数据要素参与分配的分配机制应当反映数据要素市场生产关系的特点。根据厉以宁教授的"三次分配"理论，我们设计了数据要素收入分配机制，主要包括一次分配、二次分配与三次分配。其中，以一次分配为主，以二次分配和三次分配为辅。一次分配机制的关键在于对分配主体的选择、分配多少，以及如何分配的问题。二次分配机制应在政府的主导下，以税收、监管、公共数据收益分配等为抓手，保证数据要素分配机制公平，激励各主体参与数据要素市场建设。三次分配机制的关键在

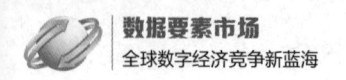

于鼓励企业和个人以慈善的形式参与数据要素市场建设。图 11-1 为对数据要素收入三次分配机制的设想。

一次分配 （市场化）	二次分配 （财税政策）	三次分配 （慈善捐赠）
➢从成本分配来看，成本包括高质量数据形成过程中的软硬件和人力成本投入 ➢从收益分配来看，分配主体将按照数据产品或服务的免费或有偿供给取得相应的收益 ➢从数据金融产品来看，可将数据作为资产发挥金融衍生品的功能	➢政府 ·税收政策 ·公共数据价值补偿 ➢个人 ·用户数据授权许可使用费	➢企业慈善 ·网络扶贫 ·消除数字鸿沟 ·促进共同富裕 ➢个人数据捐赠 ·小微企业 ·科研机构

图 11-1　对数据要素收入三次分配机制的设想

一、一次分配是以市场化为导向的分配原则

一次分配充分反映"数据要素由市场评价贡献、按贡献决定报酬"的核心要义，是数据要素市场按效率原则进行的分配，市场机制在数据要素收入一次分配过程中具有决定性的作用。在一次分配中，具体实施路径可以分为三个方面：从成本分配来看，成本包括高质量数据形成过程中的软硬件和人力成本投入；从收益分配来看，分配主体将按照数据产品或服务的免费或有偿供给取得相应的收益；从数据金融产品来看，可将数据作为资产发挥金融衍生品的功能，以此实现数据要素收入在不同主体之间的分配。例如，"数据入股"允许数据需求者通过股权手段来置换特定数据权益，进而实现数据要素参与者之间的剩余价值分配。

二、二次分配是以财税政策为主的分配机制

数据要素的规模报酬递增特性，在促使企业拥有大规模数据后，数据要素市场生产活动产生的价值增值是巨大的，需要采取适宜的财税政策补偿数据供给主体的贡献。在数据要素收入二次分配的过程中，需要政府按照兼顾公平和

效率、侧重公平的原则，通过税收、社会保障支出等形式进行再分配。对政府来说，可以根据不同主体的数据交易收入额来制定税点，同时考虑制定出台数据要素市场相关税收优惠政策，依照企业提供公共品和正外部性的程度实行免税或缓税政策，探索不同形式的征税方式。同时，研究公共数据产品或服务形成的价值补偿机制。例如，公共数据运营收入或利润超过一定的比例，可以上缴国库，以此确保政府对公共数据市场化价值的有效回溯。对个人来讲，可以采用授权许可费用，企业在获取用户信息授权的同时，应充分考虑用户数据在数据价值创造过程中做出的原材料供给贡献，用一定的费用补偿用户。

三、三次分配是以慈善捐赠为主的分配机制

企业或个人以慈善的形式，捐赠部分数据收益，即数据要素市场的三次分配，其主要着眼于促进共同富裕。对企业来讲，以数据价值增值为企业营业收入主要模式的企业，应积极承担企业社会责任，强化公益行动，促进社会公平、共同富裕，逐步消除区域和群体间的数字鸿沟。对个人来讲，在保障个人信息安全的前提下，鼓励个人积极贡献数据，为科研机构、小微企业创新、数据要素市场建设做出实际贡献。

综上所述，数据要素收入分配机制应该充分协调市场"看不见的手"与政府"看得见的手"在调节收入分配中的作用。在以市场导向为基础进行收入分配，从而提高生产效率的同时，政府应该强化对数据要素的激励，使数据价值得到充分的体现，同时应该提高对收入再分配的调节力度，坚持全民共享数据产业的发展成果。

第四节　数据要素参与分配制度的基本框架

数据作为生产要素参与分配，在本质上是政府将其作为一种激励制度，以"劳有所得"为基本原则，支持数据要素市场参与主体按贡献获取报酬，以吸引更多主体参与数据要素市场建设。数据给谁、如何分配、分配多少是数据要素

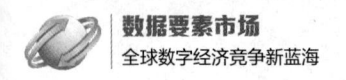

参与分配的三个关键问题。其中，分配多少与数据要素估值和定价具有密切关系，其他章节有相关论述，在此不再赘述。

一、厘清数据要素市场分配主体

对分配主体的选择是数据要素市场分配过程最重要的环节，与数据产权的权利谱系具有直接关系，特别是数据收益权。数据本身的特性决定了保护数据主体的法律法规既要有公共属性，也要有私人属性，既需要公法侧重保护公共利益，也需要配套私法侧重保护私人利益。公法可自上而下保护私人权益，私法亦可自下而上建立公共秩序，公法和私法相辅相成，互补短长，相互配合。在适用法律法规时，考虑个人、企业和国家三者的利益，需要从发展的视角理性看待公法和私法的可适用性。收益权是分配主体在数据要素市场活动中按贡献参与分配的实现形式，故而根据上述描述，可将数据收益分为三种：个人参与分享数据收益、企业数据收益、政府数据收益。这就需要我们厘清数据要素发挥作用的方式及流程，从而理解数据要素在生产活动中的价值链条。以按劳分配理论作为出发点，每个在数据链条中参与并付出一定劳动的主体都应参与数据收益的分配。

（一）个人参与数据收益分享

1. 个人作为分配主体是数据要素市场发展的理性考量

个人数据是所有数据产生的源头，在分配数据收益时常常被忽略，甚至存在"大数据杀熟""千人千价"等现象，同时也带来了严重的个人隐私泄露等问题。一般来讲，隐私价值越高的数据，企业用来获利的能力越高。例如，平台经济得以发展的关键要素多数是由个人数据提供的，虽然单个用户数据的价值低，但经平台企业聚合处理，依然可以带动或引领在线广告、在线购物等新兴产业发展。正是由于数据对企业愈发重要，才引发了一系列企业间的数据争夺战。例如，华为作为硬件供应商，在传统理念中不会触及软件业务，而随着行业竞争日益激烈，硬件供应商的利润逐步被挤压，以华为代表的硬件企业纷纷觉醒，开始建立专属软件部门，依托硬件优势开拓个人数据市场。总而言之，无论是平台企业、硬件厂商，还是软件服务商，其竞争的核心点都是用户数据。数据要素市场的可持续性发展，需要顾及行业中每个做出贡献的主体。因此，数据的个人提供者理应作为数据要素市场的分配主体参与数据收益分配。在后期收益分配时，有必要创新性地建立个人参与数据收益分配的有效机制。

2. 个人参与数据收益分配的方式

个人数据要素收益权应该体现出个人作为原生数据的重要来源的价值，个人可以根据数据要素的持有权、使用权等参与数据要素增值收益分配，获得相应的收益，不能让个人数据要素因以物易物交易、免费模式等而被剔除在数据要素收益分配之外。目前，由于用户群体十分庞大，个人在实际意义上的利益分配的实现难度较大。对于授权企业、国家使用用户数据的个人，使用方可以向其提供除货币之外的等价产品或服务。例如，平台对其供应的产品给予优惠折扣、定期举办特惠活动等。这些需要平台企业主动作为，发挥智力、财力优势，设计并开展多种活动，使用户得到应有的利益。以美国为例，DataCoup 公司就曾以每月 8 美元的价格购买用户的信用卡消费信息，推特、脸书等社交网站将个人数据进行整合并让用户选择出售的数据，以中介机构参与分配机制的方式，解决数据商业化应用与个人隐私之间的冲突。此外，可以用数据拍卖等市场机制开展个人数据收益分配。

（二）企业数据收益分配

1. 企业属于数据收益分配的一大主体

从产权的视角来看，数据要素收益主体相对多元，除个人参与数据收益分配以外，企业和政府都可能成为收益分配的主体。一般来讲，事物的收益权归属往往取决于其产权归属，企业作为数据要素市场的主体之一，参与数据要素市场不同环节的建设，必然享有数据要素收益分配的权益。从价值创造的视角来看，数据就如同一块璞玉，最原始的状态是一块外形与普通石头无异的原石，但经过打磨、雕琢等加工处理后，它的价值将会成百上千倍地上涨。企业是原始数据的加工者，投入一系列人力、财力和物力收集、分析原始数据，将其转化为衍生数据，这种有投入的劳动使企业拥有获得数据收益分配的权利。相比其他的动产和不动产，不同的企业可以使用相同的数据制作自己的数据产品，但由于不同企业的技术不同、投资力度不同，其加工出的衍生数据的价值也大大不同。可以看出，数据的使用不仅不会对数据自身产生损耗，还可以为企业带来巨大的数据收益。为保护企业数据收益的权利，必须塑造良好的数据要素市场发展环境，深化数据要素市场改革，明确数据要素市场规则，处理好公平与效率之间的关系，构建高效、公平、开放的数据要素市场体系。

2. 企业参与数据收益分配的方式

参与企业数据收益分配的主体包括企业、员工和企业管理者三种角色。

从企业来看，企业数据的持有者、加工使用者、经营者、采集者、中介者等数据要素市场的不同类型企业，都是数据价值创造的关键主体，都可以参与数据收益分配。企业能够以产品或服务的形式售卖数据，也能够以数据入股、抵押贷款等形式获取收益。

从员工来看，数据分析师、数据管理师等相关数据从业人员是数据价值得以体现的关键因素，按贡献参与数据收益分配是激励数据人才发挥作用的有效机制。数据价值创造过程与传统技术创新不同，是一种以数据创造新数据、新信息、新知识的过程。对数据从业人员进行收益分配实质上具有技术、信息、知识、人力、资本等多种分配属性，可以采取的方式包括但不限于工资、数据相关项目提成、员工持股计划、认股权、利润分享、特殊津贴、一次性奖励及福利计划等。

从企业管理者来看，这一群体在数据价值转化为实际收益的过程中发挥了决定性的作用，他们参与数据收益分配的方式实际上类似人力资本属性的分配范畴，他们可以以年薪制、股票期权、福利计划等形式参与收益分配。

(三) 政府数据收益分配

1. 政府是数据要素收入分配的主体

政府在履职过程中采集、处理、交换、挖掘、积累的大量数据，对提高国家治理能力和国际竞争力产生了积极的作用，政府应作为数据要素收入的分配主体。需要注意的是，政府数据有一定的特殊性，即包含一定的涉密信息和非公开信息，对于两种不同的数据应分而论之。

2. 政府参与数据收益分配的方式

对政府共享和无条件开放的数据而言，数据以免费的形式在供需双方之间流转。对高价值有条件开放的数据而言，政府不能直接开展经营性任务，需要授权某一主体开展业务，运营单位的利润或收入超出一定的比例时，将超出部分上缴国库。公共数据产品或服务以一定的费用供市场消费。此外，政府通过税收等财税政策，对数据要素市场分配直接进行干预，以确保数据要素市场分配的公平有序。

二、建立数据要素收入分配制度体系

当前，数据要素收入分配制度尚处于研究阶段，还存在分配主体不清晰、劳动者权益无法确保等一系列问题；要坚持以按劳分配为主体，与要素分配相结合的形式，同时发挥市场"看不见的手"和政府宏观调控的作用，建立数据要素收入分配制度体系，为数据要素收入分配提供有效依据。

（一）建立数据要素收益一次分配机制

第一，完善数据要素以市场为导向的价格形成机制，为数据要素市场收入分配奠定基础。重点强调数据生产要素和资源的资产属性，减少在明确产权的基础上限制数据收入一次分配的非市场体制性障碍，解决数据要素价格形成机制扭曲的问题，形成数据要素"根据市场对贡献进行评价，并根据贡献确定报酬"的一次分配基本框架。建立健全数据资产价值评估体系，分类完善数据要素市场化定价机制，完善市场评价要素贡献、贡献决定数据要素回报的机制，保障数据要素一次分配的公平和效率。

第二，创新数据要素价值市场化的实现路径，并使用相关收益向数据主体支付酬劳。参考知识产权、技术等无形资产等的收入分配经验，研究促进数据资本化和价值化的途径，支持数据主体通过数据资源共享、数据库存储等面向市场的方法向数据需求者提供或转让数据，收取合理的数据转让费用，并将其分配给相应的主体。

第三，探索建立数据生命周期内所有利益相关方的自愿谈判机制，通过自愿的双（多）方协商确定数据要素收入的一次分配。数据生成主体通常不明确，而数据收集者、控制者和使用者相对明确，前者和后者的谈判能力存在较大差异，一次分配收益严重向后者倾斜。因此，应探索成立相关机构或指定现有机构（如消费者协会等）代表前者进行收益分配谈判，提高前者的一次分配比例。

（二）构建数据要素收益再分配机制

第一，加快建立和完善数据相关要素市场税收制度，积极探索建立数据财政体系，试点运用数字税等财税工具。完善数据要素收入二次分配和三次分配的政策体系，确保数据要素收入一次分配高效和公平，二次分配和三次分配更加公平，让企业和个人有更强的意愿和更大的空间去利用数据要素来发展经济、创造价值和增加财富。

第二，调节数据密集型行业的高收入现象。在金融、电信、互联网、能源、人工智能等数据密集型行业，合理确定国有企业高管薪酬，缩小收入差距。同时，着力构建数据密集型行业收入分配调节机制，建立有效的市场竞争格局，推动数据密集型行业的收入水平向行业平均水平回归。

（三）形成公共数据开放收益合理分享机制

第一，参考国有矿产资源等国有经营性资产的收益分配机制，充分发挥市场机制在公共数据资源配置中的作用，选择相关领域（如公共数据）进行试点，探索运用市场化交易机制，通过提高公共数据交易规模和交易价格来提高数据产品市场收入，并将相关收入纳入整体财政体系中，由相关部门统筹使用。此外，应明确公共数据要素市场收益分配的重点领域，如需要提高数字素养的领域和具有较大数字鸿沟的领域。

第二，完善公共数据非市场转移机制，充分发挥公共数据的正外部性，对数据密集型行业征收公共数据资源使用税，将税收收入纳入数据收入再分配渠道。

（四）健全数据普惠机制和保障机制

第一，提升数据密集型企业社会责任素养，加强对无法上网的弱势群体的数字教育和引导工作，促进全民共享数字经济发展带来的益处。

第二，探索全民基本收入制度。根据芬兰等国的经验，试行全民基本收入制度，以有效应对数据领域收入分配不平衡带来的难题，解决数据要素市场造成的社会保障不充分的问题。

第三，完善社会保障体系，填补数据公共服务供给的短板，促进数据公共服务均等化，保护低收入者的数据权益，确保下一代数字机会均等化，减弱数字鸿沟的时效性和代际影响。

（五）建立数据收益分配联席会议制度

完善数据收益分配制度是一项系统工程，鉴于数据及其收益分配涉及的管理部门众多，以及数据要素价值实现方式多样和收益分配机制多元化，应从国家层面加强对数据收益分配制度建设和政策制定的统筹协调和利益平衡。因此，通过建立数据收益分配联席会议制度，可以更好地推进数据收益分配制度建设，促进整体政策协调，理顺收入分配秩序，完善数据收益分配调节机制。

需要指出的是，在研究过程中，有专家指出个人若具有收益权，则可能出现数据收益只有 1 元，分配成本将付出 10 元的情况。因此，个人是否具有收益权，还有待进一步研讨。上述方案只是一种考虑，希望给大家带来启发与思考。

生态篇

盘活数据要素市场资源

　　数据是数字经济发展的关键生产要素。数据要素市场能够实现各市场主体的高水平协同，有效提高数据要素在生产、分配、流通等环节配置资源的效率，提高社会生产力。习近平总书记多次强调，"数据是新的生产要素，是基础性资源和战略性资源，也是重要生产力""要构建以数据为关键要素的数字经济"。当前，业界对数据要素市场建设开展了积极探索，但对数据要素市场建设的实践研究不多。为弥补实践研究空白，本篇立足数据要素市场生态体系，聚焦数据要素市场供给、流通、应用、监管，从实践中来，到实践中去，分行业、分领域深刻剖析数据要素市场每个环节、每个部分的发展动态，以多元共生为导向，全面展示我国数据要素市场发展趋势，以期引导各行各业合力打造具有国际竞争力的数据要素市场生态体系。

第十二章 | Chapter 12

提高数据要素市场供给品质

推动数据要素高品质供给是促进数据要素市场高质量发展的重要源头。数据在很大程度上是生产生活的伴生品，数据要素市场供需匹配十分复杂，这中间有大量的资源匹配工作，若不对数据进行采集、标注、治理，很多数据难以达到可流通交易的条件，导致数据价值既不能在供给端被发现，也不能被需求端接纳。本章全面勾勒数据采集产业发展样貌，提出数据治理优化框架，以及数据采集、数据标注、数据治理行业培育之策，为数据要素高品质供给提供保障，以夯实数据要素市场发展的基石。

第一节 培育数据采集产业

人工智能的不断发展推动我国数据采集产业快速提高。据统计，2021 年我国人工智能核心产业规模已达 1300 亿元，预计到 2026 年将超过 6000 亿元。人工智能产业的发展需要海量数据的支持，不断对算法模型进行优化。作为数据要素市场的前置环节，数据采集尤为重要。

一、数据采集产业迈入急速发展阶段

（一）数据采集市场规模较大，行业发展增速较快

据 CIC 灼识咨询机构的数据，全球数据采集产业 2020 年整体市场规模超过 96 亿美元，2026 年预计将超过 202 亿美元，年均复合增长率为 13.2%。《中国数据要素市场发展白皮书》表明，在"十三五"时期，全国的数据要素需求规模增长迅速。在数据采集行业中，终端设备制造占比约为 80%。2021 年，我国数据采集行业终端设备制造市场规模达 97 亿元（如图 12-1 所示），预计 2026 年整体市场规模将超过 194 亿元，年均复合增长率为 14.5%，其中零售电子商务、快递物流、生产制造增速较快。

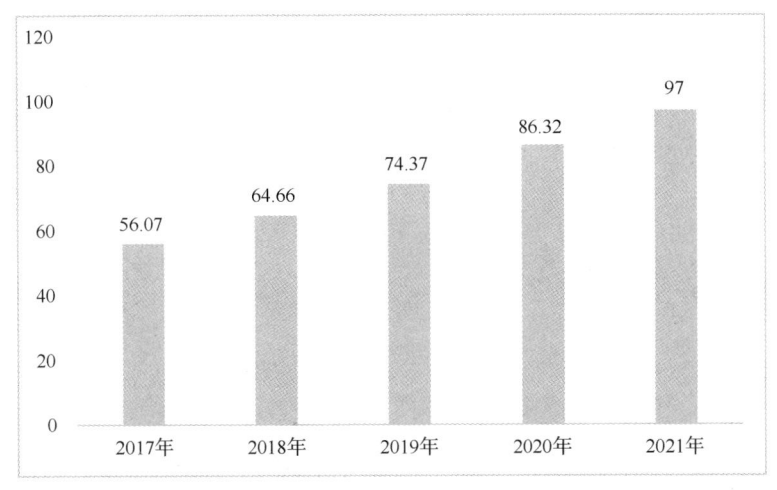

图 12-1　2017—2021 年我国数据采集行业终端设备制造市场规模（单位：亿元）[①]

（二）直接采集和间接传输方式共行，采集渠道丰富

数据采集方式包括多源感知设备的直接数据采集和边缘异构系统的间接数据传输。

1. 多源感知设备的直接数据采集

这种数据采集方式通过泛在的传感技术，对多源传感设备获取的关键数据信息进行即时快速收集并在云端汇聚，设备接入和数据采集主要通过信息通信网络实现，包括现场总线系统（第五代控制系统）、局域网技术等，其采集渠道主要涉及三类专业设备：一是数据采集设备，包括监测装置传感器、标准信号输出装置变送器、数据采集器等；二是通用控制设备，包括可编程逻辑控制器、远程终端单元、嵌入式系统、进程间通信设备等；三是专用智能设备，包括机器人、数控机床、自动导引运输车等。

2. 边缘异构系统的间接数据传输

这种数据采集方式利用各种通信方式接入不同的设备、系统、产品，进行大规模、深层次的间接数据采集，实现对不同类型的数据进行协议的转化和边缘处理。边缘异构系统主要通过接口和系统集成的方式，在工业物联网的基础

---

① 数据来源：中金企信国际咨询，2022 年 10 月。

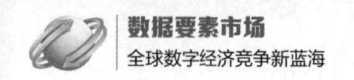

上，实现对数据终端设备、数据采集网关的远程访问，以及数据的采集。其采集渠道可分为边缘异构系统本身具有或加装的传感器，以及数据采集与监控、分散控制、制造执行、企业资源计划等应用系统的数据采集模块。

（三）各行业数据特点不同，采集技术针对性较强

各行各业数据特点不同，主流采集技术各不相同。在工业领域，目前主要使用传统的监控与数据采集系统进行数据采集，如电力、给排水、石化等领域。在互联网行业，主要通过数据抽取转换和入库等技术来进行数据收集和对实时流数据的管理。在此流程中，用户先从数据源获得所需数据，经过对数据的清洗和处理，最后按照定义的数据模型，将数据添加到数据库中。在电子商务中，主要使用网络爬虫和调用网站通用接口技术。

1. 网络爬虫

网络爬虫技术主要用于网页文本、图片数据采集，主要用来获取有关网页涉及的大量信息，并据此提取所需的网站信息内容。目前，网络爬虫主要包括基于网页的信息采集、基于关键词的网络信息采集、增量型网络信息采集三类技术。

2. 调用网站通用接口

调用网站通用接口技术利用网站自身提供的通用接口实现对网络数据的采集，可以很好地解决数据类型不同的问题。社会化媒体网站现在推出了开放平台，提供丰富的通用接口，如新浪微博、搜狐、网易等。这些平台允许用户申请平台数据的采集权限，并提供相应的通用接口采集数据。

案例1：互联网行业采集数据和对实时流数据的处理

——在线广告竞价企业数据需

数据需是美国的一家云计算企业，该企业为在线广告投标提供了一种新的机制。很多行业，特别是电子商务行业，随着用户上网频率增加，越来越多的人看到更具有个性化的广告。在这个过程中，有一系列的即时反应的竞标过程

在支持着。数据需能够处理来自不同企业的投标竞价，在用户停留的网站上推送具有针对性的广告；发布什么样的广告，拒绝什么样的广告，都要在最短时间内完成。

在一般情况下，整个竞标、竞价过程在几毫秒内就会结束，而竞价计算则是通过微软的云计算进行的。但是，要想确定有哪些媒体机会和潜在买方，需要通过亚马逊提供的通信服务应用来实现。

数据需的应用程序必须持续地收集用户对广告的点击流，同时收集广告的放置位置、展示形式。数据需通过推荐用户喜欢的内容达到正反馈，这就要求通过大量的智能化处理实现对广告的精准推送，从而满足用户的需求。

数据需在亚马逊提供的托管通信服务上建立了一个系统，以了解用户的性格和广告投放的特征，从而将广告投放到合适的用户手中。它从用户的浏览站点中获取信息，从而认识到可能的客户。竞标引擎采用托管通信服务的智能处理技术，要求在10毫秒内确定广告位的具体价格。广告的种类有网站首页广告位、网页展示页面和文字广告位、手机应用广告、视频广告、社交网络广告。该企业的共同创立者和技术主管西蒙斯表示，与其他竞争者比较，数据需的优点是显而易见的。一家网上市场调查企业称，即时竞标市场的年增长率将达到41%。数据需作为数据采集行业的巨头，当然不会错过不断成长的市场机会，而且会更加依赖托管通信服务。在对采集的数据进行分析后，数据需会将分析后的数据存储到亚马逊提供的数据仓库，该仓库可以实现云存储，以便日后随时进行更复杂的分析。西蒙斯说："所有的记录和实时的数据都会被下载至托管通信服务器中。"此外，通过竞标引擎提供的数据流，可以看到哪些广告是成功的，哪些广告是失败的，这样可以提高服务品质，有助于数据需在以后的竞争中占有优势。

（四）数据采集物理设备繁杂，采集工具五花八门

根据数据采集物理设备的分类，数据采集工具可以细分为"数据采集板卡、模块""远程终端单元、可编程逻辑控制器、分散控制系统、进程间通信设备、嵌入式系统""机器人、数控机床、专用智能设备""物料标识读取设备""手持智能终端"五大类。数据采集板卡、模块主要采集各种传感器、变送器的数据输出，将其转换为数字量并存储在设备中，以供其他系统使用。远程终端单元、可编程逻辑控制器、分散控制系统、进程间通信设备、嵌入式系统在实现其基本功能的基础上，可以直接接入对应的设备来采集控制系统里面的数据，这是工业数据采集系统最原始的数据。机器人、数控机床、专用智能设备，能够根据专用工业通信协议与工业数据采集系统进行通信，将自身状态信息上传下达。物料标识读取设备主要应用材料识别技术，它的识别目标是条形码、二维码及无线射频，如条形码、二维码扫描枪和无线射频读写机等，实现数据的端对端传输。手持智能终端主要是手持智能数据终端（手机、平板电脑、智能穿戴设备等），内置处理器并搭载操作系统，具备软件设置功能，具有可扩展功能、可灵活定义等智能化特征。用户可以通过设置，将计算机视觉技术、语音识别技术集成于手持智能终端，使其成为功能多样的数据采集工具。

（五）数据采集覆盖广泛，应用场景丰富

数据采集行业目前在人工智能、零售电子商务、快递物流、生产制造、公共事业和医疗保健等领域应用较多，在各个行业的应用场景丰富。目前零售电子商务、快递物流领域自动识别和数据采集应用渗透率较高，且国产化率较高。随着数据采集技术在现有行业应用场景中加深应用和升级换代，数据采集技术的优势将被其他应用场景逐渐发掘，并最终适用于新的行业领域。例如，中国电信与潍柴集团合作，成功实施了基于工业光纤网络的工业互联网与数据采集项目；华为提供梯联网解决方案，助力迅达实现对全球上百万部电梯的统一联网和管理。当前，数据采集用户还停留在采购和使用现有技术方案的阶段。随着更多用户逐渐意识到数据采集技术的便利性和重要性，用户会逐步将数据采集与自身业务相结合，进一步提高生产经营效率，届时将产生更多的新兴应用场景，自动识别和数据采集终端设备将迎来新一轮的增长。

二、我国数据采集产业亟须突破的三大困境

（一）各领域数据采集标准不统一，数据开放性不够

不同行业的数据采集标准不同，不同的协议标准是不统一、不兼容的，导致数据互联互通困难。首先，不同地区的政府、企业在业务流程、数字化建设程度、数据分布、对接方式等方面存在差异，对数据的内容和格式要求不同，目前的数据很难满足用户个性化的需求。其次，由于数据开放性不够造成的市场障碍，使人们很难制定出一套统一的标准。例如，在工业数据收集方面，有 Profibus、Modbus、CAN、LonWorks、HART、Profinet、EtherNet/IP 等许多行业标准，这些行业标准并不统一，互不兼容。此外，许多设备与系统的开放程度较低，缺少开放的数据界面和文件描述，这就造成协议适配、协议解析及数据互联的问题。

（二）数据采集过程隐私泄露风险大，安全难以保障

在数据采集过程中，政策法规在适用范围、量刑等方面仍然过于笼统，不够具体，存在一定的漏洞。各行各业的数据采集都涉及用户的个人信息和隐私，数据的传输和存储都会带来数据的安全问题，黑客有可能窃取数据，攻击企业的生产系统。例如，在人脸、语音识别等领域，采集的数据较为隐私，存在在用户不知情或未获得用户允许的情况下违法采集数据的问题。很多团队在采集数据过程中难以保证获得被采集者的合规授权。更重要的是，在数据收集过程中，由于利益的驱使，可能出现倒卖信息等情况，导致数据被窃取和企业生产系统被攻击的危险。

（三）各领域数据采集的实时性不够，数据有效性较低

多个领域的数据采集实时性较差。例如，在高精度、低延时的工业生产、移动控制等场景中，数据采集技术在高精度、低延时的应用中，很难保证关键信息的实时获取、上传，故不能满足实时监测需求。更进一步的问题是，随着各领域采集数据量的增加，数据采集覆盖的场景越来越广泛，导致数据采集效

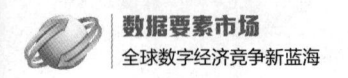

率降低。例如，在智能安防领域，新需求集中在公共场所各种传感器采集的数据，如人脸采集、道路视频采集、车辆采集、动作采集等，采集数据种类越来越多，导致采集效率降低。

三、坚持政府主导，多管齐下，协同推进数据采集行业健康发展

（一）实行以政府为主导的综合规划，健全数据采集标准

数据治理的先决条件是数据采集标准需统一，必须坚持统一规划，健全数据采集标准，做到"统分结合"。

在"统"上，要强化顶层设计，制定相应的标准制度，对数据采集的方法进行创新，同时对采集体系进行完善。政府需要加强数据采集有关的法律保障，规范数据采集的有关标准；建立和完善以市场为导向的数据采集模式，以行业为单位，制定需要的数据集，考虑让第三方参与数据采集过程，采用业务合作外包、众包的形式购买具有专中介机构的数据采集平台，并采取有偿形式调动企业的积极性。

在"分"上，要根据政府的统筹规划，根据不同领域、不同企业的优势与差异，探索符合各种行业与环境的数据收集业务标准、行业标准，企业在标准系统架构下运行，主动协助政府部门收集数据，保证数据的真实性、准确性和及时性，并确定基础数据收集系统具有的数据提供接口与技术，维护行业客户合理的数据利益。

（二）强化采集工作的法律保障，建立相关法律法规

依据《数据安全法》，探索建立与数据采集安全有关的法律法规。建立数据采集准许法律法规，规定在数据采集过程中，依照法律法规规定的条件和程序进行数据采集和使用；建立数据采集保密法律法规，在数据采集过程中，对个人隐私、个人信息、商业秘密、保密商务信息等数据应当依法予以保密，不得泄露或者非法向他人提供；制定与数据收集目的、范围有关的规章制度，在数据收集活动中，需发布采集、利用数据的规则，明示收集、利用数据的目的、

手段和范围，并经被收集人认可；同时要构建安全防护、安全评价等安全机制，确保数据收集安全运作。

（三）优化数据采集汇聚整合，提高数据动态交互能力

通过对各种来源的结构化数据和非结构化数据实施系统数据抽取和数据智能采集，并进行清洗转化、重构聚合、数据交换及共享等，达到对数据的定量或实时集中整理，从而提高数据采集效率。另外，也可以利用大数据的采集汇聚来提高数据采集效率（例如，常用的关系式数据库、大数据挖掘平台等），确保数据源和目标端之间的数据一致性，从而实现数据同步；通过灵活地开展数据转换规则设计，实现各个部门的数据协作和互动；将信息清洗转换后，使其成为统一格式的正确数据，并保存在数据中心和数据仓库里，以提高数据收集能力和信息交换能力。

第二节 发展数据标注产业

数据标注即通过分类、画框、标注、注释等方式，对文本、语音、图片等形式的数据进行加工处理，将对象特征标记出来，进而便于机器识别学习的过程。数据标注产业是人工智能、机器学习等领域的基础产业。

一、数据标注需求量稳步上升

（一）数据标注产业规模不断上升

数据标注产业的发展带动了许多城镇居民就业，在短短数年间迎来了爆发式增长。智研咨询统计，我国数据标注产业 2021 年市场规模达到 43.3 亿元，同比增长约 19.2%，预计未来有望保持快速增长。艾瑞咨询的数据显示，预计到 2025 年我国数据标注产业市场规模将突破 113 亿元，行业年均复合增长率达 23.5%。从区域分布来看，华东地区占比 28.19%，华中地区占比 9.52%，华南地区占比 23.9%，华北地区占比 18.9%，东北地区占比 6.96%，西部地区占比 12.8%。

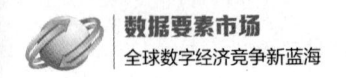

总的来看，我国数据标注产业区域市场规模与我国区域经济有一定的关系。从各类型数据标注市场来看，图像类数据标注市场占比最高，达 49.7%，其次是语音类数据标注市场，占比 39.1%，自然语言处理类数据标注市场占比 11.2%。

（二）多地打造具有地方特色的数据标注产业基地

山西、河南、安徽、山东、重庆等地非常重视数据标注产业的培育和发展，吸引众多数据标注企业建设数据标注基地、数据标注园、数据标注村，以此大力扶持数据标注产业发展，为下一步培育数据要素市场奠定基础。例如，百度山西人工智能数据标注基地、百度大数据百鸟河基地、数据堂保定数据加工基地、数据堂合肥数据基地、数据堂北京从文本到语音录音中心等。2021 年至 2022 年第一季度，百度智能云连续在山东济南、山西临汾、重庆奉节、四川达州、甘肃酒泉、江西新余再落地 6 个数据标注基地，帮助区域培育数据标注产业，吸纳更多个人和企业参与数字经济，有利于地方产业发展，助力区域形成数字产业经济带。

（三）参与企业众多且服务领域广泛

数据标注市场参与企业众多。据统计，2020 年 4 月我国数据标注相关企业数量为 565 家，到 12 月增长至 705 家，其中拥有数据标注企业数量排名前五位的城市分别是北京、上海、成都、深圳与杭州。图 12-2 为 2020 年我国数据标注企业主要分布情况。目前，我国国内数据标注市场的第一梯队为头部企业自己组建的数据标注部门，如京东众智、百度众测、阿里数据标注分别为京东、百度、阿里巴巴开发的数据标注平台和工具。在头部企业之外，国内近年兴起众多数据标注企业，如龙猫数据、云测、倍赛、数据堂等。这些企业仅次于头部企业，都具有相当的规模，位于第二梯队。从数据标注企业业务布局来看，大部分数据标注服务商提供文本、语音、图像、视频等各类数据标注服务，覆盖安防、智能驾驶、医疗、教育、金融等多个领域，主要客户包括但不限于阿里巴巴、学而思、旷视、百度、滴滴、海康威视、腾讯、懂车帝等行业巨头和多家上市企业及"世界 500 强"企业等。

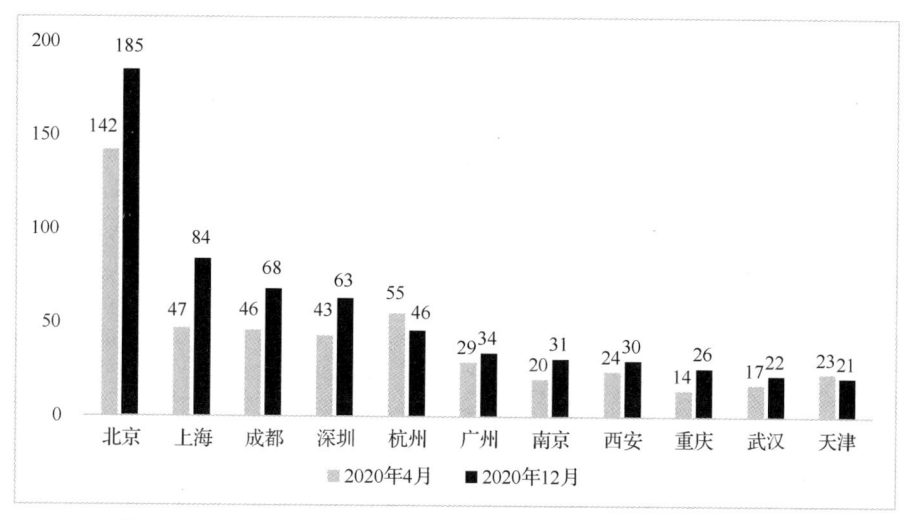

图 12-2　2020 年我国数据标注企业主要分布情况（单位：家）[1]

案例 2：山西数据标注基地

在数据标注产业刚刚起步的时候，由于人工智能落地水平较低，数据标注大多是通过兼职或者众包的形式进行一些简单的任务，但随着人工智能发展的不断深入，对于数据标注的要求越来越高，并且由于行业的特殊性和政策对于数据隐私的要求，分散式的数据标注模式已经远远不能满足需求。随着人工智能产业的不断发展，数据标注作为其最重要的上游产业之一，也迎来了飞速的发展。为了推动人工智能的进一步落地，促进产业转型，在政策的支持下，百度在山西太原建立了国内规模最大的人工智能基础数据产业基地，起到了良好的示范作用。

行业的发展离不开政策的支持。2019 年，《山西省人民政府关于加快我省数据标注产业发展的实施意见》出台，为人工智能及数据标注的发展提出了明确的要求："到 2022 年，引进培育 100 家以上数据标注企业，就业人员规模超过 1 万人，人工智能创新应用生态初步显现，数据标注产业年产值达 20 亿元。"在这样的要求之下，数据标注开始在山西发展起来。未来，数据标注产业还将拓展到更多的地方，创造更多的就业机会。

---

[1] 数据来源：前瞻产业研究院《2021 年中国数据标注行业需求现状与前景趋势分析 人工智能推动行业高速发展》，2022 年 5 月。

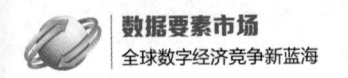

百度数据标注中心是山西实现高质量发展的重要平台，已显著带动相关智能产业的增长，未来辐射效应还将进一步加强。预计其将孵化专业数据标注企业 100 家，直接培养数据采集、标注专业人员 1 万人，实现软件与数据服务类营业收入超过 10 亿元。

二、影响我国数据标注产业发展的"四座大山"

（一）数据标注工程化、规模化、平台化基础薄弱

当前国内的数据量每年都会大量增长，但由于数据标注产业发展的时间短，且受到理念、技术、市场、资本等诸多因素的制约，数据采集、交互、处理、标注和流通方面都面临很大挑战。数据处理的工程化、规模化和平台化发展基础较为薄弱，大部分数据标注企业尚没有能力自建数据处理平台和工具，高质量数据集的平台化处理能力、核心技术基础薄弱。

（二）数据标注行业标准和规范亟须建立

国内数据要素市场尚在培育，数据共享流通标准和规则仍在探索之中，数据标准化体系尚未建立。由于人工智能产业的快速发展，数据标注产业进入成长期，但数据标注还缺乏行业级和国家级的标准，仅有的标准也局限于地方标准，如陕西省地方标准《人工智能数据标注标准总体框架》，亟须建立一批数据标注国家标准和规范指南，为引导行业健康持续发展提供支持。

（三）数据标注效率和准确率有待提高

数据标注的特殊性决定了其对于人力的高依赖性，当前的数据标注方式是由标注员基于标注要求，利用相应的辅助工具对数据进行分类、画框、注释和标记。由于专业领域的标注人员缺乏（如医疗图像等），且标注工具不够完善，数据服务供应商在标注效率及标注准确率上均有所欠缺。此外，目前很多数据服务供应商忽视或完全不具备人机协作能力，并未意识到人工智能对数据标注的反哺作用，阻碍数据标注效率和准确率的提高。

（四）数据标注产业人才严重不足

数据标注是数据资源汇聚和数据要素价值产生的基础，国内数据要素产业生态尚处于初级阶段，在基础数据处理、人工智能训练师等新型岗位培养及专业设立方面还有欠缺，市场上缺乏经过系统训练的复合型专业人才。此外，数据日益成为企业发展的核心，而企业对自身数据的管理能力相对薄弱，缺乏数据标注和数据管理人员，特别是对行业和数据管理有一定了解的人才。

三、精心部署，推动数据标注产业良性发展

（一）加大对数据标注产业的政策支持，培育国内领军企业

加大对数据标注产业发展的扶持力度，加强顶层设计和行业规划研究，开展数据标注产业的政策研究，制定数据标注产业发展规划，培育我国数据基础服务市场，建立一批数据标注产业基地、园区，为数据要素市场发展打下坚实的基础。针对数据标注工程化、平台化重点技术攻关和平台建设，出台相关支持政策和专项支持措施，着力创建数据标注平台框架和相关机制，培育我国本土数据标注领军企业，带动数据标注产业上下游发展。探讨建立国家和地区数字标注综合服务平台及数据资源管理服务平台，促进基础数据服务的生产、服务、质量和安全管理形成闭环。

（二）完善数据标注行业标准体系，推动行业发展

数据资源的汇聚和数据要素市场培育涉及多个部门、多个行业，应针对行业发展的趋势和需求，逐步建立和完善数据标注的行业规范和标准，开展数据标注标准研制工作，建立智能语音、计算机视觉、自然语言处理、数据集交换共享、数据集安全隐私等方面的行业应用标准，形成数据标注产业标准化体系，推动基础数据服务产业健康有序发展。

（三）加快智能数据标注工具研发，提高效率和准确率

根据已有的标注方法，利用人工智能模型对数据进行预处理，并根据这些

特征对标注结果进行修正。预处理主要是利用智能标记工具对图像进行预训练，然后生成多个图像片段、分类标签及其置信得分，对最大置信值的片段进行标记，并将其展示给标注者。基于这些特征，标注员可以有选择性地对智能标记工具标注的结果进行修正。在开发过程中，采用以人工标注为主、以机器标注为辅的机械化标注方法，降低人工标注比例，逐步增加机器标注所占比例，从而提高标注的效率和准确率。

（四）加大人才培养力度，促进人才就业和区域经济发展

数据标注前期需要大量的专业人员来进行数据的处理和标注工作，应加快数据标注专业的人才培养和技能认证，加强政府、企业、高校间的交流和合作，出台人工智能标注师人才培训补贴等扶持政策，形成产学研一体化的人才培养体系，壮大数据标注人才队伍。这样也能促进本地高校培养人才、产业基地留住人才，促进人才就业和区域经济发展。

第三节　提高数据治理能力

一、各地数据治理取得初步进展

（一）各地、各行业积极探索制定数据治理相关标准

贵州、广东、上海、山东、山西、内蒙古等地成立大数据标准化技术委员会，制定并落地实施具有各地特色的数据治理地方标准。公安部、教育部、科学技术部、人力资源和社会保障部等国家部委结合各自业务领域，在司法、教育、通信科技、公共服务等领域均开展了数据标准的研制工作，形成了一批具有行业特点的数据标准。工业和信息化部组织第三方机构和行业协会、企业加快推进数据管理能力成熟度评估模型（DCMM）贯标，开展"DCMM全国行"和"DCMM行业行"活动等全国范围的DCMM标准系列宣贯活动，积极探索开展DCMM评估试点示范，为更好利用企业的数据资源进行针对性的指导，提供与企业发展战略相匹配的数据管理框架，切实提高企业的数据管理水平和综

合竞争力。目前，贯标评估的工作成效正加速显现。预计到 2025 年，全国各地将配套产业补贴政策，推动重点地区和行业的贯标评估工作，贯标评估企业超过 1 万家，宣贯培训人员超过 15 万人。

（二）政府数据治理体系初步构建

我国通过体制建设和项目搭建初步构建起政府数据治理体系。在 34 个省级行政区中，21 个设立了政府数据管理机构，其中省级层面的数据管理机构编制类型分为三种类型——行政机构、事业机构和法定机构，行政单位性质的机构占 59%，事业单位性质的机构占 36%。各地共实施了 572 个省级政务数据治理平台和系统建设项目。例如，浙江省深化"最多跑一次"改革、广东省实施数字政府省域治理"一网统管"行动。

（三）数据治理融入各个行业

通信、金融及医疗行业在数据治理方面已经有了初步进展。通信行业的数据治理实践起步最早，伴随面向市场和客户的数据分析商务智能和数据仓库建设，有关元数据和数据质量管理的探索逐渐出现在供应商的技术解决方案中。银行业的数据治理体系较为完整，在组织架构上成立数据管理部门（例如，企业级的数据治理委员会、数据治理办公室），搭建数据治理和管控平台，完善内部数据治理标准与规章，有效促进了组织建设与信息化融合；为提高专项数据治理能力，配套建设数据仓库及相关企业数据模型、数据标准，进行了较为完整且具有参考性的数据治理实践。医疗领域通过强化数据全流程监控和数据治理，实现对健康医疗大数据的开发应用。交通领域以加强交通运输大数据治理为抓手，实现全生命周期的数据质量管控。

案例 3：广西壮族自治区数据治理实现公共服务高效化

广西壮族自治区高度重视数字政府建设工作，自 2019 年 11 月以来，围绕政务数据资源管理与应用进行改革的广西壮族自治区大数据发展局克服困难、突破创新，加速完成政务数据的"聚通用"（汇聚、联通、应用）工作。

广西壮族自治区党委、政府高度重视数字广西建设，召开了数字广西建设推进电视电话会议、新闻发布会等，动员部署加快数字广西建设步伐，充分发挥政务数据治理对数字广西建设、提高政府现代化治理能力的基础性、引领性作用。广西壮族自治区在实现公共服务高效化的过程中形成"三大助力"，一是助力解决政务服务"二次录入"问题，二是助力电子证照汇聚跨越式提高，三是助力广西政务服务"一件事"突破一万件。广西壮族自治区先后发布《自治区厅局数据治理试点协同推进方案》《厅局中台建设工作指引》《数据治理实施方案》等11项标准规范。相关试点厅局开展的数据治理工作共梳理了479项权责、740个事项、1908条资源目录，接入29个系统、归集10亿条数据、制定669条数据标准。与此同时，"一云承载""一网通达""一池共享""一事通办""一体安全"的五个一数字政府新模式正加快形成。

（四）数据治理技术逐步发展

数据治理技术快速演进迭代，以数据归集、数据处理、数据仓库开发、数据分析和挖掘为核心环节的数据技术框架体系逐渐成形，为全面推进数据要素化建设奠定了重要的技术基础。数据库是支撑数据存储、计算的核心技术产品，为了适应数据要素相关需求，我国正快速对其进行技术革新。数据中台发展迅猛，供应商不断丰富，除概念提出者阿里巴巴外，华为、腾讯、万科、京东、网易零售、字节跳动等企业均在积极探索建设数据中台。

二、数据治理体系建设刻不容缓的四大理由

（一）数据治理管理体系滞后

我国数据治理跨组织沟通协调机制不完善，导致数据治理水平较低。数据主管部门职责和定位不清晰、各方参与主体的权利、责任、利益不清晰和制度支撑不够明确，导致不敢用、无法用相关机制的现象普遍存在。数据治理体系割裂严重，形成多个系统和平台（例如，出现质量问题时建设质量平台、需要数据字典的时候建设元数据管理平台），使系统集成难度高、治理效果差。以企业为例，研

究者通过对 300 多个单位的调研发现，目前我国大多数组织机构数据管理能力仅处于 1 级或 2 级水平，仅有少量机构的数据管理能力超过 3 级。

（二）数据泄露难以避免

在数据采集、流转和使用的过程中，每个环节都可能面临数据泄露的危险。目前，政府单位及企业组织一般使用云存储和数据库存储数据。然而，近年频发数据窃密、泄密和失密等数据泄露问题。权限管理疏忽，企业工作人员安全意识薄弱，数据安全分级不明确或操作失误，导致员工在工作中无意泄露数据，以及在离职时有意或无意违规带走大量核心数据。企业自身的网络安全漏洞也会使数据暴露于泄露的风险中，被黑客等违法分子非法访问和盗取数据。在数据被利用之后，在数据销毁阶段，企业的安全意识不强，对数据生命周期的追溯管理不重视，导致本该销毁的数据被恢复、被盗用，不仅损害了数据提供者的权益，而且让企业面临经济损失和法律风险。有的企业为追求利益，对社会公众的数据进行不合理、不合法采集、交易和共享。

（三）数据标准化治理难度较大

第一，政府和企业习惯了原有系统、技术标准和管理方案，数据标准化不仅要修改文本，而且要考虑新标准实施后对现有业务在稳定性和系统更换等方面的影响。

第二，标准建立共识形成难。在数据治理和数据标准化工作中，业务部门参与度不高，所以在标准制定和标准实施过程中难以形成普遍明晰的共识，造成数据标准研制效率低、可用性不高。

第三，数据标准落地见效难。数据标准体系的建立和维护工作牵涉面广，周期长，见效慢。一套完整度高、可用性强的数据标准体系需要长期投入，通常会遇到管理动力不足、影响数据标准管理工作的持续性开展等不利情况。

（四）自身数据治理技术不足

在信息技术创新日渐盛行的今天，我国数据治理技术大多数是借用国外的技术，面临自主可信技术缺失的尴尬局面，这是制约我国数据产业发展和安全稳定运营的重大隐患。从实际调研的情况看，当前工业数据治理软件大多数由西门子、甲骨文等国外企业提供，国内提供工业数据治理技术的企业较少，仅有半云科技、中数创新等少量企业开展探索性研发创新。而且，在数据治理领域，缺少以城市为单位的规模化、工程化的数据治理技术方案和统一、科学的数据流通规约，数据封锁带来的市场壁垒使企业技术创新积极性受到打击，阻碍了数据治理技术的进步。

案例4：企业数据治理失败原因分析

有效的数据治理可以确保企业数据全面、一致、可信，从而全面释放数据的价值，提高业务流程的效率，提高业务增长的机会，驱动企业数字化转型。这听起来很简单，但数据治理对每家企业都是一项很大的挑战。Gartner 的一项调查显示，超过 90%的数据治理项目都失败了。为什么会有这么多数据治理项目失败？下面将数据治理失败的原因分析一下。

1. 缺乏明确目标

企业没有明确的目标或者专注于短视的治理目标，没有形成一套持续治理的机制，导致资源浪费，进而导致数据治理在产生效果之前被搁置一旁。有效的数据治理首先要有明确的治理目标，而这一目标一定要与业务价值绑定。

2. 分工混乱，权责不明

企业数据的拥有权、使用权、管理权等没有清晰的定义，号称人人都对数据质量负责，但实际上数据管理十分混乱，真正出现问题后相互推诿，没有人愿意负责。

3. 缺乏数据治理专家

企业将数据治理和系统管理混为一谈，让 IT 系统管理员对数据的质量负责。这就好比让修自来水管道的工人对自来水的水质负责一样不靠谱。

数据治理关注的是"如何管好数据"的问题，涉及一系列的策略。例如，战略、文化、制度、流程、标准等是数据管理最核心的内容。每个数据治理策略的制定和执行过程，都有很多的影响因素，它们会导致数据治理失败。

三、坚持数据治理体系建设与数据治理技术创新同步走

（一）建设协调并完整的治理体系

我国缺少数据治理的整体体系设计，对于数据的流动与保护尚处于探索阶段。欧盟已经形成了比较完整的体系，我国可以从中得到相应的借鉴。我国应明确数据治理牵头部门，建立国家层面的数据治理体制。企业应该设立首席数据官、数据安全员等数据专职人员，专业管理企业数据。行业协会应该更大地发挥自身的作用，按照行业数据特征，发掘数据获取和流动的经验，不断形成有效适配的相关数据准则。与此同时，我国应大力发展数据安全认证机制，发展数据中介和第三方评估服务。为了保证标准化工作的顺利展开，我国需要设立数据标准化工作机构，提供数据标准化保障措施，具有数据标准制（修）订管理和强化标准实施和监督等建设与引领作用。

（二）加强数据流动过程管理

数据泄露可能出现在数据生命周期的各个环节，因此，需要对各个环节进行细分处理，在合规使用数据的过程中最大限度地提高数据治理质量。在数据采集的过程中，数据来源要清晰，根据行业标准规范有选择地收集数据；在数据存储的过程中，存储要求和数据归属要明确，采取相应的存储方式；在数据使用和传输的过程中，应按照安全策略对数据进行预处理和采取数据脱敏及加密等方法，保证数据使用和流通的安全可控；在数据共享的过程中，利用技术手段实时监控数据的走向，使数据能够被记录和追溯；在数据销毁的过程中，数据销毁路径要明晰，防止数据被恢复。

（三）完善数据治理标准化体系建设

一方面，不断完善数据治理标准体系，各类数据标准间相互支撑、配合、

协调，响应数据治理的各类需求；健全数据标准的实施机制，强化数据标准的统一管理、协同推进、监督检查；同时，加快数据安全、数据交易、数据价值评估等领域的标准研制工作，推动团体标准和企业标准发布自我声明，加强国际标准的研制和主导能力，为数据治理工作提供全面支撑。另一方面，针对数据治理标准体系的维护、标准的制（修）订、标准的研制等日常性工作，提供经常性的资金预算和人力资源保障；加强对重点标准的宣传、贯彻、推广工作，构建完整的标准实施方案，提高标准执行意识。

（四）推动关键技术创新发展

推动关键技术创新发展有四个原因：一是为了在使用者层面或者监管层面了解数据与场景应用、数据与数据之间的匹配问题，形成数据要素市场。数据交易技术需要发展，包括高效实现数据撮合、数据价值分配的技术，以及记录数据交易过程的技术。二是为了打破"数据孤岛"，使数据流通成为可能。在数据流通过程中的安全审计、合规审计技术需要发展，在数据应用过程中的安全计算技术，以及同时发生的或事后发生的合规审计技术都很重要。三是为了提高数据流通后的海量数据的使用效率和经济价值。数据加工分析技术需要发展，包括辅助数据科学家建模或自动化建模的技术，有助于提高数据要素的使用效率和经济价值。四是为了规避风险与缺陷，保证公平性与合规性。数据模型治理技术需要加快发展，在使用者层面或者监管层面对数据模型进行风险管理，而模型治理与算法监管将是重要的手段。

第十三章 | Chapter 13

激发数据要素市场流通活力

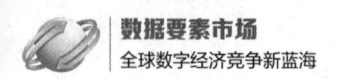

数据和土地、资本、劳动力等生产要素一样，只有流通才能发挥作用。从发展程度来看，现阶段我国数据开放共享发展相对领先，数据授权运营、数据交易、数据跨境流动相对处于探索期，让数据作为生产要素流通的范围更广、效率更高、领域更深，是决定数据要素市场发展进程的关键一环。本章对数据要素市场流通的不同领域进行深入剖析，直击数据要素市场流通的痛点、难点、卡点，提出应对思路和解决对策，以加快推动数据要素市场高效发展。

第一节 加快推动数据开放共享

数据价值要最大化地实现，需要在不同主体间开放共享。培育发展数据要素市场，势必要推动数据开放共享。在宏观层面，数据开放共享是推动数字经济、产业数字化发展的关键动力。在微观层面，数据开放共享则是实现产业链上下游企业协同的重要基础。数据开放共享不顺畅，不利于数字经济新业态、新模式孵化培育。

一、多行业数据开放共享差异化发展

（一）在行业应用方面，政务、金融、交通等领域数据开放共享推进较快

从应用领域看，开放共享的公共数据应用涉及政务服务、金融服务、交通出行、医疗卫生、教育科技、文化休闲等多个领域，其中金融服务、交通出行两大领域的关注度较高。金融服务是公共数据的重要应用领域。在服务中小微企业的过程中，对公共数据的应用有助于银行完善中小微企业的信用画像，降低信贷成本，控制信贷不良率。目前，北京、上海、山东等地的公共数据平台均已发布金融服务相关应用。

（二）在技术手段方面，平台为数据开放共享提供了载体支撑

数据开放平台是公共数据开放的重要载体。截至2021年底，我国省级和城市建立的数据开放平台达193个，如图13-1所示。同时，公共数据平台建设呈

现出从东部逐渐向西部扩散的发展趋势。从平台数量看，所有直辖市及浙江、广东、山东、四川、广西等省（自治区）域内所有下辖城市都已经上线了公共数据开放平台；安徽、湖北、湖南、贵州、黑龙江等地的平台数据量也不断增长，正逐渐由"点"成"片"；甘肃、福建、河北、河南及陕西等地虽上线了省级平台，但省内大多数城市未上线市级平台。各地通过建立并完善共享平台，有序推进对数据的归集和共享。当前，中央62个部门、32个省级地方全面接入国家数据共享体系，累计发布数据共享服务接口超过1300个，提供数据查询核验服务超过8.3亿条次，支撑跨部门、跨地区数据共享交换量达697亿条，初步实现"网络通""数据通"。

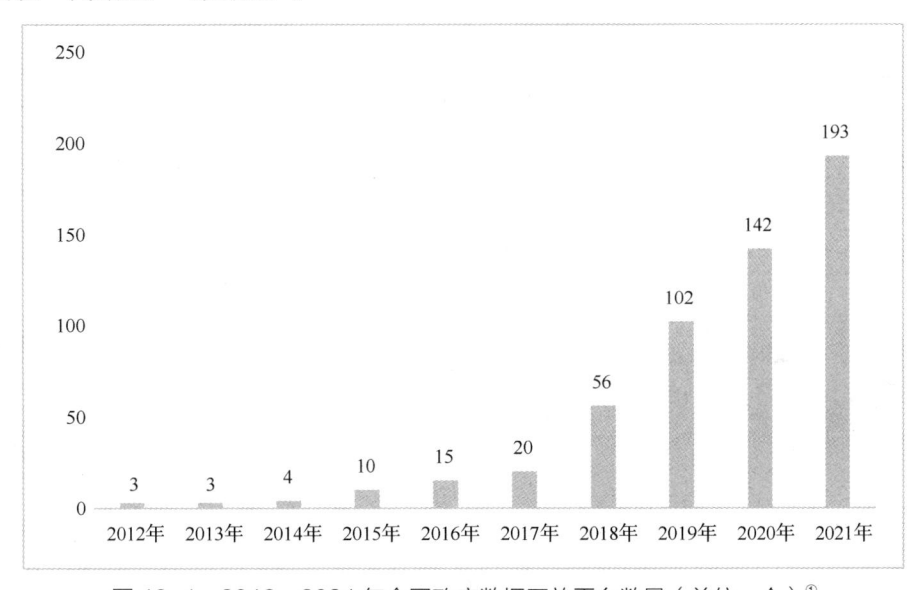

图 13-1　2012—2021 年全国政府数据开放平台数量（单位：个）[①]

案例1：山东公共数据开放情况

近年来，国家公共数据资源开发利用试点省份之一山东公共数据开放和开发利用工作取得了长足的进步，建设了统一的公共数据开放平台，数据开放数量和容量位居全国前列。

[①] 数据来源：复旦大学数字与移动治理实验室《中国地方政府数据开放报告——城市（2021年度）》，2022年1月。

2018年1月18日，山东公共数据开放网正式上线运行，该网站是按照省委、省政府的统一部署，由山东省政府办公厅、山东省政务服务管理办公室牵头组织建设的政府数据服务门户。目前，山东已开放54个部门、140160个数据目录、49.6亿条数据、3.51万个数据接口、102个创新应用等。例如，查找山东省教育厅旗下的开放数据，可以找到"山东省校园足球特色学校名录""山东省博士硕士学位授权目录"等66个开放目录，其他政府部门也开放了不同数目的数据名单。

此外，为推进公共数据开放和数字经济发展，根据《中华人民共和国数据安全法》《山东省大数据发展促进条例》等法律法规，山东结合本省情况制定了《山东省公共数据开放办法》。同时，山东创办了空天大数据、人工智能、区块链和大数据安全领域的创新平台，举办数创沙龙及拥有数创政企融合应用、数解社会热点难题和数用高校创新创业暨大学生创新创业网络大赛三个赛道的数创大赛。

（三）在推进模式方面，不同行业和领域对于数据开放共享有不同的方法

政府数据和企业数据开放共享发展途径存在差异。政企数据共享方式是由政府主导型向政企合作型转变，要么搭建政企数据共享平台，政企优势互补，各取所需，要么政府授权企业运营。现在各地开放平台的功能可以满足用户获取数据的基本需求，其中上海和山东的公共数据开放平台功能比较完善。企业数据开放以市场化行为为主，因为将数据变现是企业数据开放要实现的目标，包括提供金融数据的万得、提供企业信用数据的天眼查、企查查，以及提供股市投资数据的同花顺等，这些企业均在细分行业领域内以其特色化的数据服务获得了大批用户。

二、"数据孤岛"频现，技术应用与安全问题突出，有碍数据开放共享进一步发展

（一）"数据孤岛"问题凸显，阻碍多个行业及领域发展

由于我国在国家层面尚未建成统一的政府数据开放平台，而各个平台的数

据采集标准、元数据标准和规范等基础制度、数据接口和数据结构等不同，使地区和层级之间产生了数据壁垒，实现数据共享困难，"数据孤岛"现象严重。其中医疗机构的"数据孤岛"众多，医疗数据不容易处理，涉及的很多文件都是敏感且不可交互的，而且医疗数据需遵守严格的隐私政策，甚至同一家医院不同科室的患者诊疗数据也无法共享，严重妨碍患者的诊断和治疗。城市"数据孤岛"现象也十分突出，大部分城市没有提供任何其他开放数据平台的链接，也没有提供城市之间大数据整合的渠道，缺乏数据交互和共享平台。不同城市的数据开放程度、信息技术发展水平和数据开放模式存在差异，造成不同省份的城市之间和省内城市之间的数据不能联通，难以突破城市壁垒，形成"数据孤岛"现象。

（二）数据开放共享相关技术支撑不到位

一方面，虽然大多数地区已经建立大数据发展管理局，但由于缺少技术支撑，在数据共享交换平台建设、数据质量全过程管理、数据安全保障工程、数据资源目录管理与共享等方面发展缓慢。其中，政务系统建设标准不统一，各部门政务信息系统采用不同的处理技术、软硬件平台和数据库接口，互联互通难度大，而数据管理标准不一致也会导致数据共享交换发生滞后和偏差。与此同时，对数据进行收集、分类、编码、存储、检索、传输和维护等的口径和标准不一致，导致数据整合和共享困难，并且存在缺乏科学数据开放共享平台或系统与辅助工具等技术障碍。例如，北京支持 XLS、JSON、CSV、ZIP、XLS 5 种格式，上海支持 XLSX、XML、XLS、JSON、CSV 和 RDF 6 种格式，而广州、成都和武汉等地 6 个平台的数据集不支持 XLS 格式，支持 RDF 格式。另一方面，信息技术管理和服务人员不足以推动数据开放共享的发展。由于缺少专业的运营和技术团队，很多部门内部人员对信息系统的运维能力比较差，增加了数据开放共享的难度。

（三）数据质量和数据安全风险日益突出

一些地方政府在共享数据时搞"数字化形式主义"，重视数量，忽视质量，造成数据格式不规范、数据容量低、数据碎片化、数据内容泄露隐私等质量和安全问题，不仅降低公共数据资源利用的价值，还加剧了数据安全风险。过度采集、滥用、泄露数据等威胁公民隐私和财产安全，数据资产同时关乎企业商业秘密和生产安全。目前，不同地区的产业信息化水平参差不齐，如果不实行差异化开放共享，就容易在薄弱处造成非法操作和访问数据、数据流动异常、敏感数据泄露等安全问题，可能侵犯个人权利和破坏公共数据的整体安全。

三、坚持战略思维，多措并举，加快推动数据开放共享

（一）促进体系环境建设，强化数据共享和安全能力

第一，完善数据共享全链条标准体系和操作规范。围绕政务数据采集、导引、整合、比对、交互等方面，制定标准规范和操作流程，扫除技术障碍；加强对数据共享类型、方式、内容、对象和条件的规范，明确处理流程，整理数据资源，形成可用数据集；建立全流程的技术管控体系。

第二，深化政务数据共享防护体系建设。实施政务数据共享全生命周期安全保障，建立覆盖政务数据汇集、存储、共享、传输、交换等环节的安全技术保障措施，实现数据安全预警和溯源；注重安全可靠的关键技术发展和产品研发，提高数据处理设备和大数据平台等的安全性和可靠性。

第三，营造安全可靠的政务数据共享环境。加快推进数据上链、跨链互认等技术的创新应用，打造全链共享闭环，强化区块链在固化政务数据共享制度机制方面的作用；探索通过数据沙箱等技术手段，在数据不"搬家"的情况下，满足较为敏感复杂的数据分析应用需求；探索存算分离的政务数据共享环境，设立超算中心，推出通用数据模型和算法，为政务数据建模分析提供公共计算环境；强化数字水印、数据脱敏、匿名化、差分隐私、可信计算和同态加密等领域研发能力建设，提高数据安全防护技术实力。

（二）促进平台建设，打破数据壁垒

与某个企业或机构相比，政府主导建设的数据开放平台不仅能够提高开放

共享数据的有效利用率，而且方便用户获取和利用数据，提高数据服务质量。因此，建立数据开放平台机制，要以国家法律法规为指导，以全国统一数据共享平台为中心，由政府部门统筹安排平台建设各个环节，制定平台内部建设标准规范、完善平台运营功能、支持技术协同应用，这样才能促进城市内数据的安全流动和有效利用。全国统一的政府数据开放平台可以进一步打破城市数据壁垒，实现数据全面共享。因此，有必要加快国家层面的政府数据开放平台的建设。首先通过收集整理各个地区及城市的数据开放共享情况，初步制订可靠的计划，然后统筹安排数据平台建设的各个环节。各省市开放数据平台和开放数据集进行链接，提供将数据批量整合的技术工具，使各地数据能够互联互通，不出现数据重复、空行、乱码等现象，有序推进数据开放共享进程。

（三）建立评估体系，强化数据开放共享执行监督力度

在数据开放共享的过程中，数据要真实、可靠、完整，可获取、可利用。一方面，需要根据数据所在的行业、类别、属性等建立多层次的数据要素价值评估体系，为数据开放共享流通制定数据基准，从而提高数据要素参与价值创造的效率，为数据要素市场发展营造公平合理的环境，也为监管奠定基础。另一方面，为避免出现数据不全、数据安全受到威胁、数据过时等问题，政府需要加强数据从采集、传输到共享、开放利用的过程监管。监管分为内部管理和外部监督两个方面。在内部管理方面，建立完善的内部绩效考核体系，将数据的有效性、准确性、安全性等要求作为具体指标，定期考核各部门领导相关单位，并通过奖惩的方式进行激励和约束。在外部监督方面，国家专业监管机构和第三方评估机构对数据开放平台在数据质量、平台服务水平等方面进行考核，根据专家意见和评估结果要求平台改善。同时，根据用户及社会工作反馈意见，对平台的漏洞和缺陷进行修复和改正。

第二节 积极探索数据授权运营

2021 年 3 月，《中华人民共和国国民经济和社会发展第十四个五年规划和

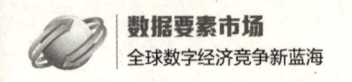

2035 年远景目标纲要》首次提出"开展政府数据授权运营试点,鼓励第三方深化对公共数据的挖掘和利用",这为数据授权运营指明了方向,上海、成都等地逐步开展了对公共数据授权运营的探索。

一、数据运营由研究部署迈入落地实施阶段

(一)政策法规体系加速健全

1. 地方制度创新持续迭代优化

各地区开展区域性政策法规探索,推出一批数据资产凭证、首席数据官、数据专区、数据资产评估、公共数据授权运营、数据交易监管等制度创新成果。

2. 鼓励行业领域创新探索

相关文件明确提出,支持构建工业、农业、教育、交通、城市管理、安防、公共资源交易等领域规范化数据开发利用的场景,在通信、互联网、能源、金融等领域开展数据要素价值评估试点,为加快推动公共数据运营提供可参考的样板。

3. 公共数据运营生态日益繁荣

各行业、各地区大力培育规范的市场主体和数据交易平台,数据确权、评估、定价、交易、应用、增值服务等产业生态正在孕育和壮大,不断涌现公共数据创新创业大赛、数据联合实验室等合作形式。

案例 2:全国首个公共数据授权运营模式落地

北京市经济和信息化局发挥金融业数据需求大、覆盖领域广、应用场景多等优势,创新"政府监管+企业运营"的公共数据市场化应用模式,授权北京金融控股集团有限公司(简称"北京金控集团")所属北京金融大数据公司建设金融公共数据专区,开展公共数据托管和创新应用业务。

北京金融公共数据专区汇集司法、工商、社保、税务、公积金、不动产等14 个机构的数据 25 亿余条,形成按日、按周、按月更新机制,公共数据汇聚质

量和更新效率均处于全国领先水平。

为推动数据健康运营，北京建立了一套数据安全管理制度体系，包括系统运维、数据管理、资产管理、合规管理等38项制度；建成数据集成开发平台，建立敏感数据输出的主体授权和脱敏规则，确保数据安全合规输出。此外，北京利用区块链等技术建立大数据资源管理系统，加强政务数据全流程留痕管理，提高数据标准化服务水平。

在完善数据安全管理体系的基础上，北京创新发展数字普惠服务。传统征信服务大多数依赖用户信息和交易数据，存在数据维度不广、价值挖掘不足、创新产品不多等问题，并逐渐成为征信行业高质量发展的制约因素。为此，北京创新推出京云企业征信平台，突破传统征信服务的数据来源局限，引入专区汇聚的税务、社保、公积金等高价值公共数据，大幅提高了企业信用数据的丰富性和全面性。

围绕金融机构贷前、贷中、贷后的征信服务需求，北京借助大数据、区块链、人工智能等技术，建成了涵盖数据接口、企业图谱、风险扫描、信用评价、客户优选等覆盖小微企业贷款服务全周期的新型征信业务体系，有效提高了征信服务的覆盖面和精准度。截至2022年1月，京云企业征信平台对外开通数据接口118个，累计为银行、担保、保险等44家金融机构和2万多名平台用户提供服务800多万次。

（二）数据运营模式加速形成

我国公共数据运营整体处于启动阶段，国家鼓励各类社会主体参与平台建设和运营探索，建立健全公共数据运营管理机制和生态体系。

1. 建设运营模式多样化

区域一体化模式、场景牵引模式和行业驱动模式将推动我国公共数据运营模式的发展，基于行业领域主体数据空间的建设运营模式得到各级政府的肯定，"行业驱动+场景牵引"的复合模式在上海、北京和浙江等地加快落地。

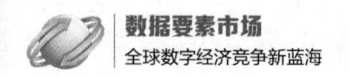

2. 运营授权制度化

针对授权管理主体、授权对象资质、授权运营场景、授权管理程序、日常监督管理、收益分配机制、运营评估标准、授权期限及退出机制等，运营主体多方参与，分级分类管理。

（三）安全可信环境加速构建

数据资源及其加工处理过程的安全可信是公共数据运营的基本保障。随着制度和技术的不断完善，安全可信的公共数据运营平台体系将加快形成。

1. 规范安全管理制度

《中华人民共和国数据安全法》等政策法规的发布实施，为健全数据安全能力评估、数据安全态势感知、数据安全认证、风险评估和反馈机制等提供了基本遵循路径，将加快公共数据安全管理制度建设。

2. 搭建安全可信平台

数据安全可信流通基础设施体系的加速构建，需打造安全可信的公共数据开发服务支撑平台。安全可信的公共数据开发服务支撑平台将为营造安全共享、可信计算、留痕留存的数据开发利用环境提供基础支撑，促进更多的市场主体参与数据产品、服务的开发及运营。

3. 应用数据安全和隐私保护技术

隐私计算、联邦学习、区块链、多方安全计算、安全数据沙箱等数字技术广泛应用于公共数据的多方融合开发与应用过程。

（四）合规监管机制加速规范

随着国家数据安全制度建设和数字技术创新不断取得突破，数据授权运营监管难度大的问题将逐步解决。

第一，参与主体权责体系得到健全。参与主体权责分工逐步清晰，各公共数据运营主体围绕数据管理权、运营权、开发权、监管权，构建覆盖数据运营全生命周期的权责分工体系。

第二，各地加强制度建设和数字技术融合的监管体系建设，积极开展数据安全和数据开发利用等方面的技术推广和商业创新，增强合规监管的安全、开放和智慧化水平。

二、亟待从管理学视角完善数据授权运营制度体系建设

（一）法治规范亟须建立健全

从全国范围看，目前我国对于数据授权运营尚缺乏相应的制度规范，国家立法没有涉及，地方立法仅有个别地方有所涉及。数据授权运营是激发数据要素活力的重要举措，相关制度保障需及时跟进。为此，我们建议对公共数据授权运营尽早进行法律规范。

（二）数据权属关系有待进一步优化

目前，法律对于数据所有权和使用权归属的界定仍不明晰，也缺乏对数据交易活动的完善规范与保障。例如，政府数据的经济价值更多是在不同政府部门的数据关联应用下产生的，各部门在政府数据授权运营服务中的贡献难以定性，当运营的政府数据达到一定规模时，这一矛盾就会凸显出来，面临更大的数据授权确认挑战。

（三）政府数据授权运营的动力机制亟待建立

目前，我国尚未明确负责政府数据运营的主管或牵头部门，在数据运营过程中涉及的数据要素配置改革、大数据产业发展、数据资源汇聚管理、大数据交易中心建设、新型基础设施建设等工作分别由不同的部门承担，难以统筹协调，在一定程度上影响了政府数据授权运营的推进力度。

三、立法先行，完善有中国特色的数据授权运营体系

（一）先地方立法探索，后国家立法固化

我国数据授权运营法治建设，应由地方先进行制度探索，为国家立法积累

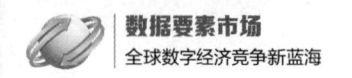

经验，最终开展国家立法。

1. 数据的开发规则需全国统一

各地进行实践探索，对于公共数据授权运营难免会出现规则不一的情况，这对于更广、更深程度地开发利用全国范围的公共数据显然是不利的，特别是在当下深入推进建设中国特色社会主义市场经济的情形下，统一市场规则和公共数据授权运营规则显得尤为必要。

2. 公共数据授权运营的法律性质需要国家层面确认

行政机关和被授权主体之间的法律关系，不是地方立法能够调整的。是依照行政许可处理，还是依照行政协议处理，对具体权益的处置差别很大，这个问题通过地方的实践探索难以解决，必须在国家立法层面予以明确。

3. 公共数据的权属问题涉及国家专属立法事权

虽然公共数据授权运营可以在公共数据权属不清的情况下进行探索，但在理想情况下，对权属做出明确规定，显然更有利于开展公共数据授权运营。而囿于地方立法权限，地方立法无法规定公共数据的权属问题，所以要加快国家立法，对此问题予以明晰。

（二）统筹推进公共数据授权运营整体布局

在国家层面，应深化对数据授权运营领域的理论研究和案例分析，形成推动数据授权运营的整体实施方案和先行先试方案；统筹分配数据运营中各参与主体的数据管理权、运营权、开发权和监管权，构建覆盖数据运营全生命周期各阶段、各环节的权责分工体系；规范数据授权运营制度，在授权管理主体、授权对象资质、授权运营场景、授权管理程序、收益分配机制、运营评估标准、授权期限及退出机制等方面，运营主体多方参与和分级分类管理；引导龙头骨干企业、互联网企业向数据交易市场开放具有公共属性的数据要素，创新运营机制，释放公共数据显著的经济价值和社会价值；健全公共数据资源开放收益的合理分享机制，建立公共数据资源开发利用和市场化运营的反哺机制，形成公共数据资源高效汇聚和公共服务能力持续提高的良性互动局面。

（三）聚力营造公共数据授权运营生态体系

国家统筹布局，分工协作，培育并壮大全国一体化的数据要素市场，构建实现数据资源、数据产品和服务、专业技术服务等高效流通交易的公共数据资源价值实现平台；加快推动建立"市场定价+政府监管"的数据要素市场机制，制定数据要素价值评估框架和评估指南，加快形成价值评估指导下的市场化价值分配机制；加快构建政府监管和行业自律相结合的协同治理模式，推动相关行业协会出台公共数据利用、安全管理等公约，促进行业建立和完善自律管理机制；另外，还要探索推出适用于公共数据运营的政策工具箱，大力发展数据应用技术创新平台，制定实施一揽子可操作性强的标准法规，强化相关专业支撑机构的投入机制和运营机制，着力提高企业数据治理及运营能力，培育发展数据驱动型的数字化产业链和数字化生态。

第三节　大力培育数据交易市场

一、探索建设面向场景的数据交易体系

（一）数据政策法规频出，数据交易利好加码

自2020年以来，国务院的多份政策文件都提及"数据交易"相关内容，涉及数据交易所建设及配套数据资产分类、评估、定价、结算等。自2022年以来，《要素市场化配置综合改革试点总体方案》《"十四五"数字经济发展规划》等重要文件相继颁布。《中华人民共和国国民经济和社会发展第十四个五年规划和2035年远景目标纲要》明确要求，"加快建立数据资源产权、交易流通、跨境传输和安全保护等基础制度和标准规范。建立健全数据产权交易和行业自律机制，培育规范的数据交易平台和市场主体，发展数据资产评估、登记结算、交易撮合、争议仲裁等市场运营体系"。2021年生效的《中华人民共和国数据安全法》也提出"国家建立健全数据交易管理制度，规范数据交易行为，培育数据交易市场"，与《中华人民共和国网络安全法》《中华人民共和国个人信息保护法》

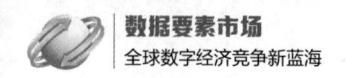

一起，划定国家安全、商业机密、个人隐私"三条红线"，成为网络空间治理、数据保护的"三驾马车"。《浙江省数字经济促进条例》《广东省数字经济促进条例》《上海市数据条例》《深圳经济特区数据条例》等地方性法规先后出台，探索对数据权属进行分类，筛选可进行商业化的数据。

（二）多个省市有益探索，组建大数据交易所

国务院办公厅印发《要素市场化配置综合改革试点总体方案》，提出建立健全数据流通交易规则，多地开始研究"原始数据不出域、数据可用不可见"的交易范式。北京、上海、山东、广东、安徽等地发文，鼓励和支持组建大数据交易所，推进构建数据交易市场体系。例如，《广东省数据要素市场化配置改革行动方案》明确提出加快数据交易场所及配套机构建设，完善数据流通制度，强化数据交易监管，推动粤港澳大湾区数据有序流通；《浙江省高质量推进数字经济发展2022年工作要点》要求"推进国际数据交易中心建设，大力发展跨境数据交易、处理、流转等新兴业态"；天津出台国内首部地方专门针对数据交易的政府文件《天津市数据交易管理暂行办法》；温州正在编制《数据交易主体资格审核办法》。全国各地在"数据交易"规范化方面动作频频，驱动大数据产业高质量发展。在新一轮政策助推之下，全国多地争相入局，抢滩数据交易新赛道。据不完全统计，截至2022年6月，全国由地方政府发起、主导或批复的数据交易所已有90多家（不包括中国香港、中国澳门、中国台湾省）。

案例3：北京国际大数据交易所加快建设

作为开启全国数据交易所2.0时代的标志性机构，北京国际大数据交易所在2021年3月成立，在全国数据交易领域实现多项"引领性创新"。

1. 在全国率先落地新型数据交易模式

北京国际大数据交易所突破未加工或粗加工数据的初级买卖模式，通过创新技术、规则、场景，探索新型数据交易模式，落地涵盖数据、算法和算力多要素组合的数据交易合约。

2. 在全国首次发布六大数据专区

北京国际大数据交易所与大型国企和行业领军机构联手，共建交通、气象、能源、公共、金融、文化六大数据专区，形成数据分级分类管理、应用、流通的"大型数据商圈"。

3. 在全国率先构建数字经济中介服务体系

北京国际大数据交易所发展数据运营商、服务商、经纪商，培育数据托管、法律事务、资产评估、审计等中介服务机构，打造全国首个数字经济中介服务体系。

4. 在全国率先落地"数据资产登记中心"和"数据资产评估试点"

北京国际大数据交易所通过合规审核、入场登记、质量评估、价值评估等流程为数据资源发放资产凭证，基于数据资产评估标准，与北京大数据中心、工业和信息化部电子工业标准化研究院共同推动数据资产评估试点落地和配套机构设立，探索落地数据资产评估标准化、要素化、价值化的"北京路径"。

5. 建成国内首个基于自主知识产权的数据交易平台

北京国际大数据交易所建设数据交易平台——智能合约交易系统，利用区块链技术及隐私计算技术，并叠加相关算力和算法，将数据交易全过程上链存储，实现数据使用价值的合规流通。

6. 在全国率先实现线上线下一体化的"数据跨境服务站"

北京国际大数据交易所依托北京数据托管服务平台，与中央商务区管委会共同打造北京中央商务区跨国企业数据流通中心，落地"线上+线下"的数据跨境流动新型解决方案，确保数据要素安全合规地"引进来"和"走出去"。

（三）交易数据涉及范畴众多，场景覆盖多个领域

目前，数据交易平台可供交易的数据产品主要来源于五个范畴：一是政府公开数据；二是已获得授权的合法企业内部数据，一般是企业经过生产、积累所留下的合法、合规的数据；三是数据供应方根据平台交易规则和需求方的需

求，提供自己生产或拥有的数据；四是合作伙伴的数据，一般指平台的联盟或合作企业供给的相关数据；五是利用网络爬虫从互联网上抓取的数据。国内大部分平台属于综合数据服务平台，会供应多领域、多行业的数据产品。国内落地交易场景已经实现覆盖金融、交通、旅游、气象、企业服务等行业领域，2021年交易额超过1亿元。落地交易场景以金融类、企业服务类产品为主：金融类产品交易额占比最高，以采购风控类、营销类数据产品居多，交易对象主要为金融机构；企业服务类产品交易额排名第二位，交易对象以信息科技企业居多，主要为企业提供数字化解决方案，包括联邦数据网络搭建、大数据建模产品等。

二、我国数据交易市场存在的问题

（一）数据交易法律法规尚待完善

全国各地建立了多个数据交易所、数据交易中心，但数据总交易量没有达到预期效果，根本原因是有关数据的基本法律问题没有完全厘清。国家层面的数据交易法律法规和行业标准尚未健全，对数据交易机构的定位、经营范围、职责权限等没有一致认定，机构审批流程规范缺失，对数据交易行业的法律约束力不强。不同数据交易平台制定交易规则的出发点不同、颗粒度不同，甚至对自身权责的理解和定义不同，难以对数据交易各环节、各主体进行有效的约束。当前，地方大数据交易平台在建设过程中均在自行探索标准体系，各地接口的标准和规范不统一，致使全国范围、各数据交易机构之间数据流通无法实现。

（二）数据确权登记制度亟须确立

数据交易各方的权利得以厘清和受到保护的关键是明确数据的权属。出于数据确权面临的困境，有的数据交易机构为了规避法律风险，偏重数据清洗加工服务、分析结果或数据增值服务的数据交易内容；部分数据交易机构探索提供数据登记服务，为避免承担对数据权属、真实性、数据质量等方面进行审核的法律责任，只进行数据信息及提供主体等基本信息登记。

（三）数据资产定价机制尚不健全

跨行业、跨区域的数据交易标准缺失，造成各大数据交易平台的交易规则存在差异。大数据价值具有不确定性、稀缺性和多样性等特征，在掌握大数据信息方面，数据提供方和需求方处于绝对不对称状态，数据的价值只有在进行挖掘、利用之后才能体现出来，数据定价复杂，缺乏有效手段来判断。此外，针对数据品类、完整性、精确性、时效性、稀缺性等价格影响因素的研究尚不成熟，决定数据价值的原始数据的质量和转化加工方法具有不确定性，且可参照的历史公开交易规模较小，产品估值较难，未能形成统一的定价标准。

（四）产品交付市场机制有待完善

数据市场交易标的、交易主体资格、质量标准的是否明确和完善，是保障数据产品交割和交付使用的基本制约因素，现在容易出现数据需求方的需求不能满足的情况，造成数据交易双方的损失。目前，我国还没有完全明确、科学的办法对数据交易主体及大数据交易的中间商所要履行的义务和承担的责任进行认定，也未出台专门针对数据交易主体之间责任划分的规定，依靠现有法律规定进行责任划分存在一定难度。

（五）交易机构可交易的数据严重不足

拥有足量交易数据是交易机构存在的前提条件。目前大多数数据交易仍在场外进行，"黑市""灰市"交易频发。据《证券日报》报道，我国场内数据交易只占总体交易市场规模的 4%，超过 50% 的数据交易平台年流量低于 50 笔，大量数据通过非正式渠道流通，2021 年数据黑色交易的市场规模估计已超过 1500 亿元。从主体来看，交易机构的数据主要分政府、企业、个人三种类型的数据。在实际操作中，政府部门往往"不愿""不敢""不会"开放共享数据，极少将自己掌握的数据放入交易机构进行交易；企业缺乏到交易机构进行交易的动机和意愿，一般多通过自己的渠道，有的甚至进行一对一的直接交易；个人拥有数据的价值有限，不能成为数据交易的直接主体。以上情况导致数据交

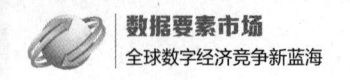

易机构严重缺乏交易数据，直接掣肘数据交易市场的发展。

案例4：数据交易所发展未达预期效果

近年来，随着大数据技术的蓬勃发展，我国多个省市进行了数据交易所的有益探索和实践。数据交易所在上海、浙江、湖北和河南等省份如雨后春笋般涌现，区域分布广泛，交易产品、交易模式、收入方式等趋于多样化，助推我国数据流动交易和数据交易市场发展。但是，目前业内普遍反映许多数据交易所的运行效果和市场口碑并不好，交易规模仍然比较小，呈现以下态势。

第一，从机构数量来看，绝大多数交易机构已停止运营或转变经营方向，持续运营的数据交易机构非常有限；第二，从业务模式来看，落地业务基本局限于中介撮合，各机构成立之初设想的确权估值、交付清算、数据资产管理和金融服务等一系列增值服务未能落地；第三，从经营业绩来看，各交易机构在整体上数据成交量低迷，市场能力不足。

数据交易所发展不尽如人意，主要是因为面临以下现实困境。

1. 数据要素流通较困难

政务数据、企业数据提供方各自为政，形成数据孤岛，导致数据要素流通困难，各组织机构没法获得全面的、立体的数据。数据交易所无法提供隐私计算技术或保障机制，难以通过对多源数据的挖掘、分析获得更多的信息、知识，大大降低了数据挖掘的价值。

2. 行业应用需求挖掘难

当前，交易平台方缺乏对行业数据需求场景的认知和理解，主要根据数据需求方的需求对数据进行处理，形成分析结果出售，这在一定程度上限制了对数据潜在价值的挖掘；在细分领域甚至跨行业分析挖掘，更缺乏分析挖掘技术和专业知识。

3. 市场生态发育不良

尽管国内数据交易所数量激增，行业发展势头迅猛，业务模式、数据产品服务呈现多样化的特点，但缺乏市场化经验、商业化运营团队和运营经验，致使数据交易量低于预期,平台定位不明确,交易规则不完善,专业深耕程度不足,创新活跃度不够。

(六)数据交易安全缺乏有效保障

数据交易的可持续性发展需要安全可靠的基础环境作为支撑。在实际数据交易过程中,数据被恶意攻击、篡改、泄露等安全事件时有出现,数据交易安全得不到有力保障。造成上述情况的原因,既有因技术不够先进引发的难以追溯数据流转路径的安全问题,也有内部人员故意泄露数据导致的安全隐患。交易安全得不到保障使交易主体的信心逐渐丧失,各方参与交易的积极性日趋降低,还削弱了数据交易市场发展的原动力。

三、从基础制度和标准规范方面发力,构建合规有序的数据交易市场

(一)加强对数据交易机构的管理

制定出台数据交易管理办法或条例,明确数据交易机构的统一管理部门,鼓励混合所有制结构、多元化股权等多种股权设计方式,支持有条件的城市探索建立数据中心或交易所;加强对数据交易机构的管理和引导,明确数据交易相关定义、参与主体、管理机制,尤其是数据交易主体的权利和义务;统一数据交易规则,规范数据交易流程,建立数据交易登记、数据定价、数据交付和使用、结算等配套机制,提高数据交易效率;建立交易机构监管制度,加强国家对数据交易机构的监管,以及交易机构对交易主体、交易对象和交易活动的监管。

(二)推动完善数据交易制度与政策体系

推动数据交易法律法规的完善,出台支持数据交易的政策措施。进一步完善数据要素产权制度和数据交易安全标准规范,出台促进数据资产化的政策,完善数据要素市场的监管细则,充分发挥公共数据资源开发利用相关政策红利。加强数据专门立法的研究出台,做好个人数据的隐私保护;针对商业数据,对商业数据主体资产评估规则、数据商业主体准入规则、商业主体"是否滥用市

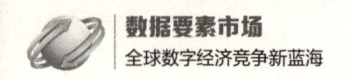

场支配地位"评价规则等进行特殊化的规范;针对政府数据,做好政府数据开放部门的主体资格、权责归属的界定,引导数据开放安全有序地进行。

(三)争取政府支持与市场化经营并重

数据交易机构建设运营,需要政府大力支持,新建数据交易机构需积极争取政府的资金保障支持。一是争取专项债券资金支持,如新型基础设施建设地方债、企业债券等。二是争取国有资本支持,采取国有资本与社会资本共同出资的混合所有制企业形式。三是引入大数据流通交易领域的专业技术团队开展建设和运营工作,充分发挥市场化力量,调动运营主体和市场主体的主观能动性,激发自身创新创业活力。

(四)以应用场景驱动大数据交易业务

单纯的数据交易模式难以为继,需结合特定的应用场景,驱动数据交易业务。结合大数据的具体应用场景,在应用服务环节实现数据交易和价值变现,要以数据交易政策、标准、技术和应用场景研究为起点,形成数据交易可落地、可复制、可推广的经验和样板,推动数据交易持续发展。

(五)全链条培育大数据交易生态

通过打造高效便捷、功能完备的数据交易平台,培育并丰富数据应用场景和创新数据增值服务模式,提供数据资产登记、清洗加工、资产评估等配套完善的优质服务。搭建大数据产业招商平台,通过减免会员费、中介费等手段吸引龙头大数据技术厂商、数据服务供需方、金融机构、高校科研院所、第三方机构等相关主体入驻,利用属地大数据协会等平台载体优势,发展数据流通交易市场。围绕数据采集、清洗加工、增值服务、交易流通等方面的需要,集聚一批优质企业,形成大数据产业集群,完善大数据产业链和生态系统。

（六）构建可用不可见的数据交易环境

构建可用不可见的数据交易环境，兼顾数据安全和保护数据提供者的权益。借鉴数据空间模式，基于隐私保护、多方安全计算、联邦学习等技术，实现数据不出本地，加工方、使用方不接触数据，基于分布式节点进行联合建模，采取加密通信等方式获取计算结果，实现安全的数据价值挖掘和数据融合应用。

第四节　审慎推进数据跨境流动

数据跨境流动是数字全球化和经济全球化"双轮"驱动下的产物，已成为全球经济一体化和驱动国际贸易发展的重要支撑。数据跨境流动有助于提高数字贸易发展，数字贸易可通过提高生产率、降低贸易成本对经济产出做贡献。如果没有"数据保护主义"，数字贸易和跨境数据流量的增长速度将远远超过全球贸易总体发展速度。布鲁金斯学会的研究显示，2009—2018 年，全球数据跨境流动使全球 GDP 增长了 10.1%，仅 2014 年数据跨境流动对全球 GDP 的贡献价值就超过 2.8 万亿美元，预计到 2025 年将达到 11 万亿美元。

一、数据跨境流动关注度日益增加，已经从双边化向多边化发展

跨境数据流动伴随政府间经济往来、国际贸易和国际结算产生。随着第四次工业革命浪潮和信息网络科技进步，全球跨境电子商务、数字贸易、数字经济得以迅猛发展，跨境数据流动及制度安排日益受到世界主要经济体的关注与重视。

（一）跨境数据流动制度体系基本框架逐步完善

我国注重对跨境贸易、投资、金融等交易过程中的数据保护，多次在区域贸易协定中明确保障数据安全的立场。例如，2015 年，我国在与澳大利亚签订的区域贸易协定中规定缔约方应采取必要措施，保护用户的个人信息。我国重

视对跨境数据流动规则的探索，积极推动在区域全面经济伙伴关系协定等区域贸易协定中纳入有关跨境数据流动的规则，不断构建符合自身利益的数据治理体系。近年来，我国陆续出台《网络安全审查办法》《数据出境安全评估办法》和《网络数据安全管理条例（征求意见稿）》等，对数据出境活动和网络数据处理活动进行规范和监管。我国跨境数据流动制度体系初成框架，重要数据存储、跨境电子商务业务、政务数据安全开放、个人信息处理、数据出境安全评估、数据跨境安全管理等都将有法可依。

案例5：滴滴赴美上市，涉及国家安全问题

随着数据价值的不断攀升，国家对数据安全的重视程度在同步增强，与企业上市密切相关的数据跨境流动正成为监管重地。滴滴赴美上市作为2021年数据跨境监管第一案，为政府、企业和个人把握数据跨境流动尺度、警惕数据跨境流动系统性风险敲响了警钟。

滴滴赴美上市触发《网络安全审查办法》，其中关键信息基础设施是重点。《网络安全审查办法》由国家互联网信息办公室、国家发展和改革委员会、工业和信息化部、公安部、国家安全部、财政部、商务部、中国人民银行、国家市场监督管理总局、国家广播电视总局、国家保密局、国家密码管理局12个部门联合发布，于2020年6月1日正式实施。《网络安全审查办法》重点强调对"关键信息基础设施"的保护，主要依据《中华人民共和国网络安全法》第三十五条的规定："关键信息基础设施的运营者采购网络产品和服务，可能影响国家安全，应当通过国家网信部门会同国务院有关部门组织的国家安全审查。"简单来说，就是"关键单位"采购IT产品时，必须通过安全审查。目前安全审查主要涉及电信、广播电视、能源、金融、公路水路运输、铁路、民航、邮政、水利、应急管理、卫生健康、社会保障、国防科技工业等关键行业。显然，滴滴作为交通行业中的重要运营者，也需要进行网络安全审查。

数据成为最重要生产要素之一，网络安全审查严格程度空前，尤其对于我国关键基础设施运营者及其数据的跨境。滴滴为关键信息基础设施运营者，对

滴滴进行网络安全审查的法律依据包括《中华人民共和国网络安全法》《中华人民共和国数据安全法》等。数据主权是滴滴引发国家安全审查的直接诱因。滴滴招股说明书指出政府监管导致与停运相关的风险。处于信息技术领先地位的国家意图攫取更大权力。滴滴拥有的数据包括乘客产生的数据。2020年，滴滴注册新商标地图，不断收集城市交通等核心数据。滴滴潜在的信息技术漏洞会导致数据泄露，危害国家数据主权。《网络安全审查办法》强调，掌握超过100万个用户个人信息的运营者赴国外上市，必须向网络安全审查办公室申报进行网络安全审查。根据报道，滴滴存在"严重违法违规收集使用个人信息问题"，而其在美国迅速上市，涉及国家安全问题。

（二）形成多层级、立体化的法律架构

以高层级法律为基础，行政法规、地方性法规不断对数据跨境流动规则进行补充，相关法律基础不断夯实。在行政法规方面，行业主管部门出台的法规纷纷对数据存储和处理做出要求。例如，交通运输部、工业和信息化部等七部委于2019年修订《网络预约出租汽车经营服务管理暂行办法》，规定"网约车平台公司应当遵守国家网络和信息安全有关规定，所采集的个人信息和生成的业务数据，应当在中国内地存储和使用，除法律法规另有规定外，上述信息和数据不得外流"。2020年，中国人民银行印发《个人金融信息保护技术规范》，界定个人金融信息的范围，规定"在中华人民共和国境内提供金融产品或服务过程中收集和产生的个人金融信息，应在境内存储、处理和分析"，同时明确对需出境数据的安全评估要求。在地方性法规方面，上海市政府在2019年出台《中国（上海）自由贸易试验区临港新片区管理办法》，创新性地在集成电路、人工智能、生物医药和总部经济等领域开展数据跨境流动安全评估试点。

二、海量数据跨境流动关乎国家利益、企业利益、个人权益之间的平衡

（一）在数据跨境流动规则的国际竞争中尚未占据战略主动

近年来，为维护国家安全和利益，我国陆续颁布了《中华人民共和国国家

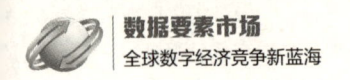

情报法》《中华人民共和国国家安全法》《中华人民共和国反恐怖主义法》《中华人民共和国网络安全法》《中华人民共和国数据安全法》《中华人民共和国个人信息保护法》等法律，跨境数据流动法律规范初具体系。但是，从总体来看，在全球数据跨境规则竞争中，我国仍未占据战略主动地位。

1. 尚未提出明确的数据跨境流动"中国方案"

2020年9月，我国发起了《全球数据安全倡议》，提出积极维护全球供应链安全、反对利用信息技术破坏他国关键基础设施或窃取重要数据、反对强制要求本国企业将境外产生或获取的数据存储在境内、反对未经他国允许直接向企业或个人调取境外数据、反对企业在产品和服务中设置后门等一系列倡议。这些倡议对推动国际规则构建有积极意义，但相对偏原则化，而且没有深入涉及隐私保护等重大问题的解决，尚未形成可操作的规则体系。

2. 尚未通过双边、多边协议打通与主要经贸伙伴国的跨境数据传输通道

目前，全球已有超过100个国家和地区参与了涉及数据跨境流动规则的双边、多边贸易投资协议。但是，在我国签署的贸易协定中，仅区域全面经济伙伴关系协定中涉及"电子方式跨境传输信息"的规定，且只是原则上的承诺，不能诉诸争端解决机制。同时，由于美欧主要国家对数据的"长臂管辖"范围不断扩大，我国受制于现行数据本地化政策，导致通过协议打通与美欧国家的数据传输通道存在较大障碍，还面临被"规则排除"的不利局面。若长期与主要贸易伙伴缺乏合法且便捷的数据流动机制，我国企业"走出去"的合规成本和运营风险会越来越高，有些研发机构、数据中心等战略资源也可能被迫设在海外。

案例6：美国采取允许境外数据自由流入却限制国内数据流出的跨境数据流动政策体系，进一步实现对全球数据的扩展管辖

为保护自身的数据安全，美国形成了一套逻辑严谨、安全性极高的数据主权保障体系，该体系允许其他国家的网络数据进入美国，但对流出美国的跨境数据进行严密监控，阻止相关数据的流出。另外，美国还出台了《澄清域外合

法使用数据法》，这让科技、经济高度发达的美国对世界数据的管辖有了更大的话语权，管辖能力进一步提高。

1. 美国数据出境规定

（1）严格限制关键技术与特定领域的数据出口。美国在特殊领域或个别州开始进行数据保护定点立法和相应的限制。例如，《出口管理条例》对部分关键数据进行严格管控，禁止出口。在管制要求内的数据要通过美国国外服务器进行传输、保存等步骤，必须经过美国相关部门的批准才能进行相关操作。

（2）对数据管辖范围进行明确划分，并给出相应的控制清单。奥巴马在执政期间，签署13556号行政令，该行政令对美国重要的数据范畴进行了明确规定，如情报、金融、农业、执法等，都是美国进行重点数据管控的方向。

（3）通过"长臂管辖"扩大国内法域外适用的范围。根据《澄清域外合法使用数据法》的相关规定，美国相关部门可以根据自身执法需要，获取受美国方面控制的境外服务器或者计算机的相关数据，打破原来数据由归属地掌控的规定，提高了美国境外"长臂管辖"的能力和范围，侵犯了其他国家和地区的合法权益。然而，其他国家或地区要想获得美国境内受自身控制的服务器数据，就需要经过美国相关部门的批准，只有符合美国法律条文规定的内容才能流出美国。

2. 国外数据入境规定

《澄清域外合法使用数据法》的颁布，扩大了美国对境外数据的管辖范围和能力，同时美国内部的数据信息更是被牢牢把控。为了保护自身的数据安全，美国形成了健全的数据安全保障体系，国外数据可以流入美国，但美国境内数据的流出受到严格管控。另外，美国对境外的高科技技术及产品管理严格，如华为的产品在美国就受到不公正待遇。美国政府还丑化中国，到处散布"中国威胁论"，借此打压中国产品。美国通过这些方式统一国内市场，让其内部数据管制也能适用于新的数据管辖原则。2020年，美国进一步加强数据审查规定，新出台的《外国投资风险审查现代化法》把涉及美国公民个人数据、重大基础设施数据及相关领域的重要数据作为审查对象，对企业的相关行为进行严格把控。

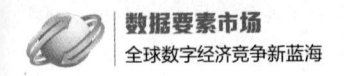

3. 数据保护制度体系尚不完善，难以满足打造全球数字经济高地、深度参与全球数据治理的要求

相较美国而言，我国在数据保护的道路上还有很长的路要走。目前国内对于跨境数据的管理，较为侧重国家层面的执法和安全方面，对经贸、企业全球化贸易等相关方向的把控较为宽松。例如，我国对公民信息跨境的安全保护力度，以及重要数据的出境审查方式有待完善。现阶段，我国尚未完成对数据信息的分类，没有推出相关的数据管理制度，影响了企业在数据保护上的落实。与此同时，国内有关跨境数据保护的法律尚未完善，这对我国引进国外高新科技产业，以及我国信息技术企业在海外的发展都是不利的。由此可见，我国需要尽快解决这些问题，否则既会影响我国自身的发展，也会对我国的国际影响力造成负面影响。

（二）在对内治理中面临监管机构分散、法规制度可操作性较弱等问题

1. 跨境数据流动监管机构分散，缺乏统筹监管

国家有关法律明确指出，关键信息基础设施建设的有关数据，需要保存在国内的服务器上。但是，我国关键信息基础设施涉及范围较大，如交通、金融等都属于该领域。这就导致参与监管的部门较多，而且没有专业部门进行统一管理，各个部门的监管内容、执行权力各不相同，这让我国跨境数据的监管十分困难，无法形成有力的监控。

2. 法规制度可操作性有待提高，数据出境评估面临复杂形势

目前，国内规模较大的企业都会以平台化方式经营，因而会涉及众多领域，如娱乐、金融、消费等，流入企业的数据类型多样化，国内现有法律对此种类型数据的跨境流动并没有做出明确规定。现阶段我国出台的《个人信息出境安全评估办法》与《中华人民共和国个人信息保护法》，对于个人信息的安全保护做出了相应的要求和规定，但并没有对这种混合型数据做出具体规定。如果只是对其中相关的个人数据及其他重要数据管控，就会影响企业平台整体数据的正常传输。互联网技术的发展，让我国云计算、人工智能等信息技术有了长足

的进步,这对我国跨境数据安全而言,是一项严峻的挑战。

三、积极参与数据跨境流动国际规则的探讨和磋商,探索数据跨境流动合作新途径、新模式

(一)占据数据跨境流动规则的国际战略主动权

我国积极响应数字经济中长期发展,就需要做好对跨境数据流动的管控,建立健全有关跨境数据保护的法律法规,跳出西方国家制定的规则,保护我国合法权益不受侵害。

1. 尽快提出促进全球数据跨境安全自由流动的明确主张和"一揽子"解决方案

我国遵从《全球数据安全倡议》,拟定了处理全球数据跨境流动的处理方案,提出了跨境执法协调、数据本地化管理、尊重保护隐私等相关方案。从整体而言,我国需加强数据跨境流动保障,做好数据本地化管理,同时做好数据安全管控,特别是国与国之间的对外贸易,要降低地方管控力度,同时保障国家数据安全和各国公民的信息安全;鼓励世界各个国家和地区不断完善自身的数据保护体系,可在国际上形成统一的公式,保障各个国家和地区之间数据的正常流通,形成灵活、可靠的数据跨境流动制度,抵制在数据跨境领域的"长臂管辖",反对单方面的数据窃取行为。

2. 确保个人信息保护、数据安全等国内立法与对外高水平谈判需要相衔接,避免出现"两张皮"

第一,参考国际标准,做好数据安全及个人隐私管理的整体法律框架,规范企业向有关部门提交的信息数据内容,清晰法律规范内容、使用情景、法律实施流程及其他相关内容,明确各个细节。近年来,我国开始申请加入《全面与进步跨太平洋伙伴关系协定》,在执行我国现行的数据安全及个人信息保护的相关法律法规的过程中,要与国际相关协定靠拢,让我国在数据跨境管理上逐步与国际接轨。

第二,建立健全数据分级分类管理制度,不断提高我国对于各类数据的管

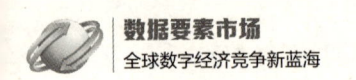

理能力，通过细化管理制度，逐步提高对于跨境数据的安全评估能力和基础设施的管理能力，保障我国个人信息和重要数据的安全。

第三，逐步完善数据跨境流动自评估能力和非敏感数据的管理，进一步加强跨境数据和科研等重大领域的数据安全。

第四，不断完善数据安全监督渠道，形成切实有效的监督机制，如白名单认证、第三方监督等，都是可行的监督管理制度。

第五，司法、工商、安全等不同部门之间很好地协调，保障对跨境数据的高效监管。

3. 以与重要贸易伙伴签订互信互认的双边、多边协议为突破口，为我国的跨境数据流动规则主张"增容扩圈"

我国应通过与周边国家或地区签订贸易协定的方式，积极推行我国关于跨境数据安全的主张。

第一，在与我国友好的国家和地区，积极推行我国对跨境数据安全的主张，打破欧美西方国家的垄断局面。近年来，"一带一路"倡议的推行，极大地提高了我国的国际影响力，我国可以进一步与区域内国家签订有关个人数据安全、重要数据保护、网络安全等的协议，逐步完善我国的跨境数据流动制度，推动"一带一路"的信息化建设水平。其中，应重点做好公民个人数据保护，和签署协议的国家讨论关于具体权利、义务及解决方案的问题，并制定明确的框架协议，积极融入国际数据跨境流动管理制度的建设环境中。

第二，在国际贸易谈判过程中，要积极拟定关于电子商务内容的规章制度，无论是在约束力上还是在涉及面上，都要做到高标准、严要求。我国应做好与日本、韩国及欧美西方国家的贸易谈判，积极推动谈判，力求打破日本、韩国及欧美西方国家对我国设置的数据管制，推动国际跨境数据正常流动。

4. 鼓励在部分自贸港和自贸区"先行先试"，支持数据安全有序流动的区域改革试验走深、走实

我国可在经济发展较好的省市或者区域，试行我国提出的数据跨境管理制

度，如北京、上海、广州、深圳等地区都适合作为试点，通过实践检验不断完善制度。根据我国政治制度及经济发展形势，通过区域测试，能够有效掌握数据跨境流动中存在的问题。这种形式能够直观地展现出国家在该领域法律的缺失、分类的模糊及监督方法单一等问题。同时，我国也可以根据不同省市的情况，建立起相应的监督机构，形成有效的监督机制，最大限度地降低制度直接实行带来的负面影响，为今后制度的正式推行打下良好的基础。另外，国家应允许部分省市进行国际性的数据跨境对接。

（二）构建符合自身发展需求的数据跨境治理体系

1. 完善跨境数据流动制度体系，保障立法的全面性和灵活性

第一，建立健全我国跨境数据流动相关法律体系。现阶段，我国出台的《中华人民共和国个人信息保护法》《中华人民共和国数据安全法》和《中华人民共和国民法典》，都有关于跨境数据流动的相关内容。各省市应该根据中央相关要求，制定符合自身发展要求的规章制度，保障区域内的数据跨境安全，规避数据跨境流动中的安全隐患，制定出明确的实施办法和相关步骤，让各级执行单位、监督单位能够有法可依，确保相关法律法规的有效落实。

第二，做好相关数据的分类分级管理，明确各类各级数据的出境规定。在执行过程中，需要做好各个领域的数据分类分级，明确各类数据的监督管理模式，规范对不同数据的敏感度划分，对不同的敏感数据进行相应的出境管控。

第三，应做好混合数据的出境评估和管控。在通常情况下，不同的数据跨境需要根据数据性质和类型，进行相应的管理，保障国家数据安全。例如，在有重要数据跨境流出时，就需要进行严格控制；而对于非敏感数据、非限制性数据，可以按规定进行跨境传输。在这些数据跨境流动前，严格筛查，确保无重要数据流出。现在，我国已有多套数据保护机制，在数据跨境流动时，可以选择使用相应的框架。

第四，明确数据跨境评估机构、评估流程及评估标准，对不同出境需求加以区分。

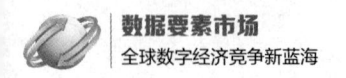

2. 构建跨境数据流动治理统一监管体系，提高治理体系的统筹性和协同性

第一，形成统一的监管部门，加强对跨境数据的管理。建立跨部门管理制度，形成由网信部门主导，由交通、安全、能源等不同部门共同组建的监督机构，各个部门通力协作，打造数据共享平台，保障各部门间重要数据的实时共享，统一评估。

第二，主动加入世界范围内有关跨境数据流动的规则制定。利用我国在国际上的影响力，积极与周边国家及国际组织，进行跨境数据流通的沟通交流，推动多边谈判，促进会议共识，力求我国数据跨境保护机制达到国际水准。推动我国与"一带一路"周边国家和地区的交流，展开彼此之间关于数据跨境安全的交流与合作，同时可以推动上合组织、亚太经合组织等进行有关数据跨境保护机制方面的沟通和交流。

3. 完善跨境数据流动安全评估体系，平衡数据市场的开放性和安全性

第一，建立健全区域范围内数据跨境流动机制。在区域范围内，排除必须在国内保存的重要数据，在数据保护能力达标、数据流通审查符合规定等主要方面满足要求的前提下，可以尝试进行数据流动，这能显著增强我国的国际影响力。

第二，保障我国数据跨境流动制度的公平、公正。我国应就数据跨境流动制度做好交流和宣传工作，让世界各国及各参与主体了解我国的数据跨境流动制度，对外展示我国公平、公正的开放思想；在经济实力较为发达的省市进行试点，如广州、上海、杭州等地，利用当地发达的对外贸易，对我国的数据跨境流动制度进行检测，找出其中的不足之处，不断完善制度，推动制度革新。

第十四章 | Chapter 14

增强数据要素市场应用深度

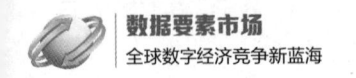

数据要素市场应用是数据要素潜藏价值释放的关键环节，对数据要素市场的发展质量具有直接影响。相比传统生产要素，数据要素具有更强的通用性、渗透性、使能性，对经济增长方式具有变革性影响。充分发挥数据要素作用，归根到底还是要以实际应用需求为导向，尽可能地挖掘数据价值。加快数据资源开发利用，强化数据要素市场应用深度，对培育数据要素市场具有重要的战略意义。本章结合数据要素类别，从公共数据、企业数据、政企数据等不同维度切入，探索数据在现有政策与市场环境下的实践应用，为进一步促进数据要素的充分开发利用提供思路，为数据要素市场全面发展注入强劲动力。

第一节 推动公共数据开发利用

一、公共数据开发利用制度、模式和生态形成雏形，各领域地区试点取得积极进展

（一）制度体系逐渐规范

近年来，各省市积极探索公共数据资源开发利用，在制度建设上取得了一定成效。

1. 法律法规

北京市第十五届人民代表大会常务委员会第三十八次会议审议通过的《北京市知识产权保护条例》明确要求强化市场主体在数据开发利用、数据跨境流动等数据产业发展中的知识产权保护。上海市第十五届人民代表大会常务委员会第三十七次会议表决通过的《上海市数据条例》和海南省第六届人民代表大会常务委员会第十四次会议通过的《海南省大数据开发应用条例》，要求在满足安全要求的前提下，推动大数据的开发应用。《浙江省公共数据条例》针对数据开放与利用做出具体规定。市级的试点实施方案也不断出台，如《安顺市公共数据资源授权开发利用试点实施方案》《滨州市公共数据资源开发利用试点实施方案》和《临沂市公共数据资源开发利用试点实施方案》。

2. 政策制度

上海市公布了国内首部针对公共数据开放的政府规章《上海市公共数据开放暂行办法》，对公共数据利用原则、公共数据利用要求等做出了明确规定。浙江省出台《公共数据开放与安全管理暂行办法》；海南省发布《海南省公共数据产品开发利用暂行管理办法》；山东省于 2022 年 4 月开始实施《山东省公共数据开放办法》，为全省公共数据开放工作提供规范和指引，从制度上确保数据利用有规可依。

（二）运营模式不断探索

公共数据运营模式在不同区域、不同领域、不同行业间存在较大区别，国内公共数据运营的模式主要有以下三种。

1. 行业主导模式

该模式主要由垂直领域的行业管理部门授权和指导，下属机构承担该领域公共数据运营平台的建设、场景开发和市场运营。例如，国家互联网信息办公室、国家发改委、公安部等部门对公共数据运营各方的安全和合规性进行监督，以构建"全生命周期全过程安全管理"模式。

2. 区域一体化模式

该模式是区域数据管理机构以整体授权的形式，委托数据运营机构搭建公共数据运营平台，在区域内进行市场运营。例如，成都市授权成都大数据集团开发利用本区域的公共数据。该模式以统一的公共数据运营平台为基础，按行业划分，引入行业数据运营机构，在细分领域开展公共数据运营服务，数据交易机构提供可信的数据服务供需匹配平台。

3. 场景牵引模式

该模式主要是区域或行业数据管理机构在对公共数据资源进行全面管理的基础上，根据具体应用场景，通过有针对性、专业性的分类授权，引入专业的数据运营机构，分领域、分场景激活公共数据价值。例如，北京市授权北京金控集团建设运营公共数据金融区，通过市场化、专业化运营，充分发挥公共数

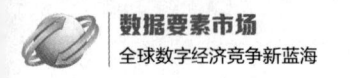

据在金融服务（特别是普惠金融）中的支撑作用。

（三）多个领域应用潜力大

公共数据资源开发利用多元赛道共同发展，助力政府治理体系和治理能力现代化。

1. 气象方面

海南省通过开放气象数据，由企业基于大数据人工智能技术开发出精细化气象服务产品，现已为沈海高速等海南重点建设工程提供施工气象精细化服务。山东省正在联合百度地图，将开放的全省公共停车场数据在百度电子地图上呈现，在一定程度上缓解民众"停车难"的问题。

2. 民生方面

从 2021 年 1 月起，工业和信息化部针对老龄化问题在全国范围内开展为期一年的"互联网应用适老化及无障碍改造专项行动"，首批将完成与老年人等群体工作、生活密切相关的 115 个公共服务类网站和 43 个手机应用程序适老化及无障碍改造。

3. 金融方面

公共数据开发可以推动企业登记、纳税、用电、社保、信用、不动产等数据在融资服务领域依申请开放，实现与金融机构、地方金融组织等数据对接。

4. 医疗方面

2020 年，在新型冠状病毒感染疫情在国内暴发之际，山东、四川、广东等省提供了确诊病例信息、疫情分级分区信息、疫情基本情况统计等数据集，为人们了解疫情和防护提供了帮助。上海的"平安科技健康咨询试点项目"提供对本市相关医疗医药机构信息的查询。

5. 教育方面

北京推出"E 上学"小程序，小程序里面包含部分小学和中学最近一年的入学关系，并显示学区房名称和对应价格，极大地减少了家长择校的疑惑。

（四）各地试点卓有成效

依据公共数据利用的实际情况和未来需求，近几年部分地区开展了公共数据开发利用的试点工作，希望通过这些试点工作为全国探索出可借鉴和推广的经验。经过一年半的探索和实践，海南通过建设数据产品超市，构建了公共数据开发利用的"1+3+N"模式，取得了五大突破，做出了五大创新，创造了高效可靠的数据产品生产流通交易海南模式。贵阳先后试点打造"贵商易"平台、政法大数据平台、残疾人大数据服务平台等多个典型大数据应用场景，形成应用和数据双迭代升级的良性循环。上海探索数据开放和利用、事后监管等几个方面，上海公共数据的开发和利用将进入新阶段，特别是在普惠金融方面，政府授权相关银行及企业试点，以解决小微企业融资难、融资贵的问题。

案例1：福建公共数据开发利用实践情况

福建作为公共数据资源开发利用的8个试点省份之一，积极推动公共数据的汇聚治理和开放开发，积极发挥数据作为生产要素的重要作用，着力培育数据要素市场，充分释放数据资源红利。

福建的工作主要体现在以下四个方面。

1. 建立省市两级政务数据汇聚共享平台

福建建立省市两级"1+10"政务数据汇聚共享平台，建立"统一汇聚，按需共享"模式。省级平台日均提供查询或核验60多万次，日均提供数据批量交换1400多万条。

2. 建立统一开放的公共数据资源平台

福建设立21个医疗卫生、地理空间等行业专题数据开放专区和10个地市级数据开放专区，向社会和公众开放2800多个数据集和1900多个数据接口。

3. 积极探索公共数据资源分级开发模式

福建出台《福建省大数据发展条例》，明确实施公共数据资源分级开发模式，并成立福建省大数据有限公司。该公司作为大数据一级开发主体，对公共数据

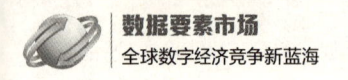

进行汇聚、整合、治理、脱敏与脱密等一系列处理，形成可供社会开发利用的数据资源。

4. 积极开展数据开放开发典型应用

福建开发上线"金融服务云平台"，收集并连接 17 个政府部门和事业单位与企业相关的数据，其中包括来自税务、社保、市场监管等部门的 4400 多条企业相关数据，然后采用人工智能算法对企业信用进行综合评估，有效解决了政府、金融机构、企业之间信息不对称、资信不足、信用缺失等问题。

（五）生态体系取得突破

1. 政府方面

2022 年 6 月，《国务院关于加强数字政府建设的指导意见》提到在以数字化转型整体驱动生产方式、生活方式和治理方式变革的进程中，公共数据有着特别重要的战略地位和关键作用，既能直接用于数字经济、数字政府、数字社会建设，创造不可估量的经济社会价值，又能带动企业数据、社会数据等其他数据资源的整合共享与开发应用，进一步释放数据要素潜能。

2. 产业方面

结合新型智慧城市和数字乡村等建设，加快培育数据应用场景及产业生态，支持具备条件的地区先行先试，打造数字孪生城市，赋予数据开发利用的空间维度。例如，利用大数据进行预判的智慧交通、"CT 影像诊断辅助"，以及利用区块链技术实现慈善捐赠、防疫物资等有序流转。北京通过建设管理制度完备、工作机制完善、技术支撑系统完整、生态体系健全的公共数据开放工作体系，实现政务数据、公共事业单位数据等多源数据协同应用，保持人工智能产业全国领先、国际一流的创新发展格局。

3. 教育科研方面

充分调动多方主体参与公共数据增值开发，鼓励利用公共数据开展科学研究、技术创新、产品开发、数字创业等活动。支持市场化数据流通交易平台、专业化数据服务企业及机构、第三方数据评估机构等发展，引导平台企业、行业龙头企业联合高校、科研院所等组建公共数据创新实验室、场景实验室等，推动公共数据价值产品化、服务化。上海浦东新区人民政府与同济大学签署战略合作框架协议，就是高校教育优势资源与当地经济和社会发展有机融合的积极探索。浦东新区通过开放公共数据资源，支持同济大学在高精度三维地图和管道数据等方面的科研工作。

4. 用户方面

畅通拓展民众参与公共数据开放、政府感知社情民意的渠道，让每个人都能成为公共数据开放、开发利用的参与者、贡献者和维护者，构建人人有责、人人尽责、人人享有的社会治理共同体。2022浙江数据开放创新应用大赛以深入贯彻落实《浙江省公共数据条例》为契机，依托浙江省一体化智能化公共数据平台，加快推进公共数据资源深度开发利用，积极鼓励企业、社会组织和个人参与数据价值挖掘和应用创新。成都、扬州和上海等城市也举行了相似的比赛，借助赛道机制，服务企业可以凭借更好的产品和服务获取更多的资源支持，用户也可以得到更优质的服务，打造服务企业、用户双赢的局面，更好地释放公共数据资源的经济价值和社会价值。

案例2：海南公共数据开发利用实践

海南在数字经济生态建设上取得突破，进行了数字产业化的创新探索。围绕数据生成、归集共享、数据开发、数据流通、数据交易、数据安全等生产管理环节，海南引入相应的企业入驻数据产品超市，形成数据全线、全领域的建设生态，从而形成以数据为核心的关联、衍生产业。目前，海南已经引入上百家大数据开发企业进入数据产品开发利用平台，在数据采集共享、数据清洗加工、数据建模、数据流通、数据交易，以及在金融、人才就业、气象等领域和环节进行数据产业的创新实践，打造了灵活就业监测、就业岗位供需对接、无人机培训、无人机应用等一批赛道，吸引并遴选出一批创新能力强、商业模式佳、实战效果好的大数据场景化应用优秀案例和优秀企业，形成了一批"可落地、可实施、可推广"的示范应用，良好的生态环境正在形成。针对优秀赛道

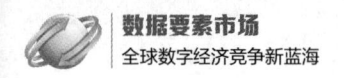

项目，海南将通过政府引导和政策支持，有效配置数据资源，以市场化方式推进其落地。

二、公共数据开发利用在制度体系设计上仍有薄弱处，面临利用率低及安全问题

（一）相关制度缺乏

相比西方主要发达国家，目前我国还没有出台关于公共数据开发利用的国家层次的法律法规，大多数是建议、规则、方法、措施等引导性文件，缺乏权威性的统一法律制度。在地方法规政策建设方面，截至目前，只有贵州、海南、浙江、济南等少数省市出台了公共数据领域的地方性法规，以地方立法的形式提出了对政府数据利用的要求。大部分地方政府在政府数据资源的管理和利用上仍然依赖临时管理办法等非约束性政策意见，在制度建设方面还需大力改善。

（二）授权运营尚不明确

公共数据授权运营可以被理解为一种数据开发和利用活动，也可以被理解为一种特殊的公共数据开放活动，既为了解决公共数据开放系统中存在的问题，也为了实现公共数据的价值。虽然在理论方面可以证明公共数据授权运营系统的合法性，但在实际操作中极易与公共数据开放发生角色冲突。各地的地方性法规对公共数据开发利用进行了探索性规定，特别是在政府和社会资本合作开发利用的方式上（例如，《上海市数据条例》规定了公共数据的授权运营制度），但对于我国现在快速发展的公共数据开发利用仍然是远远不够的。

（三）公共数据的利用率不高

很多公共数据资源未得到充分利用。一方面，大量的数据因可读性有待提高、时效性低、准确度低或者完整性差等因素而质量不高，价值难以体现。另一方面，我国公共数据的开发和利用集中在数据采集和开放共享阶段。从整体看，只有 3.7% 的政务开放平台在医疗、教育、交通等领域启动了少量的有效应

用，其他领域的开发利用程度更低。目前，我国缺乏利用政府公开数据开展公共服务商业化应用的借鉴途径，挖掘行业开放数据不深入，公共数据开发利用的深度和广度还有待进一步加强。

（四）公共数据资源面临安全挑战

近年来，个人信息泄露、基础设施遭受攻击、数据库信息被篡改、关键数据被勒索病毒攻击等事件时有发生，公共数据安全问题已成为公共数据资源开发利用面临的一大挑战。作为数据资产，公共数据资源汇聚后面临机密性保护的问题，以及数据被恶意篡改、非法使用和过度开发等问题亟须关注；作为重要的基础设施，无论是政务信息开放平台，还是公共数据资源开发利用平台或系统，一旦遭受攻击，海量公共数据资源都将面临泄露的风险，甚至导致政府内部系统遭受破坏，威胁国家安全。而且，公共数据资源开发利用过程涉及数据资源提供方、数据资源使用方、数据开发服务商、数据产品购买方、数据开发利用平台运营方、数据开发利用监管方等多个角色，相关角色互相交叉，责任边界不够清晰，安全监管难度大。此外，在公共数据资源开发过程中，数据交互场景多样化，流程复杂，一旦出现网络安全事故，不易追究法律责任，为公共数据资源开发利用安全监管带来严峻挑战。

案例 3：车险信息平台被诉垄断

2022 年 8 月，一件关于公共数据的反垄断诉讼案引发关注。一家二手车销售企业控诉一家信息技术企业，指后者在提供车险信息查询时对会员单位与非会员单位采取不同的收费标准，而数据来源被认为属于公共数据库。一时间，案件中折射出的问题引发人们的讨论。

相关企业是否实施了不公平高价和差别待遇行为？是否滥用了市场支配地位？这些问题尚无明确结论，需要通过双方举证、法律裁定后才能把问号拉直。不过，这是涉及公共数据领域的案件，有一定的代表性和广泛关注度，更关涉不少车主和企业的利益，从法律层面明确各方权益归属、明确公共数据使用边界，对未来各行业、各领域的健康有序发展大有裨益。新的经济社会领域在发展过程中遇到各种各样的问题，往往是透视行业发展的一面镜子。就此诉讼案件而言，其结果如何，必须进行专业性、行业性的研判，需要耐心、冷静、理性等待。人们之所以关注讨论，就是因为其反映出一个共性问题，即公共数据的合理开发与合法利用之间的平衡。

现在，数据被喻为"新的石油"，既意味着机遇与价值，也意味着在使用与管理上的考验和挑战。近年来，我国加快构建以数据为关键要素的数字经济，积极探索推进数据要素市场化，取得不少成绩。同时，从学术论文到汽车保险，从企业信息查询到电子商务信息，不少领域出现数据权属、定价、使用等争议。这愈发提醒人们，培育大数据市场，特别是培育公共数据市场，需要进一步完善数据要素市场化配置机制，解决好数据产权、流动交易、收益分配、安全治理等方面的规则问题，以更好地服务经济社会发展和人民生活。

三、解决现存短板，促进公共数据开发利用

（一）增加制度供给

我国应完善顶层设计，强化政策保障。在国家层面加快构建公共数据开发利用和数据隐私保护政策方案，明确相关职能部门的权利义务关系。完善开发利用政府数据的标准和规范，构建有效的数据保护机制，推动政府合法合规地对数据进行采集、储存、共享和开发利用，促进政府数据有序开发利用。支持各地在制定有关数据开放的地方性法规、地方政府规章或规范性文件时对数据开放要求、数据利用要求、全生命周期安全管理和保障机制做出具体要求。制定和公开专门针对政府数据开发利用的年度工作计划与方案，并明确每项工作计划的责任单位。支持制定并公开具有指导性和操作性的有关政府数据开发利用的标准规范和操作指南，并对开放过程管理、分级分类、开放数据质量、数据安全与隐私保护、平台功能、平台的运维管理等方面进行规定。全社会数据资源的开放使用应纳入法律规定，探索制定信息技术安全、数据隐私保护、跨境数据流动等重点领域规则，让数据带来的红利加速释放。同时，通过运用大数据、云计算、区块链、人工智能等前沿技术和可靠的安全评估方法来提高维

护数据有效性和安全性等的性能。

（二）构建完整的授权运营机制

建立运营主体权责明确，运营范围公开透明，运营平台安全可控的运营机制。首先，明确授权主体、授权条件、程序、运营数据范围；其次，建立运营平台服务和使用机制、运营行为规范，确定运营评价和退出情形等内容；最后，明确公共数据运营的监管主体、监管流程和监管要求。政府部门订立授权运营协议，之后对执行条件、运营结果、运营行为持续进行监督和定期评估，及时动态调整权利、义务和设施，通过纠正、撤销授权等必要手段取得良好的运营业绩，还可以引入新的运营服务商，以避免数据"垄断"现象，促进市场良性竞争，提高数据供给水平。

（三）增强社会数据开发程度

改善政府开放数据模式，加强社会管理、城市运行等领域的数据开放，让更多的企业开发优秀应用，让公众参与公共数据开发利用，加强公共安全、环境保护、医疗卫生、食药监管、知识产权、城市建设、水电气热等领域的数据开放。同时，通过多种媒体手段，宣传公共数据资源开放的意义和价值，让更多的人参与公共数据资源开放；以需求为牵引，引导企业以商业模式创新和应用模式创新为重点，进行公共数据市场化增值开发，充分释放公共数据的巨大商业价值。与此同时，鼓励和引导高校、社会组织、公众等主体参与，以提高开放数据利用者类型的多样性，并以各行业、各领域的促进活动提高成果与主题的多样性。

（四）强化数据安全保障

1. 规范公共数据资源开发利用生命周期

结合公共数据资源开发利用的实际场景，对公共数据资源开发利用的数据提供、数据使用、数据产品开发、数据产品交易、数据产品销毁等生命周期进行规范，分析各环节关键节点潜在的网络安全风险，从技术和管理上升级强化

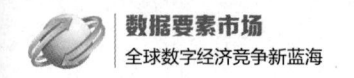

安全保障措施，确保公共数据资源开发利用各环节安全可控。

2. 构建公共数据资源开发利用监管平台

首先，针对公共数据资源开发利用的实际管理要求，明确公共数据资源开发利用的资源提供者、数据资源使用者、数据服务开发商、数据产品购买者、开发平台运营商、监管机构、开发利用相关主体的义务，划清网络安全责任边界。然后，借鉴国内外先进的建设和应用经验，通过研发、改造和集成等多种方式，打造管理流程和技术流程相结合、业务发展和安全防护相结合的一体化数据安全监管平台。利用技术手段，将公共数据资源安全管理相关制度落实并固化在管理和业务流程中，将管理、技术和数据联动，强化在公共数据资源流转过程中的监测、管控、审计和溯源，提高对网络安全事件的预警响应与协同处置能力，实现操作流程规范化、监管预警智能化、管控措施集成化。

第二节　丰富企业数据开发场景

一、企业数据开发应用需求大幅提高，发展态势迅猛，打开更多应用场景

（一）企业数据开发应用热度持续升高

数据地位的持续攀升和数字经济的高速发展，让企业数据应用成为新的"时尚"。数据有限，而价值无限，每个企业都希望从数据"金矿"中得到更多。但是，知易行难，并非所有企业都能开发应用自身数据，赋能经营管理。数据应用主要由两类应用组成，一类是管理类数据应用，另一类是服务类数据应用；前者是面向企业的，后者是面向客户的。

管理类数据应用主要是在流程优化、绩效精细化等方面。例如，采集业务流程中各个环节的数据，对流程中的各个环节的有关指标进行量化，再对流程中的问题进行分析和定位，从而优化流程，提高运行效率。服务类数据应用以数据为基础，以数据为驱动，向用户提供数据支撑或者数据产品。例如，淘宝"数据魔方"，对淘宝商城大量的交易数据进行整合分析，对行业宏观环境、品

牌市场状况、消费者行为等数据进行分析，然后将分析结果打包成数据产品的形式出售给淘宝商家，商家可以根据这些数据调整销售策略。

管理类数据应用一般是通过企业价值图来反映和构建企业关键绩效指标的。以某企业通过数字化管理企业关键绩效指标为例，该企业现已成为行业的模范企业，对关键绩效指标建立的认识与方法也十分清晰，企业的核心业绩指标体系框架按照地方各级政府的要求进行设置，最上端为企业的基础财务指标，如净资产收益率、净利润率、资本周转率、权益乘数等，紧接着逐层向下，分别为部门、业务流程线和最小绩效单位的量化评价数据。通过对企业内部各个层次的量化指标梳理，使企业各岗位、各部门条线、各工作单元都能一目了然地了解要实现的任务，才能通过量化目标的手段达到精细化考核的目的。同样，一个关键绩效指标必须以可测量的信息为基础，必须对各组成部分的操作过程采用自动化、数字化的手段加以管理与记录，当掌握这些基本信息后，就可以结合实际需要设计具体指标。

针对服务类数据应用，通过在线联机进行管理，如企业市场信息、市场地理信息和商家数据，实现对促销信息的精准发布。作为一种典型的服务类数据分析应用，数据在整个流程中充当重要角色。当解决向谁推送、推荐多少，以及推送的内容是否准确等问题时，主要决策者不仅有销售人员，还有数据分析结果本身。利用特定算法进行处理之后，可以计算出最佳结果（例如，生活在哪些地方的哪些人适合哪些销售活动），接着系统自动把匹配信号传递给目标顾客。和传统的服务产品比较，服务类数据应用更强调以大数据分析与计算为驱动，并通过自助渠道来实现对顾客的服务。有一些更原始、更简单的服务类数据应用。例如，推特每天都会有上亿条消息数据，但推特很少对大量的消息数据进行研究。在多数情况下，推特直接把数据卖给数据服务企业，将数据分析任务委托给专业的数据服务企业，从而获得利益。数据服务企业对购买的数据进行研究和分析，通过出售数据分析结果获得利益。对于发展中的企业来说，对数据的充分利用对企业的发展至关重要，使用更加高效快捷的方法管理并应用数据成为当今企业发展的关键。

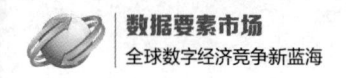

（二）企业数据开发应用发展迅猛

各行各业数据开发技术各不相同，发展迅猛。例如，万科与多家高校和城市数据团合作搭建万科大数据分析平台，将智能设备采集的数据与优质合作方提供的资源进行整合，使用大数据机器学习算法对全市范围内的典型活跃用户及项目到访客户数据进行深加工，加深对细分市场上不同消费群体的特征及分布的了解和研究。亚马逊根据客户信息、客户交易历史、客户购买过程中的行为轨迹等客户行为数据，以及同一商品其他访问或成交客户的客户行为数据，进行客户行为的相似性分析，向客户推荐产品，包括浏览这一产品的客户还浏览了哪些产品、购买这一产品的客户还购买了哪些产品、预测这些客户还喜欢哪些产品等。生物企业主要运用生物大数据技术分析基因应用，通过大数据平台记录和储存人类和生物体基因分析的结果，构建基于大数据技术的基因数据库。大数据技术将加速基因技术的研究，帮助科学家建立模型和模拟计算基因组合，加速生物基因的研究进程。国家电网运用大数据挖掘技术分析配变重过载预警，结合技术标准的研究工作，通过选取有可能影响迎峰度夏期间配变发生重过载的信息数据，如配变的历史负荷数据、配变所属区域数据、设备信息、客户信息数据、气温数据等，综合考虑电力负荷的周期性波动，同时结合气温、日照等气象因素对迎峰度夏期间配变负荷的影响，运用逻辑回归模型，构建重过载预警中期和短期模型，对配变重过载现象进行预测分析，减轻配变重过载带来的不良影响，提高配网供电能力。

（三）企业数据开发应用场景丰富多彩

各行业、各领域的企业对数据开发应用不尽相同，应用场景丰富。

1. 能源领域

国家电网在电网生产中加大大数据技术在智能电网六大环节（发电、输电、变电、配电、调电、用电）的应用范围，有效提高供电效能、促进经济运行、增强电网安全；大力推进数据开发在电网规划设计、配电网运行维护、电网在线运营监测和人财物集约化管理等方面的应用，从而加快电网在经营管理方面的创新，以促进经营管理模式创新发展；大力推进数据开发在智能电表增值服务、需求侧管理等方面的广泛应用，以促进服务能力提高和新型业务形态发展。

2. 教育领域

成立于 1888 年的麦格劳-希尔教育出版集团，凭借庞大的教育数据开发并设计了一种关于学习情况的预测评估工具。该工具通过大数据搜集和分析，能够快速识别出学生已经掌握的知识与目标知识掌握程度之间的差距，同时通过大数据跟踪学生的具体学习情况，进一步找到适合学生的学习方法。在我国的发达城市中，大数据教育应用较多，北京、上海、广州等城市对于大数据工具的应用很多，如对慕课、在线课程、翻转课程的应用。

3. 工业领域

海尔集团通过传感器、分贝检测系统、业务系统、模型算法分析空调噪声大数据智能应用场景。海尔智能检测系统充分利用工厂端嵌入式智能计算技术，通过分布式信息处理实现工厂端的智能化和自主化，并通过服务器和业务系统之间的沟通和协作实现检测系统的整体智能化。海尔集团在使用基于声音的智能空调工况检测系统方面积累了丰富的经验，并向业界展示了生产线的智能设计和现代化。

4. 金融领域

企业数据应用有很多场景。例如，花旗银行使用 IBM Watson 计算机向其财富管理客户推荐产品；美国银行依据客户点击流数据集向客户提供特定服务，如竞争性信贷额度；招商银行分析客户行为数据，如银行卡交易、现金使用、电子银行转账和微信评论，每周向客户发送促销信息。由此可以看出，金融领域的商业数据使用主要有五个场景类别——精准营销、风险管控、决策支持、效率提高、产品设计。

案例 4：梅卡曼德机器人：引领"AI+3D"视觉，精准高效引导轮胎装配

梅卡曼德机器人（以下简称"梅卡曼德"）由清华海归团队于 2016 年创办，致力于推动智能机器人的广泛应用，其总部位于北京和上海，在慕尼黑、东京等地有布局，业务覆盖中国、日本、德国、美国等 50 余个国家和地区。梅卡曼德在 3D 感知、视觉和机器人算法、机器人软件等领域积累深厚，其"AI+3D+工业机器人"解决方案已经在汽车、物流、工程机械、3C 等领域规模化应用，实际落地案例超过 2000 个，其中汽车行业落地案例超过 1000 个。

我国已成为世界首屈一指的汽车制造业大国。2009 年，我国成为全球最大的汽车产销国，2021 年整车产量占比超过 30%。自 2012 年以来，我国汽车制造业投资占全国制造业投资比例维持在 6%左右。2021 年，我国汽车制造业投资额达 1.13 万亿元。轮胎作为汽车重要的组成部分，其装配质量直接影响到轮胎总成的性能。传统汽车轮胎装配线采用的是机械设备辅助人工装配，此种装配形式劳动强度大，装配质量难以保证，效率低下。

在这一背景下，梅卡曼德为吉利汽车工厂主机厂轮胎装配线提供"AI+3D"视觉方案，精准高效地引导轮胎随行装配。该工厂采用多车型共线生产模式，有许多不同型号的刹车盘，且同类型刹车盘的一致性较差，主要依靠人工进行装配，劳动强度大，装配质量良莠不齐，效率低下。梅卡曼德在该项目现场使用 Mech-Eye PRO 系列工业级 3D 相机，对刹车盘生成结构完整、细节丰富、边界清晰的高质量点云数据，引导机器人完成高精度的装配工作。3D 相机采用先进的高速结构光技术，运行速度快，可根据客户需求 24 小时连续运行，能够满足客户对于装配精度与速度的要求，保证客户项目高质量、高效率交付。

该项目顺利落地，帮助吉利工厂实现了生产线无人化、自动化、柔性化升级，满足吉利对高效率、高质量、安全性与成本控制等方面的要求。第一，使总装车间底盘装配线每班减少 4 名装配人员。第二，满足车间随行装配需求，不会造成生产线停线，并可跟随生产节拍变化而变化。第三，拧紧扭矩合格率达到 99.9%，并可以进行可视化数据监控。与此同时，装配现场与车间制造执行系统对接，对车型进行识别，具有防错报警功能。从综合成本角度分析，该项目回报期较短，在质量、柔性、智能化等方面均有明显提高。

二、我国企业数据开发组织管理体系及数据应用技术亟须改善

（一）企业数据分析及应用组织尚需进一步完善

当前，在企业数据应用方面有以下三个主要问题。

第一，企业对数据分析的责任划分不明确。例如，供电企业是该问题较明显的行业之一，在供电企业单位改制的背景下，原来的运营监控部门逐渐转变为以数据分析为核心的管理部门，结果是配网业务没有数据分析部门，对数据分析任务的分配难以落实。

第二，数据分析工作是由基层的工作人员进行的，他们大多数在多个岗位工作，没有足够的数据人才储备，这限制了数据分析的范围和深度，阻碍业务数据的应用。

第三，数据分析结果难以付诸实践应用，缺乏合适的组织来促进优秀数据分析结果的广泛使用。

（二）过度采集与非法采集现象屡见不鲜

许多企业出现恶性竞争现象，缺乏统一的管理体系，企业过度采集和非法采集数据此起彼伏。能源化工、装备制造、交通物流、医药、电力、零售及房地产等集团企业主数据包含配置型主数据或者参考数据、核心主数据及指标数据，这些数据的逻辑模型和物理模型往往固化在成熟的套装软件（如企业资源计划、产品生命周期管理、制造执行、客户关系管理等）里，在数据开发应用时容易出现过度采集和非法采集的现象。一些网站、应用和企业在不够详细的"用户协议"下接收和收集用户的个人数据，而智能家居和可穿戴设备在用户知情度不高的情况下收集大量的用户数据。与此同时，个人特殊数据可能被以非安全的形式采集，信息泄露的渠道很多，盗窃成本很低，追踪违法者的难度很大，这使很多人在高额利润的诱惑下冒险。此外，数据保护成本的上升使一些平台和企业不愿意付出太多心思，有些平台和企业甚至对系统漏洞视而不见，给非法收集者可乘之机。此外，指纹识别、虹膜识别、人脸识别等强生物特征

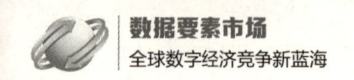

识别技术日渐流行，这些贴近个人隐私的面部图像数据的采集形式在方便用户的同时，也暴露出安全问题。由于缺乏对个人信息数据保护的规章制度，常见的生物特征识别存在易获取、易伪造等风险。

（三）数据应用不充分、不适当，技术能力有待提高

大部分企业在大数据面前比较迟缓，"数据可视化"不等于"可视化分析"。许多企业将数据应用等同于数据可视化、数据报表，导致"拍脑袋经营决策"的思维定式还在延续。无论是业务人员还是管理者，数据应用基本上处于信息查询、报表提交层面，大多数时候只对现成的数据进行粗略加工，几乎不对数据进行深层次的挖掘应用，数据只起到对于决策的少量辅助作用，数据价值没有真正得到发挥。同时，企业数据开发意识不强，数据思维不足，数据应用滞后，尤其在客户行为分析、消费心理捕捉、个性化服务与业务创新、洞察市场趋势等方面亟待提高。此外，部分企业利用大数据进行违背社会道德的非法违规的精准营销活动，如利用个人医疗信息向用户推荐各种药品、利用用户的子女信息向用户推荐教育资源等。部分企业通过对用户消费能力的分析，实施差异化定价，在线差旅、交通出行、在线票务、视频网站、网络购物等诸多网络平台企业均被曝出存在大数据"杀熟"行为。企业在基础数据管理、数据平台搭建、数据分析人才储备上比较欠缺，无法有效盘活数据资产，为经营决策提供有力依据，数据技术保障能力有待提高。

（四）企业在数据开发应用中缺少对自身的准确定位

不同的企业所处的社会环境和内部因素不同，企业文化和企业定位不断演变，最终形成的企业文化和企业定位也不同。在大数据时代，很多企业选择利用大数据来促进自己的发展，但大多数企业对自己的发展没有清晰的定位，对自己目前所处的发展阶段没有充分的认识。在这种情况下，盲目利用大数据并不能促进企业的利润增长，反而会扰乱企业内部的日常运作。此外，内部管理层对企业发展前景不确定也是企业不能很好利用大数据的重要原因。因此，明确自身的特色和定位，是企业在大数据时代的必备条件，也是企业利用大数据面临的挑战之一。

三、加大推动力度，深化企业数据开发应用能力

（一）构建企业数据开发应用新模式

企业以提高企业数据开发应用为目的，应构建跨专业、跨部门的数据应用新模式，打破专业壁垒，增强数据分析能力。企业对企业数据的开发应用应分为四个阶段，由低到高分别为支持、管理、精益、创新。一是支持阶段，即数据和数字技术被用来支撑企业各个业务部门的正常运行；二是管理阶段，即每个部门可以基于数据和数字技术进行一定程度的管理；三是精益阶段，即数据和数字技术可以优化部门之间的业务协同，实现精益治理；四是创新阶段，即数据和数字技术可以帮助企业跨产业链，在一定程度上推动企业业务变革和创新。这四个阶段代表企业数据开发应用的不同水平。目前，大多数企业处于支持和管理阶段。因此，为了创建精益型的数字企业，新的企业数据应用模式的基本定位应分解为以下三个方面。

第一，面向企业管理层，协调企业各业务领域的数据应用，进行跨领域的数据分析，支持企业管理层的决策。

第二，面向企业的各个部门，对企业每条生产链上的主要活动进行专题分析，促进并改善每个专业的精益管理工作。

第三，面向企业的新业务领域，探索新的数据增值点。培育发展用数据说话、用数据决策、用数据经营的新场景，深化企业的数据开发应用水平。

（二）完善企业数据开发相关规章制度

企业应针对数据流转的整个环节加强制度管理，明确数据全生命周期的标准规范；加强人员管理，针对内部人员制定相应的管理制度，明确企业内部人员对数据的规范操作与使用，明确内部人员使用权限；建立应急管理制度，针对数据泄露等事件迅速做出反应，明确相应的处理措施；建立健全用户信息安全保护机制，对收集的信息承担义务和责任。

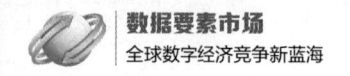

(三)增强企业数据开发技术保障能力

首先,政府应加强政策层面的数据技术支持。如果让企业采用数据开发技术,政府机构就需要发挥职能作用,加强对大数据技术的支持,积极推动大数据技术的共同使用,将大数据技术与云计算技术、物联网技术、移动互联网技术在使用过程中结合,推动大数据技术在企业发展中的应用。其次,企业应加强对数据采集、开发利用、交易流通等环节的安全技术研究,加强对整个数据生命周期的安全保护能力;将数据安全和数据保护融入业务的各个环节,关注核心技术及产品的底层架构和核心流程,实现数据的自主可控。企业与研究机构应合作开发前沿数据安全保护技术,推动数据脱敏、数据审计、数据备份等技术手段在大数据环境下的增强应用,提高在大数据环境下的数据开发技术保障能力。

(四)明确企业战略定位,培养数据应用思维

在企业数据开发应用之前,企业必须充分了解自己的发展情况和发展特点,明确自己的战略定位及前景,智能利用大数据技术,对收集到的数据资源进行整合和分析,提前了解市场动态和发展机遇,然后加强内控管理,加大企业数据开发应用与企业特色的结合,从而构建企业文化价值观,实现对企业数据的最优利用。同时,企业需要形成用数据驱动业务的思维模式。企业用数据驱动管理是领导层的变革,这种自上而下的变革离不开高层管理者的支持。因此,企业的高层管理者在日常管理决策中要建立数据应用思维,在设定目标、讨论方案、分配任务时,不仅要考虑到所有的影响因素,还要量化相关数据,分析数据,注重科学定量,最终利用数据帮助企业明确未来的发展方向和战略目标。

第三节 强化政企数据融合应用

政企数据融合应用的内涵是各地政府拥有的数据同社会企业拥有的数据的交互流通。对政府主体而言,政企数据融合应用能够使其获得企业主体拥有的

各种形式的数据，包括大量原始数据及经企业加工生成的衍生数据等；对企业主体而言，其能够通过政企交互，以各种政府允许的方式获得政府数据，包括公开数据和申请开放数据。政府数据同企业数据的共享将产生更高的数据价值。我国的政企数据融合实践在逐步开展，对数据在双方主体之间的交互方式和运行模式的探索已经初见成效。

一、政企数据融合应用存在四大转变

（一）数据流向丰富：从企业数据向政府单向流动转变为数据在政企之间交互流通

过去，政府以满足市场监管、社会治理等需要为由，按照法律规定要求企业定期汇报企业运行数据，存在数据从企业向政府的单向流动。例如，根据《中华人民共和国统计法》的规定，以企业为主的各类社会主体须按要求向当地政府上报真实完整的年度数据等各类数据。2019年施行的《中华人民共和国电子商务法》也明确规定，电子商务经营者应向市场监督管理部门、税务部门报送相关信息。近年来，政府对其掌握的数据资源逐渐加大了开发力度，政府数据开始逐步向企业等社会主体流动，这是以前未出现过的情形。其中最明显的一点是，政府部门开通了面向社会的数据开发平台，以此为社会企业利用政府数据资源提供了便利。

（二）技术手段升级：数据流动从传统的电子化方式向平台化方式升级

以往的企业数据提交或数据流通主要依靠硬盘拷贝、系统填报等方式来进行。在社会数据量规模较小的情况下可以用这些方式进行数据流通，但随着数字经济的发展，所需处理的数据量以几何倍数增加，以往的流通方式已不再适用。数字经济及平台企业的发展为当前阶段的数据流通提供了新的渠道。以"物理分散、逻辑集中"为基础，利用开放平台数据交换接口支持数据共享是目前主要的方式，主要表现为地方政府和各类企业逐步开放数据平台，以及政府向企业和个人开放数据共享平台。

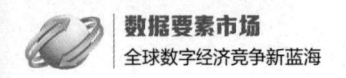

（三）运行模式转变：政府主导逐渐转化为政府与企业双方合作

从数据交换的发展过程和未来发展趋势来看，政企数据融合分为三种运行模式，其中政府主导的数据融合模式和企业主导的数据融合模式是在数据交互发展过程中的主要模式，在未来更趋向于政企合作模式。由政府主导的数据流通模式要求社会企业按规定依法提交数据或政府部门开放数据公开平台；由企业主导的数据流通模式表现为数字经济时代大型平台企业对原始数据的收集和处理；由政府和企业合作共同主导的数据交互模式是未来一段时间内发展和实践的方向。政企合作模式可具体分为以下两方面。

第一，政府和企业共同建立数据开放共享平台，集两家所长，共同利用数据优势。例如，辽宁政府部门市场监督管理局同美团共同建立数据对接交互项目，美团可登录数据交互平台查看入驻商家营业执照等证件的真伪，提高美团对入驻商家的监督效率。政府部门也可以根据数据交互平台对商户实施准确监管。

第二，政府将其数据授权给社会企业使用。例如，贵州税务局同某银行合作开展"税信贷"业务，银行根据政府部门统计的企业纳税数据，判断企业的信用情况，由此无须抵押向企业发起贷款业务，提高效率和安全。

（四）应用效果延伸：政企数据共享由注重社会效益转向政企共同注重经济效益和社会效益

政企数据共享在支持政府部门职能要求的基础上，要同时激发其本身蕴含的经济价值，提高经济效益。例如，青岛、日照、珠海等城市的实践。青岛融合利用公共数据服务平台"数字实验室"内工商、税务等15个领域的670万条公共数据和"工赋青岛"公共平台数据，对入驻企业进行精准定位判断，按不同企业的各类实际需求为其提供信用服务和贷款业务，减轻了企业的贷款压力，提高了社会效益。日照与该市蚂蚁金服等企业进行数据共享，与企业共享了10多个政府部门的数据，政企合作共同推进该市金融综合服务平台建设，对解决中小企业融资难题起到了数据支撑作用。在新型冠状病毒感染疫情期间，珠海政府部门与中国电信、中国联通等企业开展数据共享项目，开展大数据防疫合作，建立"三图两线一平台"防疫智能控制体系，支撑了该市疫情防控和企业有序复工复产工作。贵阳大数据交易所接入 200 多家优质数据源，中信银行、天弘基金、海尔集团、泰康人寿等 500 多家企业成为交易会员，驱动政府数据与企业数据融合，以支撑大数据政用、商用和民用。

案例 5：中国南方电网助推深圳政企数据融合

"深圳市政府支持南方电网公司加快建设数字电网，推进跨行业、跨区域资源整合、数据融合和开放共享，深度融入深圳'数字政府'建设。"上面是中国南方电网同深圳市人民政府签署的《"十四五"全面深化战略合作框架协议》中的内容。该协议为深圳数字电网指明了未来的发展方向。

近年来，中国南方电网以积极的态度推动数字中国建设、推动国内数字经济高质量发展，以当代数字技术为支撑，推进政企数据融合，建立新时代数字电网，为企业、民众提供智能、便捷的人性化数字电网服务，助力深圳电网与政府智慧城市建设"互融共生"。例如，深圳市供电局同电网企业数据共享开发的实时配网规划系统，通过中国南方电网电力数据的支持对不同地区的突出配网问题、频繁停电问题等进行快速分析，实现精准定位识别，解决了当地企业较大的用电需求。基于大数据支持的配网规划系统对用电问题的处理规划效率比此前依靠人工规划提高 60 倍左右。在"碳达峰和碳中和"管理工作中，深圳市供电局根据其掌握的全市建筑物建筑面积等相关数据，对建筑物能耗进行测算，测算数据为政府其他部门针对不同建筑物制定能耗标准提供了支持，支撑了全市"双碳"管理工作。这些合作都离不开电网设施建筑信息模型设计。2019 年，深圳市供电局全面开展全市建筑信息模型设计工作，到目前为止，已经形成包含 40 个变电站和综合建筑的三维模型，为该市未来的规划布局提供了电力行业的模型数据支撑。当前，深圳市供电局正开展电网建筑信息模型向数字化城市空间建设的数据导入工作，进一步助力城市全要素数字化、城市运行实时可视化、城市管理决策协同化和智能化。

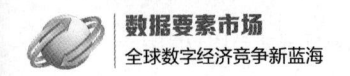

二、缺乏高效的数据融合解决方案和市场化手段

（一）保障机制不健全

政府与企业数据共享工作的有序和安全进行需要国家有健全完善的法律法规作为基础的制度保障。目前，有关政企数据合作共享的项目在各地初步开展，属于实践尝试，在国家制度方面还未有保障政企数据共享的完善的法律条款，政企开展数据共享工作的数据共享内容边界、流程及双方的责任主体和利益分配等还没有明确的规定。同时，推进政企数据共享工作的相关法律条款还不完善。例如，数据开放规则不明确，在数据共享工作中责任体系和监督体系不健全，导致在数据共享过程中双方主体利益缺乏保障。在新型冠状病毒感染疫情期间，政府部门要求电网企业共享当地用户用电记录等数据，以方便疫情防控，但从法律法规中找不到明确的数据共享审批程序、授权管理等规定，导致企业数据共享无法高效率地进行。

案例 6：一场数据之争

据报道，20 多家网约车平台在某省获得经营许可证，但在网约车管理上，某网约车平台在全国范围内出现拒绝数据接入接受监管的现象。该平台向政府监管平台传输的网约车信息：A 市有近 5000 名驾驶员、近 2000 辆车辆未取得营运证件；B 市具备网约车从业资质的驾驶员 19492 名，取得网约车运输证的车辆仅 5204 辆，但该平台在 B 市提供网约车服务的驾驶员超过 3 万人，车辆超过 2 万辆。2022 年，B 市共查处网约车违规案件 292 宗，其中该平台违规提供网约车服务案件 61 宗，这与其 1 万多人无证从业和 1.5 万辆无证运营车辆相比不值一提。有关部门无法对该平台进行监管，因为它拒绝将数据接入政府部门，不肯提供详尽的驾驶人员和运营车辆数据，所以无法进行有针对性的执法，只能靠原始的围堵来执法。

公共部门调用私营机构控制的数据，是否有法律依据？根据《中华人民共和国网络安全法》，网络运营者应当为公安机关、国家安全机关依法维护国家安全和侦查犯罪的活动提供技术支持和协助。也就是说，当问题涉及刑事犯罪和国家安全时，数据控制者有调取数据的义务。针对网约车平台是否应该将全部运营数据传输给管理部门用于日常执法和清退不合规运力，目前还没有法律依据。有专家表示，此事涉及数据中的政企融合问题，由于网约车平台出行业务有较强的公共属性，其数据应被当作公共数据对待，在理论上应参照"必要且合理"的原则进行数据融合。

（二）数据安全、授权、合规是规范数据共享的限制条件

数据共享的推进会催生一系列数据确权、数据融合中的安全流通及合规问题，如数据泄露会涉及个人隐私、商业机密及国家安全等问题。安全合规带来的负激励效应及政府对数据安全后果的担忧，延缓了政企数据共享的进度。从政府对企业进行数据授权的视角来看，数据运营企业从政府获得各类原始数据和在处理过程中衍生大量数据，还没有安全有效的管理制度。数据处理开发企业"缓存库"等问题导致电信诈骗事件时有发生，还有市民数据泄露的安全隐患，这些更加要求建立完善的规制政企数据共享的规范。

（三）数据定价与收益分配不合理

在数字经济时代，数据产生的价值离不开具体的交易场景，因此数据定价也应根据不同的交易场景来调整，已有部门对其进行了实践探索。例如，通过收取"数据资源占用费"来促进政府部门与企业间的数据共享。不过，在当前政企数据共享的定价制度还未完全形成的前提下，对数据共享产生的收益进行合理分配还言之尚早。

（四）政企双方无法以高效的市场化手段解决彼此之间的数据流转问题

由于以上问题的存在，缺少可用于生产的低成本、高效率的数据融合解决方案。政府作为政企数据融合的推动者，在高风险、低收益（没有商业收入考核）的推动下，缺少动力推进数据融合。因此，政府在完全避险的角度下会催生出一批"隐私和多方安全计算"的高成本、低可用性的纯技术流解决方案。

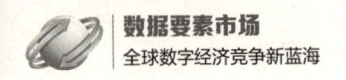

政府机构尚未以市场化手段（采购或交换模式）充分获得社会数据，社会机构也无法以持续的合规方式获得政务类公共数据。造成以上现象有以下原因。

第一，当前政府能够共享的数据太少，企业进行开发利用的有实际价值的数据更是少之又少，因此政府共享的数据对企业不具有较强的吸引力。

第二，社会企业由于参与市场竞争，必须对商业机密进行保护，对政府部门共享数据的可能性较低，尤其大型互联网平台企业，其拥有大量个人数据，很难与政府共享。

三、从顶层设计、共享防控、评估分配等方面入手，强化政企数据融合应用

（一）完善政企数据共享法律规定

建立政企数据交互流通制度，保障政企双方在数据共享中的责任和权利，确定数据按级分类、数据共享目的、共享流程、共享范围重点、依照的原则等。建立健全政府和企业双方对共享数据收益的合理分配制度，需要明确收益分配原则、分配方式和分配比例。建立双方长期有效的沟通制度，确保沟通渠道稳定畅通，完善与数据共享相关问题的搜集、解决、反馈机制，使在数据共享中存在的问题能够高效、高质量地得到解决。逐步完善政企数据共享过程中可能涉及的法律法规，界定双方数据的归属权、使用权和管理权。制定和完善数据归集、分类、开放、共享、交换、使用和安全等方面的配套法律法规，为深化政企数据双向共享提供法律保障。

（二）建立健全政企数据深度共享机制

完善国内现有数据分级制度，对政府数据按照安全级别、涉密级别、敏感程度等要求逐级分类，对企业数据按照商业机密、敏感程度等逐级分类，按级别确定双方能够进行数据共享的条目。明确政企双方在数据共享方面的责任和权利，形成完善的数据共享规则。鼓励企业深入参与政企数据共享工作，助力政企数据共享模式从政府一方主导逐步转变为政府和社会企业、民间协会等多

方共同协商治理，促进数据交互沟通，提高数据价值。

（三）强化数据安全管理与防控

建立政企数据融合应用防范体系，对政企数据共享过程中的数据对接、数据存储等流程和数据处理开发、数据利用等制度进行有效治理。对可能存在的数据安全问题加强全面检测和风险管控，加强对数据的有效监管，将问题扼杀在萌芽期。参考其他监管制度，对政企数据融合项目的监管要更加严格和有效，探索符合政企数据融合特点的监管机制，如政府部门、行业协会、数据市场等多方主体共同参与。

（四）建立数据价值评估体系与收益分配机制

根据数据特有的价值实现属性，参考数据定价机制，分析数据融合应用中数据质量、价值密度、数据规模等维度，建立价值评估体系。参考以往的数据收益分配机制，对共享数据产生的收益进行分配，权责对等，符合法律法规等原则。对涉及政企数据融合的各方主体，要明确其遵守的法规和应得的收益，促进政企数据融合和利用。

（五）积极探索新技术，破解数据融合过程中的问题

当前，政企数据融合以接口方式进行，未来将更多地通过模型算法进行融合利用。大型金融机构的金融科技企业和专业的金融科技企业应加快对数据采集、存储、清洗、加工、共享、交易、利用等全链条的前沿技术进行研发，满足政企数据融合利用对技术的需求，特别是要加强对物联网、第五代移动通信网络、大数据、学习算法、区块链、沙箱、隐私计算等新技术在政企数据融合中的应用。

第十五章 | Chapter 15

完善数据要素市场监管体系

第十五章　完善数据要素市场监管体系

数据要素市场监管是促进数据要素市场健康发展的有效保障。2022年6月，习近平总书记在主持召开中央全面深化改革委员会第二十六次会议时强调，要维护国家数据安全，保护个人信息和商业秘密。由此可见，完善数据要素市场监管相关配套制度、加大数据要素市场监管力度，是数字经济时代激活数据要素优质供给的基础保证，是充分发挥我国海量数据和丰富应用场景优势的必要措施。

第一节　完善数据要素市场监管体系的必要性

一、数据规模逐渐扩大，安全问题愈加凸显

随着数据要素在市场流通应用的不断发展，数据安全逐渐成为阻碍数据开放共享的关键问题，且随着数据在国民经济中的深入应用，数据安全已成为事关国家安全与经济社会发展的重大问题。一方面，数据在传输、处理、使用环节存在泄露风险，针对数据的攻击、窃取、滥用等活动持续泛滥，对国家政治经济安全及个人和公共利益造成伤害。例如，2018年，美国社交巨头脸书被曝光剑桥分析丑闻，其滥用个人数据推送广告，影响美国总统选举结果。再如，2022年郑州村镇银行"赋红码"事件，不法人员非法获取和挪用公民的健康宝信息，对储户精准"赋红码"。这两起典型的数据滥用事件引发了公众对个人数据安全的担忧，同时对大型互联网平台的监管提出新的要求。另一方面，随着全球数字贸易的发展，跨境数据流动越来越频繁，大量与经济运行、社会服务乃至国家安全相关的数据将会形成向主要云服务企业集中的趋势，对这些数据的深度挖掘和分析将威胁到国家的经济社会安全，数据主权保护成为数据要素市场监管的重点。从国际上来看，在"棱镜门"事件前，数据开放逐年深化，针对跨境流动等的国际合作不断推进，注重开放成为国际网络空间数据使用的主流态度；在后"棱镜门"时代，各国开始明确并不断强化数据安全保护，加强网络数据安全管理。

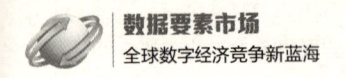

二、平台企业日益增加，市场垄断乱象频发

数据要素市场的快速发展推动了大型互联网平台企业的形成。随着数据和算法在平台企业中的不断深化应用，融合创新不断涌现，但同时平台企业在飞速发展过程中的马太效应愈加明显，暴露出诸多问题。一方面，平台聚集的用户个体和企业数据越来越多，海量数据聚集风险不断加剧。这些数据一旦泄露，可能造成个人隐私曝光、经济受损，也可能造成企业和机构核心经营数据和商业秘密外泄，还可能造成政府调控混乱、决策失误和治理瘫痪。另一方面，伴随互联网平台的扩张，一些平台企业利用自身的市场势力和信息不对称开展"自我优待"、强制"二选一""大数据杀熟"、滥用市场地位等垄断行为，严重破坏市场竞争秩序，损害消费者合法权益，主要表现形式为数据垄断、价格滥用、排他性交易等。现阶段，我国数据要素市场监管思路、监管模式和治理手段难以对平台企业展开有效监管，监管通常滞后于问题的发生。

三、法律保障不断完善，监管范围尚存空白

我国数据要素市场监管体系不断发展。一方面，政府制度供给正在不断加强。关于数据安全，我国在2021年正式发布《中华人民共和国数据安全法》《中华人民共和国个人信息保护法》，与《中华人民共和国网络安全法》一起共同填补了数据安全领域法律法规的空白。但是，上述三部法律均属于上位法，对数据要素市场监管和个人信息保护提出了宏观要求，相关条文在具体行业的落地和承接尚不明确，仍需进一步细化。关于反垄断，《中华人民共和国反垄断法》修订完成，进一步明确了反垄断相关制度在平台经济领域中的适用规则。此外，国家发展和改革委员会、国家市场监督管理总局等九部委联合发布《关于推动平台经济规范健康持续发展的若干意见》，提出进一步推动平台经济规范健康持续发展的十九点举措。另一方面，不同行业数据管理存在职责交叉或"三不管"的真空地带，数据要素管理体系和治理机制尚未理顺，相关政策措施亟待研究制定。例如，互联网金融企业数据、智能网联汽车数据管理存在多部门职责交

叉等问题，且相关企业的部分数据业务可能还面临新监管空白等挑战。

第二节 我国数据要素市场监管政策

数据安全是数据要素市场发展的红线、底线，制定科学规范的数据要素市场监管制度对于推动数据要素市场平稳发展具有重要作用。针对数据要素市场监管，我国政府积极出台相关政策制度，以统筹推进数据要素市场监管体系建设，规范数据要素流通市场。

一、国家层面不断完善数据要素市场监管法律体系

国家在多个数据要素和数字经济发展相关文件中对数据治理和数据要素市场监管提出明确要求。早在 2017 年 12 月，习近平总书记在十九届中共中央政治局第二次集体学习时就提出"要加强国际数据治理政策储备和治理规则研究"。党的十九届四中全会首次提出数据要素重大议题之后，我国政府高度重视数据要素市场的培育和数据治理，出台了诸多相关政策和措施，统筹推进数据要素规范化流通及高效开发利用。

（一）数据安全法律法规

数据安全是数据要素市场发展的重要基石。一方面，国家出台多部综合性法律，对数据要素市场安全进行监管。2021 年 6 月，《中华人民共和国数据安全法》出台，围绕数据安全与发展、数据安全制度、数据安全保护义务、政务数据安全与开放明确了一系列法律规范和责任。这是我国第一部有关数据安全的专门法律，也是我国数据安全领域的奠基性立法。2021 年 8 月，《中华人民共和国个人信息保护法》出台，明确了个人信息处理的一般规则、敏感个人信息的处理规则、个人信息跨境提供的规则、个人信息处理者的义务、履行个人信息保护职责的部门及相关法律责任。此外，《中华人民共和国网络安全法》提出开发网络数据安全保护和利用技术，促进公共数据资源开放。上述三部法律共同

构成了我国数据安全领域的基础性法律，为各行业数据安全监管提供了法律依据。另一方面，多个行业也依托自身业务，制定出台了一系列行业内数据安全保护制度。《中华人民共和国消费者权益保护法》对防止消费者个人信息泄露、丢失提出法律依据。《中华人民共和国电子商务法》为电子商务经营者的数据信息安全提供法律保障。工业和信息化部发布的《电信和互联网用户个人信息保护规定》《电信和互联网行业数据安全标准体系建设指南》和中国银行保险监督管理委员会发布的《中国银保监会监管数据安全管理办法（试行）》分别明确了各细分领域中的数据安全监管相关法规和法律责任。国家互联网信息办公室、国家发展和改革委员会等发布《汽车数据安全管理若干规定（试行）》，明确了汽车行业中的重要数据范围，对数据本地化存储和跨境传输做出了具体要求。《国家医疗保障局关于加强网络安全和数据保护工作的指导意见》提出了加强医疗数据安全保护的具体要求。

（二）数据共享法律法规

2016年9月，国务院印发《政务信息资源共享管理暂行办法》，要求各地方政府按照《政务信息资源目录编制指南》编制、维护地方政务信息资源目录，同时明确了政务信息资源分类与共享要求、共享信息的提供与使用办法，以及对信息共享工作的监督和保障措施。此外，国家邮政局、商务部发布了关于规范快递与电子商务数据互联共享的指导意见，促进了电子商务与快递数据互联互通和有序共享；海关总署发布《海关大数据资源共享管理办法》，加强和规范了海关大数据池的数据资源管理，推进海关大数据资源共享，切实保障数据安全。

（三）数据开放法律法规

2010年1月，《国务院办公厅关于做好政府信息依申请公开工作的意见》，在《中华人民共和国政府信息公开条例》的基础上规范了各地区、各部门在受理依申请公开政府信息过程中遇到的一些新情况。2019年5月，国务院办公厅公布修订后的《中华人民共和国政府信息公开条例》，进一步明确了政府信息公开的主体和范围,按照主动公开的政府信息及依申请公开的政府信息两类进行规范。此外,为建立健全公共企事业单位信息公开制度,国务院办公厅还印发《公共企事业单位信息公开规定制定办法》,进一步加强对公共企事业单位的监督管理。

二、地方层面相继出台数据要素市场监管政策

(一)数据安全相关法律法规

随着地方数据要素市场不断发展和国家层面的数据安全法律出台,各地方也紧跟推进,相继出台数据安全相关法律政策。例如,贵阳出台了全国首部大数据安全地方性法规《贵阳市大数据安全管理条例》,对大数据安全定义、防风险安全保障措施、监测预警与应急处置、投诉举报等方面做出规定。广东出台《广东省公共数据安全管理办法》,加强了对公共数据的安全管理和规范,促进了公共数据资源有序开发。天津出台《天津市数据安全管理办法(暂行)》,建立数据安全信息备案制度和通报制度、数据安全应急工作机制,定期开展应急演练。宁波出台《宁波市公共数据安全管理暂行规定》,提出数据安全政府领导原则,保护数据收集合法性、数据保密性,以及对公共数据安全做了相应规定。

(二)公共数据管理相关法律法规

截至目前,广东、河北、山西、江苏、浙江等多个省级行政区出台了公共数据管理相关法律法规。从政策类型看,主要包括公共信用信息管理条例、政务数据资源管理办法、公共数据条例等法律条例。公共信用信息管理条例主要对公共信用信息的归集、披露、应用、守信激励和失信惩戒、信息安全及权益保护等方面进行了规范。政务数据资源管理办法和公共数据条例主要针对政务数据的数据目录、数据汇聚、数据共享、开放应用及安全监督管理做出规范,明确公共数据平台建设规范,完善了公共数据收集、处理规则,健全了公共数据安全管理制度等。各省市公共数据管理办法从公共数据的规划和建设、管理和应用、安全和保障三个维度规范与促进公共数据发展,对于规范公共数据管

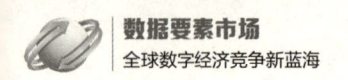

理、保障公共数据安全、提高数据治理能力和公共服务水平具有重要意义。

（三）数据开放共享相关法律法规

我国"十四五"规划明确提出，要加强公共数据开放共享、推动政务信息化共建共用、提高数字化政务服务效能。数据共享有助于推动政府治理体系和治理能力现代化，不断提高政府决策科学性和服务效率。近年来，各地纷纷出台数据开放共享政策，提高数据要素市场供给活力。贵州出台《贵州省政府数据共享开放条例》，加快政府数据汇聚、融通、应用，培育壮大数据要素市场，提高社会治理能力和公共服务水平。《山东省公共数据开放办法》在强化规范管理、数据分类分级开放、数据流通全程监督等方面都进行了详细规定。《安徽省政务数据资源管理办法》则规定要积极推进政务数据资源依法有序共享，建立数据使用部门提需求、数据提供部门做响应、数据资源主管部门统筹管理并提供技术支撑的数据共享机制。《浙江省公共数据开放与安全管理暂行办法》则明确了公共数据开放与安全管理体制、建立健全公共数据有序开放机制、规范公共数据合法正当利用，同时赋予公共数据开放主体相应的监督管理职权。此外，《山西省政务数据资源共享管理办法》《宁夏回族自治区政务数据资源共享管理办法》等文件均规范和促进了各省政府数据开放，加快政府数据汇聚、融通、应用，提高了政府社会治理能力和公共服务水平。

（四）数据交易相关法律法规

目前，省级层面出台涉及数据交易的法律法规较少，如前文所述，仅有天津出台了《天津市数据交易管理暂行办法》，为引导培育天津大数据交易市场、规范数据交易行为、激发数据交易主体活力、促进数据资源流通而制定。该办法明确了数据交易过程中的交易主体，对交易数据的数据确权、数据真实性、数据描述、可交易数据和禁止交易数据进行了明确界定，针对交易行为中交易申请、交易磋商、交易实施、交易结束、争议处理等环节做出规范，明确了数据交易服务平台应具备的各项功能，为数据交易安全提供了法律保障。深圳市场监督管理局印发《深圳经济特区数据条例行政处罚裁量权实施标准》，对其职权范围内数据执法事项裁量标准进行界定，数据交易、不正当竞争、算法歧视等在列。

第三节　我国数据要素市场监管面临的问题

从发展进程来看，我国还未出台统一的数据要素市场监管体系。由于数据要素的复杂性、数据应用的外部性，难以形成统一的监管标准，现行数据要素市场监管处于行业自治状态。

一、数据要素市场监管体系尚未成熟

我国数据要素市场监管体系尚不完善，现有监管机构和监管职能存在交叉，监管职责难以落实到位，导致现有监管体系难以匹配数据要素市场发展需求。

第一，数据主管部门职责和定位不清晰、不准确，数据监管领域力量分散、多头管理的问题依然突出，难以形成合力。虽然《中华人民共和国网络安全法》从法律层面确立了国家网信部门的统筹协调职责，但并未授权其作为统一或专门的数据监管或保护机构，网信、发改、工信、证监、市场监管、知识产权和专利部门等都承担了一定的监管职责，分管其中某一领域，缺乏有效的协调机制，并未形成合力，导致我国数据安全监管体系分散化现象严重。

第二，条块分割的监管体制无法适应数据要素市场的高度协同联动性。我国当前对于数据的监管仍旧采用属地化、条块化的管理模式。然而，在大数据等数字技术的驱动下，跨行业的数据融合应用更加常态化，跨地区、跨行业、跨层级势必成为数据要素市场的发展趋势。在这一形势下，单个部门或地区的监管力量并不足以应对数据要素市场的这种高协同联动性。条块分割的管理体制正面临挑战，沿用行业管理体系的数据安全监管制度不免造成职责交叉，产生重复监管问题。

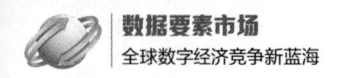

二、数据要素市场监管法律制度亟待完善

数据要素市场化需要完备的制度保障，数据要素监管制度是推动数据要素市场健康平稳发展的基础。近年来，我国相继颁布了多部数据相关保护法律，明确了数据安全保护的义务，但从总体来看，我国数据要素市场监管制度尚未健全。

第一，政府对数据安全保护投入力度不够，资金和技术人员的投入较发达国家处于初级阶段。个人和公共数据滥用、泄露，尤其金融和信用数据泄露风险极大。数据要素市场存在诸多安全隐患，为网络欺诈、数据窃取等犯罪提供了可乘之机，尤其境内外网络金融欺诈危害甚大。

第二，现有法律对实施重点和如何协同保护没有做出明确规定。政府作为数据保护的直接责任主体，应做好数据安全保护的实施工作，但目前法律缺乏明确的引导方向，企业及第三方机构都可以接触数据，影响数据安全；从现有的法律本身来看，宣示性强，操作性较弱，并没有给涉及收集处理相关数据的企业造成足够的合规压力，这也导致相关企业仍将关注点放在业务发展上，对网络信息安全的投入较少。例如，《中华人民共和国网络安全法》对数据保护对象缺乏系统表述，对管理制度和要求没有细化，保护权限过于"下放"。

三、数据要素市场监管手段有待突破

由于数据交易的复杂性和多主体性，数据要素市场监管有别于传统要素市场监管，对于监管要求更高。

第一，原有针对传统要素的监管模式与数据要素市场的高流动性不相适应。传统要素市场监管通常采用事前准入和事后处罚的监管模式，但由于数据要素市场交易的实时性和规模性，事后监管体系远远滞后于问题的发生，难以适应数据市场领域日新月异的发展形势。新型事前、事中、事后监管模式亟待建立，以加强数字经济领域重大突发事件的应急响应处置能力。

第二，传统线下监管手段与数据要素市场线上、线下"双线并行"特性不适应。传统数据要素市场通常为线下经营，大多通过事前牌照发放和事后监管等线下手段开展市场治理。但是，数据要素市场参与主体大多数线下、线上业务同步进行，且数据多积累于线上，如一些教育、出行、医疗、金融等领域的数据型企业，难以完全参照线下经营实体资格条件取得相应的牌照和资质，导致传统监管手段难以满足这类企业的发展需求，不利于数据要素市场的培育和壮大。

四、监管技术不成熟，监管人才缺位

与传统要素市场监管不同，数据要素市场监管高度依赖技术。监管科技创新是保障数据要素市场监管有序进行的前提。

第一，随着数据要素流通应用场景不断丰富，数据面临的安全风险也相应升高。当前，我国数据安全监管技术分类精细，要获得成熟的落地实践能力，技术难度较高。不少技术领域仍处于萌芽期，需要科研、资金的投入和支撑。根据信息化、数字化、智能化的阶段性发展目标，商业数据、政务数据、个人信息等不同的数据安全监管对技术的要求不同，需要投入更大的科研力量进行科研攻关，并完成技术成果的转化，才有助于对合规性需求的实施。

第二，数据安全监管人才缺口严重。数据安全监管技术对相关领域的工作人员提出了更高的要求，数据安全产品、服务等相关供应商需要更多技术型专家人才的投入。

第四节　构建完善我国数据要素市场监管体系

一、加快完善数据要素市场监管体系

数据要素市场监管不能仅依托政府或有限的大型互联网平台进行，而是要全方位吸收各界企业力量，尤其数据型企业。

第一,构建"政府+行业平台+企业"多元共治的数据要素市场监管体系,明确各方在这一体系中扮演的角色及承担的职责和义务。实施推进他治与自治相结合的协同治理;建立数据交易跨部门协同监管机制,明确不同部门的监管职责和分工;充分发挥行业内部的自律监管作用,充分利用行业协会在专业化和反应速度上的优势,推动各类数据要素流通平台型企业、第三方数据服务企业等关键主体参与数据要素市场治理。

第二,创新数据要素交易规则和服务,探索加强数据要素价格管理和监督的有效方式。健全数据要素交易信息披露制度,加强数据市场安全风险预警,防范数据要素市场重大风险;搭建数据流通监管平台,加强数据流动监测、业务协同监管和数据交易安全监管;开展数据要素市场交易大数据分析,建立健全数据要素交易风险分析、预警防范和分类处置机制。

二、稳步推进数据要素市场监管制度建设

随着《中华人民共和国网络安全法》《中华人民共和国数据安全法》《中华人民共和国个人信息保护法》三部上位法相继出台,我国数据要素市场监管迈入一个新的阶段。数据要素市场的应用场景不断丰富,数据要素市场流通监管制度仍需不断完善。

第一,在上述三部上位法的基础上,加强对数据要素重点环节、重点领域监管。完善数据产权、定价、流通、应用、安全保障等环节的相关行政法规、部门规章和规范性文件等各层级法律规定,将综合性立法和专门性立法相结合,涵盖数据要素流通各环节、全链条;针对数据跨境流动,设立数据跨境流动风险防控机制,强化对数据跨境流动的监管,强化数据主权。

第二,细化监管要求,增强法律的可操作性。在总结各地实践探索经验与教训的基础上,充分考虑数据交易的独特性,完善数据要素相关经营者集中申报、审查、附加限制性条件等制度,加强反垄断和反不正当竞争执法,规范交易行为,健全投诉举报查处机制,防止发生损害国家安全及公共利益的行为;健全数据安全审查制度,加强对数据交易机构的监管,保障国家数据安全,保

护企业商业秘密和个人信息安全；建立全国范围的数据交易法律法规和监管框架体系落地实施方案，明确监管要求，细化监管指标，加强数据要素流通全流程风险监控。

三、建立规范数据要素市场监管标准

第一，监管机构需考虑数据要素市场相关标准的制定、实施与监督。当前，我国主流的互联网产品和服务仍然沿用传统技术和法律架构，政府相关部门应推出专业的第三方机构为企业提供合规指导；加强对标准的统筹规划，做好与国家标准、相关领域行业标准的衔接工作，鼓励创新技术成果向标准转化，强化标准的实施与应用，加强标准的国际交流与合作，提高标准对数据安全保护的整体支撑作用，为数字经济高质量发展保驾护航。

第二，在数据标准创建达成共识后，监管机构应制定相应的管理办法，促进标准的实施。不同数据行业的监管模式可能有所不同，监管机构需因地制宜，制定符合行业特色的数据要素市场监管管理办法（例如，不同行业建立不同的分级分类标准体系），进而推动各行业数据要素市场监管稳步有序发展。

四、创新突破数据要素市场监管执法手段

第一，从数据资产管理的角度，充分利用"互联网+监管"创新模式，建立完善数据要素流通全生命周期监管体系。

事前监管创新，建立健全信用承诺制度，对数据运营平台运营有关事项进行审查与回复。数据使用主体应主动做出信用承诺及数据安全合规承诺。

事中监管加强，建立全面的数据使用主体信用记录，及时、准确地记录数据使用主体的信用行为，特别是将失信记录建档留痕，做到可查、可核、可控、可溯。

事后监管完善。例如，通过构建数据使用行为模型，针对数据流转过程中可能存在的安全泄露、违规使用等问题进行实时监控、追根溯源和实施阻断，

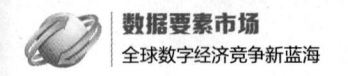

依托平台完成安全监管职能。

第二，打造"技防+人防"的执法手段，深入推进数据要素市场监管执法工作数字化、精细化、智慧化、规范化建设。以事前预防与事后规制相结合的方式完善数据要素市场监管执法手段，创新"执法+服务"工作模式，事前重预防，事后轻处罚，转变监管理念，强化培训教育，打通协同监管，加快数据应用，鼓励社会共治，构建新型数据要素市场监管执法机制；加强审管衔接，确保每个环节均有人监管与负责。对于缺乏专门执法力量的领域，主管部门可联合综合执法部门共同发挥监管职能。

五、重点加强数据要素市场监管技术研发

发展型监管体系需从技术标准起步，经由市场设计逐步走向分层、分类、分布式的数据要素市场监管框架体制机制设计。

第一，强化数据监管技术能力建设。加强对数据安全保护技术的研究，积极研发和推广防泄露、防窃取、匿名化等大数据保护技术，加强以人为中心的隐私和安全设计，促进网络信息安全威胁数据采集与共享；建立统一高效、协同联动的网络安全管理体系，强化个人信息保护与数据安全管理；依托区块链等新型技术，不断提高监管技术手段，实现数据要素流通全流程监管覆盖，建立实时监管机制；提高数据基础设施安全可控水平，同时不断探索完善重要数据脱敏技术、数据风险评估技术。

第二，加强数据安全领域人才培养，深化与高校、研究所、行业协会等的联合培养合作机制，加快壮大数据安全人才队伍，培养具备综合性知识与技能的复合型人才；加大数据安全培训力度，将数据安全纳入国家职业资格认定范围，提高广大干部群众的参与度。

技 术 篇

强化数据要素市场技术创新

技术是数据要素市场发展的基础保障。习近平总书记深刻指出:"只有把关键核心技术掌握在自己手中,才能从根本上保障国家经济安全、国防安全和其他安全。""核心技术是国之重器。要下定决心、保持恒心、找准重心,加速推动信息领域核心技术突破。"同理,数据要素市场的发展,需要坚实的技术基础做保障。本篇立足数据要素市场发展的"采集、存储、计算、流通、管理、安全"等方面,深刻剖析不同环节的技术内涵和演进趋势,以期为数据要素市场技术发展提供指引。

第十六章 | Chapter 16

增强数据"大体量"采集存储能力

当前，全球数据资源呈现指数级增长态势，据国际数据公司预测，2018—2025年全球数据总量将由33泽字节增长至175泽字节，年均复合增长率达26.9%。这是嵌入了数据采集能力的大量智能终端规模化部署的结果，对数据采集与存储的速度、性能、容量、方式等提出了更高要求。从市场发展来看，国际数据公司的数据显示，2018—2023年全球存储装机容量将以18.4%的年均复合增长率增长，其中企业级存储装机容量年均复合增长率将达25.1%，远高于个人存储容量5.9%的年均复合增长率。推动数据"大体量"采集与存储技术创新，最大化地获取和积累数据资源，能够为数据要素价值的充分挖掘和开发利用提供坚实的资源基础。

第一节 数据采集与存储的定义及价值

数据采集与存储是数据成为生产要素进入全生命周期运转、参与价值创造的起点，是各类组织因开展经济活动的需要，通过各种端口采集大规模、多元化、异构化数据，并通过自建或租用数据中心进行集中存储。足够的数据规模能够增强数据分析的准确性和有效性，是充分挖掘和分析数据价值的重要前提和必要环节，高度依赖高水平的数据采集和大规模的存储能力。

一、数据采集

数据采集是充分利用通信网络和感知技术对个体行为、复杂环境、多源设施、异构系统、互联网络等各类信息载体源源不断产生的数据进行实时动态获取的过程。数据采集需要先采再转，即通过可编程逻辑控制器、微机电系统、无线数据通信、红外线感应、射频识别等各类物联网技术，以及爬虫技术、数据仓库工具、应用程序编程接口共享交换等方式采集多源异构数据；然后运用协议解析与转换、中间件等技术，将异构数据进行格式转换，并通过网络进行传输。

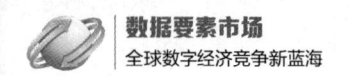

二、数据存储

数据存储是对采集到的数据进行集中存放、管理和保护。传统存储方式是"硬存储",主要是通过磁盘等存储硬件对数据进行记录,记录逻辑与物理顺序保持对应关系。随着云计算的广泛普及,基于分布式架构的"云存储"快速发展,通过集群化部署、分布式管理、按需调用等方式将各类存储设备协同,具有良好的可扩展性、按需配置、容错性高、备灾能力强等特点,逐渐为科研创新、企业生产、商业活动等数据需求量较大的领域采用。

第二节 数据采集与存储的发展现状

一、数据采集技术手段日益丰富

受益于计算机技术、数字通信技术和微电子技术的发展,数据采集技术快速提高。在移动互联网和物联网广泛普及的推动下,数据采集的覆盖面进一步扩大,数据采集的渠道进一步丰富,数据采集技术正变得更加便捷易得,以获取更大范围、更深程度的数据资源。传统线下采集方式正加快向流程在线化、平台化转变,如问卷调查、用户访谈、实地调研、交流座谈、用户反馈等逐步加入数字技术手段,实现更快速的内容采集、更便捷的统计分析。线上采集逐步发展出爬虫采集、应用程序接口采集、射频识别采集、小程序埋点采集等方式,全方位采集来自智能终端、车联网、社交网络、可穿戴设备、政府数据开放平台等不同载体和端口的数据,从而为数据要素市场的数据供给奠定坚实的基础。

数据采集方式如图 16-1 所示。

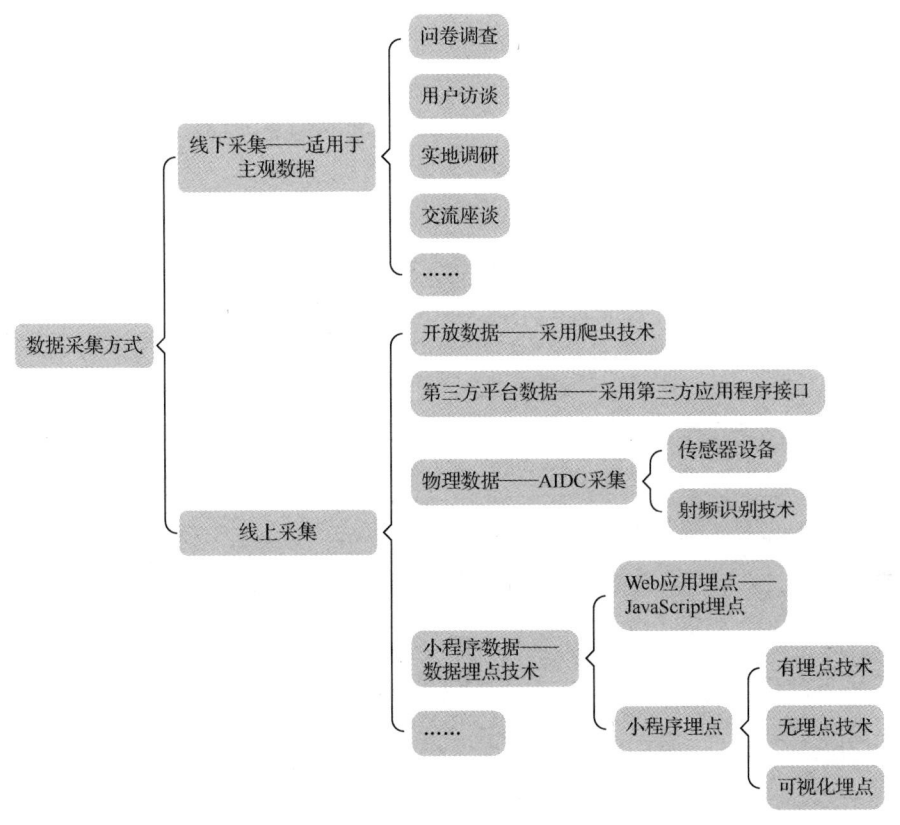

第十六章 ｜ 增强数据"大体量"采集存储能力

图 16-1　数据采集方式

二、软件定义和超融合引领分布式存储架构升级

在传统意义上，数据存储主要由单一服务器集中式存储来承担，不能满足日益增加的数据规模、愈加复杂的数据类型、持续提高的数据处理速度等需求，突破单机存储能力瓶颈、基于大数据平台的分布式存储架构由此广泛普及。大数据平台的分布式存储能力主要通过软件定义存储来实现，即存储软件不再依附或绑定在存储硬介质之上，而是独立调用、定义多个硬介质的存储能力，并通过软件迭代促进存储容量和性能的横向扩展，提高存储效率，确保数据安全，支撑大规模、高并发场景应用。随着云架构和虚拟技术的发展，网络、存储、计算等 IT 能力通过虚拟手段加快集成，逐步发展出超融合基础架构，在不改变硬件配置的情况下进一步提高分布式存储系统的整体性能，支持异构化、节点

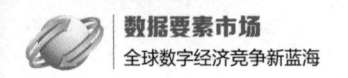

级扩容，并在应用成本上拥有更大优势。

案例 1：基于分布式存储的金融声誉风险管控

随着移动互联网、大数据、云计算、智能终端和人工智能等技术的发展和交互应用，传播环境和舆论生态有了翻天覆地的变化，金融企业日益面临随机爆发的声誉风险，大幅增加了经营成本和利润流失。传统风险管理的概率预测和内部控制已经无法满足金融声誉风险管控的要求。

网智天元搭建的星图知识图谱平台基于分布式存储及计算架构，结合图计算引擎实现对知识图谱的应用，通过机器学习算法实现从多模态数据源中抽取知识，结合应用场景，融合构建出图谱知识体系及内容。该平台基于网智天元积累的 2.4 亿条工商企业数据，通过机器学习算法实现从多模态数据源中抽取知识，针对金融声誉风险场景构建企业声誉风险知识图谱体系，结合金融基础知识体系、风险识别评估体系、规则引擎、决策引擎，实现对企业声誉风险的识别、传导和预警。

案例来源：大数据产业生态联盟《2022 中国数字化转型生态建设百佳案例》

三、云存储模式创新应用步伐加快

云存储是基于云计算环境构建的全新数据分布式存储模式，在将多个存储设备和服务器集成的基础上，通过云端存储系统调用的方式对硬件存储能力进行按需分配，具有突出的成本低廉、可扩展性强等优势。云存储最突出的优势是对数据存储硬件、数据计算能力进行了解耦，通过云端的存储和计算能力共享调度，全面提高数据存算能力的使用效率，具有广阔的应用空间。当前，阿里云、腾讯云、百度云、华为云等头部云存储服务商不断丰富自身的产品形态，构建了对象存储、块存储、文件存储、表格存储等多种形态的云存储产品，从而满足制造、金融、农业、文旅、社区等多样化场景的应用需求。

云存储基础架构如图 16-2 所示。

图 16-2　云存储基础架构

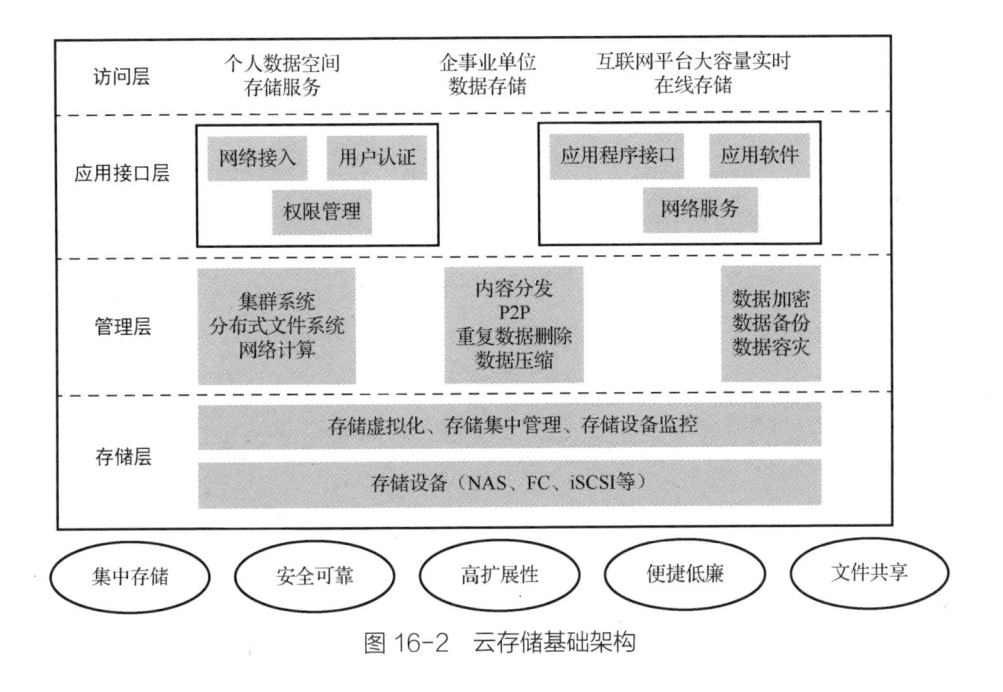

第三节　数据采集与存储的技术演进

一、数据采集加快高速化、微型化、智能化发展

为满足更大范围、更大规模的数据获取需要，数据采集系统在采集速度、采集通道、采集方式等方面不断拓展产品能力，将进一步在三个方面加快采集效率的提高：一是数据采集系统为能够采集到持续产生、动态变化的数据，将集成更高速、更高性能的数据转换和处理模块，从而保证能够采集到更多快速变化的数据。二是数据采集系统的体积将更加微小、集成性更强，方便安装部署在任意设备或自由携带，支持集成多设备系统，能够对不同结构的数据进行采集。三是数据采集系统将更多集成智能技术，能够在无人工干预的情况下，自动实时采集和维护数据，从而确保数据的持续动态更新。

二、闪存技术创新加速高性能存储介质发展

一般而言，存储介质性能有每秒对数据进行读写操作的次数（input/output

operations per second，IOPS）、数据读写响应时间（I/O 延迟）、每秒数据读写的流量（I/O 吞吐量）。随着数据爆炸式增长，对存储介质的需求逐步向亿级 IOPS、毫秒级 I/O 延迟、大 I/O 吞吐量等方向升级。应用性能需求的提高进一步驱动闪存技术不断创新，全闪存存储逐步兴起并将快速普及，由固态存储介质构建的独立存储阵列方式将成为主流，具备亿级以上 IOPS、微秒级 I/O 延迟、I/O 吞吐量更大、稳定性更高等优势，加上端到端 NVMe 网络架构的支撑，将大幅提高存储系统的性能。闪存阵列的高性能在很大程度上降低了固态存储介质的使用周期，采购价格也一直处在高位，制约企业用户大量部署应用，越来越多的存储服务商正寻求更多的提高存储效率的方法，通过应用平衡介质损耗、自动精简配置、重复数据删除和压缩、坏数据块重新映射等技术，从而最大限度地扩展闪存阵列的使用周期。

全闪存阵列存储市场情况如图 16-3 所示。

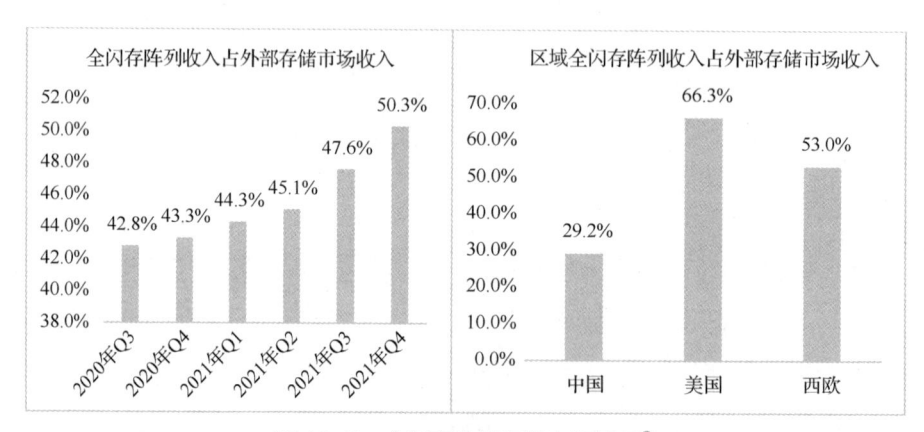

图 16-3　全闪存阵列存储市场情况[1]

案例 1：基于全闪存存储的不停车电子收费系统

当前，高速公路信息化建设快速推进，不停车电子收费系统广泛普及，不到 2 秒的收费通行能力超过人工收费的 5～10 倍。联网收费高速公路里程数高、各类收费节点多、日均通行量超百万级，对高速结算系统的稳定性、低延时、

---

[1] 数据来源：赛迪研究院根据 Gartner 2021 年 Q4 外部存储报告整理。

不间断存储等方面提出了高要求，要求确保收费工作 7×24 小时不间断。

浪潮以自有品牌服务器和存储产品为核心提供的数据存储解决方案，支撑了某省高速公路收费系统业务的顺畅运行。其中，交通卡运营管理平台和清分结算系统采用了 2 套闪存系统，构建了算法优化的全闪存存储模型架构，在低延时性方面，数据延时达到亚毫秒级；在可靠性方面，使用非易失性双列直插式内存与专用独立磁盘冗余阵列相结合的方式，确保不停车电子收费系统顺畅运行，交通卡运营及清分结算业务实现"极速响应"。

案例来源：国际数据公司《数据及存储发展研究报告》

三、湖仓一体的存储技术集成提速发展

大数据平台通常采用数据仓库、数据湖等不同的数据存储方式。数据仓库是在已建不同类型数据库的前提下，围绕特定决策主题，支持调用、处理和分析数据源的结构化系统。数据湖是以集中方式、按照数据原始内容和属性存储各种类型数据，并支持多种计算与处理分析引擎直接对数据进行访问的统一存储系统。两者在存储架构、存储协议、应用模式及运维模式等方面存在差异，可以满足企业级数据存储的不同需求。在规模化数据存储和分析需求的爆发下，两者日益呈现多元异构数据承载能力不足、数据治理效率低下等发展短板。为此，湖仓一体的存储架构正加快发展，通过在数据仓库基础上建外部表，或在数据湖中做数据仓库开发等不同的实施路径，实现数据湖的灵活性和数据仓库的高效性并存。同时，为保障产品的稳定性，服务商正加快探索突破在湖仓一体化过程中产生的打通异构数据、保持元数据一致性、湖仓不同引擎之间数据交叉引用繁杂、湖仓开发工具缺乏等问题。

数据湖与数据仓库的互补关系如图 16-4 所示。

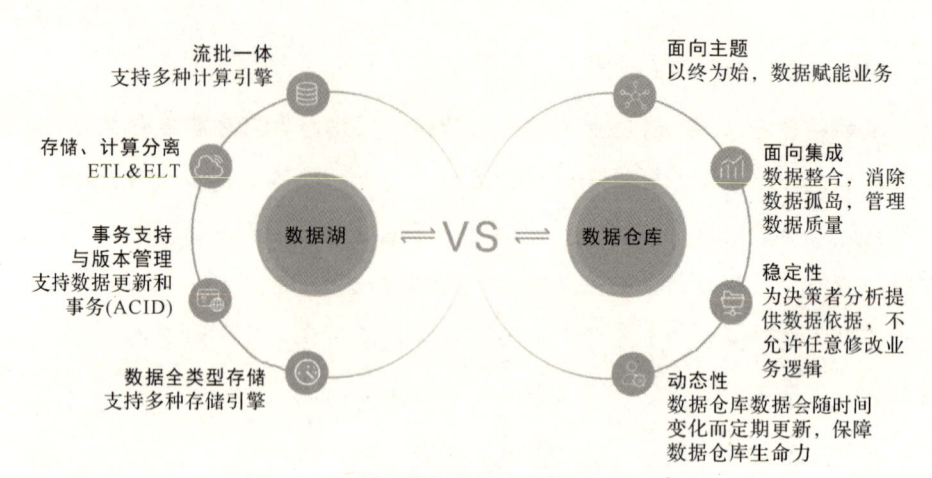

图 16-4　数据湖与数据仓库的互补关系①

---

① 数据来源：云智慧 AIOps 社区，2022 年。

第十七章 | Chapter 17

提高数据"多样性"计算分析水平

人类社会所能获取的数据已经从单一的数字向文字、图形、图像、声音、语言等形式广泛延伸，数据来源渠道也不再局限于财务表格，而可能出自气象卫星、交通摄像头、社交媒体、移动应用程序、购物平台等各类载体。这给数据开发利用和价值挖掘带来无限的想象空间，但也引发了如何更好地融合数据、分析规律、研判决策等应用难题。为了应对数据来源多、类型多、层次多等发展变化，数据计算分析技术经历了从硬件性能升级到软件优化调度，再到云端分布式整合的迭代演变，并持续向类脑计算、量子计算等新型计算模式加速突破，推动数据价值水平向更高层次提高。计算分析逻辑也在随之转变，更加注重事物间的关联性而非因果性，更加注重分析全量数据而非样本数据，更加注重算法决策的最优性而非精准性。数据计算分析技术日新月异地变革，为数据要素市场建设带来更广阔的发展空间。

第一节　数据计算分析的定义及价值

数据计算分析是数据要素价值释放的关键环节，是对各类主体采集和存储的数据进行筛选和处理，从而提高数据可用性，为数据资源的挖掘和分析奠定基础。

数据计算分析是围绕多元、异构、规模化数据处理需求，将多源、多模态数据互相融合，形成可以被挖掘分析的数据集的技术过程。从信息技术体系看，信息背后的基础和关键是计算，数据的产生和使用都需要经过输入、计算和存储、输出等过程，数据是信息的表象和结果，计算才是信息的枢纽。通过不同渠道、不同系统采集到的不同类型的数据，存在类型不统一、编码不一致、内容残缺无效、格式错误等各种各样的问题，必须通过计算、分析、挖掘等手段完成数据的清洗、归集、集成等，从而提炼出隐藏在数据中的有价值的信息，反映事物发展的内在规律和发展趋势，帮助人们获得知识、精准判断、有效决策和指挥行动。不同数据库系统将越来越多地集成多源异构数据融合和多模态数据挖掘等计算分析模块，使数据可以被利用、数据价值得以充分释放。

第二节　数据计算分析的发展现状

一、多元化计算体系正加快演进

随着以大规模数据中心、智算中心、超算中心为代表的新型算力平台向高计算密度、高赋能密度方向部署，冯·诺依曼计算架构加快向多元化计算架构体系演进，呈现出四大特点。一是硅基计算向高性能计算、量子计算、类脑计算等新领域拓展，非冯·诺依曼体系计算技术正逐步走向实用。例如，量子计算在密码破解、超大型金融计算等特定场景中已初步展现出极为出色的性能，逐步替代当前的计算方式和部分专用芯片。二是存算一体技术发展，提高计算系统效能。存算一体技术加速计算模块与存储模块的融合，甚至在"存算融合"单元上完成高能效并发运算，减少了数据迁移的成本，促进了数据的高效交换，持续提高计算系统的整体能效水平。三是计算节点向边缘侧进一步下沉。在云计算的基础上，边缘设备在云计算中心下发的算法支持下，对实时数据进行处理，成为云计算中心系统的延伸，确保对边缘侧数据的高效利用。四是多元数据融合认知计算逐步成熟。为解决现有的信息处理模式无法满足对不同来源、不同模态数据（语义信息）进行快速识别的需求的问题，多元数据融合认知计算技术以计算机为载体，以语言理解为突破，以多源数据为手段，以分词矩阵式融合认知计算技术为方法，实现人机交互，为多源数据赋能。

二、分布式数据库应用逐步成熟

在数据快速海量增长的当下，传统集中式数据库架构横向扩展能力受限，计算和存储容量有限，无法充分应对多样、多模态数据的复杂处理分析和瞬时高峰集中处理需求。基于分布式计算和内存计算等新技术模式的分布式数据库快速发展，将分散在多个互联网络节点的数据进行分片、分区的协同读写和存储，并通过分布式协议保障跨节点事务处理的一致性。同时，以应用为中心的云原生数据库也在快速发展，通过多层级的资源弹性支持数据计算能力的按需供给，在资源池存算分离、与云基础设施深度融合、事务型数据库和分析型数据库混合负载处理、具备兼容多种生态接口的统一架构（支持 MySQL、PostgreSQL 等 SQL 接口访问数据库，Redis、MongoDB 等 NoSQL 接口访问，以及 KV 模型、时序模型、文档存储模型等多种模型访问）等方面具有独特的优势。

云原生分布式数据库架构如图 17-1 所示。

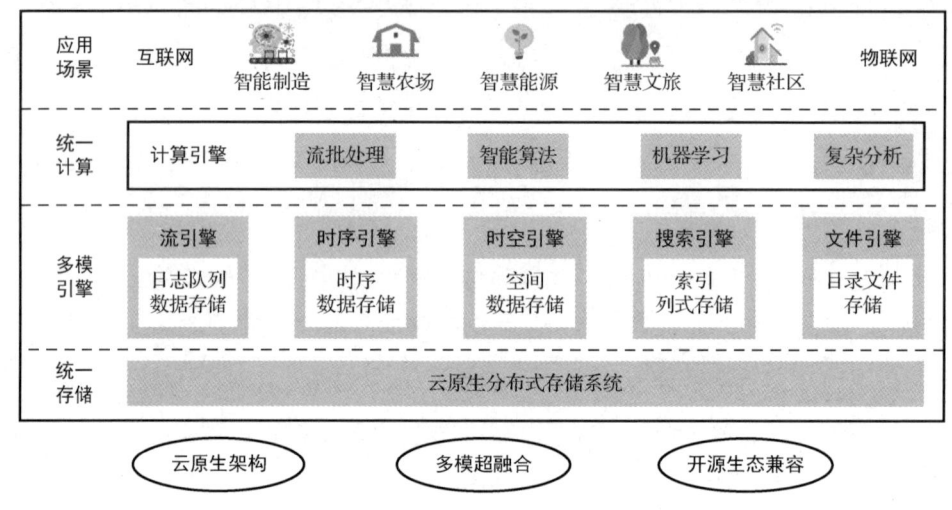

图 17-1　云原生分布式数据库架构

三、数据分析技术与行业结合日益紧密

随着产业数字化进程加快，通用型、基础性大数据分析技术产品已经远远不能满足各领域的数字化转型需求，以软硬一体、边云协同、系统集成、平台支撑为特点的大数据行业分析技术集成解决方案备受青睐，按需定制成为主流。大数据分析企业加强数据、技术、平台和场景的融合创新，赋能企业用户业务、流程和商业模式升级。例如，在大数据分析与工业场景的应用中，企业运用大数据分析技术，通过内嵌传感器和算法模型，基于前端联网和计算推进其内部数据与外界数据的交换，并将交互结果快速反馈至后端，基于后端远程控制实现与用户的实时互动，实现对产品运行状态的实时监测。同时，企业获得产品的销售数据和客户数据，基于大数据分析技术，拓展故障预警、远程监控、远

程运维、质量诊断等在线增值服务，实现以产品为核心的经营模式向"制造+服务"模式的转变。

第三节 数据计算分析的技术演进

一、流批一体计算模式成为热点

当前，产业界正加快探索流批一体的新模式，建立一套统一的架构，可以同时支持流式计算和批量计算，重点包括以下内容：一是数据集成流批一体，离线与实时使用统一的数据采集方式，将数据实时捕获，推送到数据处理层。二是数据存储流批一体，数据离线或实时状态均通过统一分层、统一存储，数据的一致性和实时性兼容。三是处理逻辑流批一体，使用统一的结构化查询语言语法或者数据抽取、转换和加载组件，通过底层分别适配流计算引擎与批计算引擎，保证数据口径的一致性。四是计算引擎流批一体，流与批使用同一套计算引擎，从根本上避免同一个处理逻辑流批两套代码的问题。流批一体模式可以对混合的有界数据和无界数据统一进行支持，提供更一致的、更广泛的编程环境，以减少资源浪费，降低维护成本，获得更好的数据一致性。

案例1：基于流计算的桥梁工程健康运营监测

在交通领域，对一个中等以上城市而言，交通出行单位至少在百万量级，实时信息并发量巨大，对海量非结构化大数据组织与分析处理的时效性和效率提出巨大的挑战。面对数据庞大且种类繁多的交通数据，解决轨道交通工程实时运营监控、智慧高速安全监控、帮助预测交通工程发生异常情况等问题，构建一个智慧交通物联健康监测系统，将成为推动交通信息化发展的关键。

邦盛科技基于核心技术"流立方"，突破了在时序大数据高并发情况下低延迟处理技术的瓶颈，实现集群吞吐量高达每秒200万笔、单笔延时可控制在1毫秒内，并在此基础上进一步建立了桥、岛、隧海量流数据实时流计算引擎，采用分布式架构和可计算缓存等系统优化设计，建立桥、岛、隧实时计算指标体系，支持特征自动实时提取及机器学习模型内核与规则 Rete 内核协同的实时决策引擎，解决了原来存在的数据处理性能瓶颈、时效性及指标复杂度等问题，为桥梁健康监测的快速发展提供了技术保障。

案例来源：大数据产业生态联盟《2022 中国数字化转型生态建设百佳案例》

二、图计算商用化进程持续加快

随着越来越多的行业和领域开始以图的方式存储、分析数据并展开更多应用，大规模图数据的查询和计算对系统的计算性能等各个方面提出了挑战，推动图计算技术日益向多（大规模）、快（低延时）、好（高可靠）、省（低成本）的方向探索。一方面，图计算部署架构、计算模型等方面的设计优化加快，如分布式并行架构优化、与高性能计算合作等。另一方面，图计算技术与机器学习技术融合加快，以图神经网络为代表的图学习快速发展，将已有的图结构数据与机器学习模型结合，以满足日益复杂的图计算需求，并试图解决过去的复杂模型存在的可解释性低下等问题。

图计算算法核心内容如图 17-2 所示。

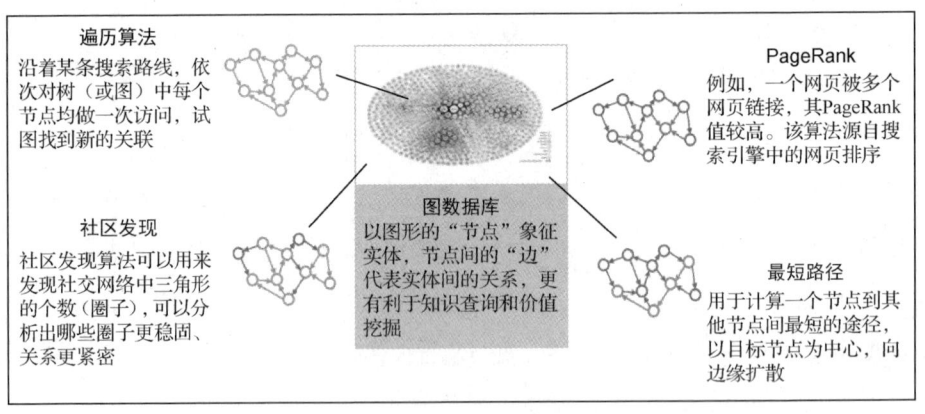

遍历算法
沿着某条搜索路线，依次对树（或图）中每个节点均做一次访问，试图找到新的关联

PageRank
例如，一个网页被多个网页链接，其 PageRank 值较高。该算法源自搜索引擎中的网页排序

社区发现
社区发现算法可以用来发现社交网络中三角形的个数（圈子），可以分析出哪些圈子更稳固、关系更紧密

图数据库
以图形的"节点"象征实体，节点间的"边"代表实体间的关系，更有利于知识查询和价值挖掘

最短路径
用于计算一个节点到其他节点间最短的途径，以目标节点为中心，向边缘扩散

图 17-2　图计算算法核心内容[1]

---

[1] 数据来源：认知智能国家重点实验室等《面向人工智能"新基建"的知识图谱行业白皮书》，2022 年 12 月。

三、数据分析技术深度融入人工智能

当前,大数据分析技术演进到了人工智能新阶段,运用机器学习、深度学习、自然语言处理等人工智能技术,加强大数据分析模型开发和迭代,提高大数据分析的精准性、时效性和智能化水平,日益成为大数据分析行业的共同选择。Gartner 公布的《2021 年十大数据和分析技术趋势》指出,人工智能和机器学习正带来更大的影响,大数据分析企业将部署更智能、更负责任的、更可扩展的人工智能分析技术,利用学习算法和可解释的系统,加速价值实现,给业务带来更大的影响力。除此之外,Gartner 提出的其他层面的大数据分析技术演变,包括组合式数据分析、数据分析架构、有效数据分析、可扩展数据运营、工程决策等,也不同程度地融入人工智能技术要素,推动数据分析技术全方位智能升级。

四、隐私计算多技术路径并行发展

隐私计算是在保护数据不被泄露的前提下实现数据计算分析的技术集合,是为了保护数据隐私、促进数据合规开发利用而快速兴起的。目前,隐私计算技术主要分为三大方向:一是以多方安全计算(MPC)为代表的基于密码学的隐私计算技术,可在各方不泄露输入数据的前提下完成多方协同分析、处理和发布结果,广泛应用于联合统计、联合查询、联合预测等;二是以联邦学习(FL)为代表的人工智能与隐私保护技术融合衍生的技术,在本地原始数据不出库的情况下,通过对中间加密数据的流通与处理来完成多方联合的机器学习训练;三是以可信执行环境(TEE)为代表的基于可信硬件的隐私计算技术,利用软件和硬件方法在中央处理器中构建一个安全区域,保证其内部加载的程序和数据在机密性和完整性上得到保护。不同的技术往往组合使用,在保证原始数据安全和隐私性的同时,完成对数据的计算和分析。不同技术路线具备差异化优势,在不同场景的需求下,服务商日益倾向提供差异化的技术方案或集成式的解决方案,不断加强任务与审批管理、平台管理、数据处理分析、数据管理等基础性能和算法，并以此为基础扩展更多功能，提高隐私计算能力和系统功能对不同数据流通场景的适配性，从而有效平衡数据在流通过程中的性能优化和安全保障。

隐私计算的三种技术实现思路如图 17-3 所示。

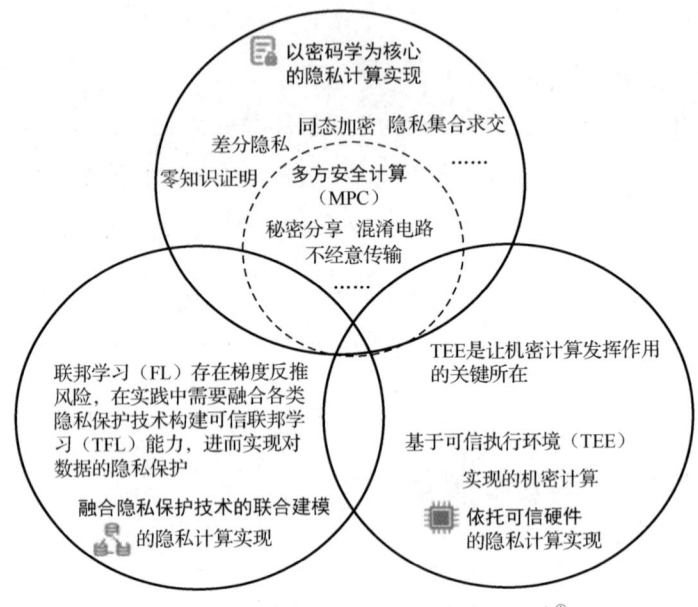

图 17-3　隐私计算的三种技术实现思路[1]

案例 2：基于隐私计算的银行智能风控

当前，面向中小微企业的银行信贷快速发展，银行日益需要强化对中小微企业的信贷风险控制，需要从工商、税务、水电、司法、运营商、征信机构等渠道获取中小微企业的经营数据，从而支持对中小微企业的信贷服务。但是，这一过程涉及多方数据的共享与利用，存在隐私泄露、数据缺乏真实性等安全风险，导致银行无法得到准确、全面的数据去判断小微企业的风险能力，难以及时对中小微企业提供信贷支持。

洞见科技开发了基于隐私计算技术的小微企业智能风控产品，采用联邦学习技术，让多个参与方在各自的原始数据不出私有边界的前提下，共同完成机

---

[1] 数据来源：艾瑞咨询《2022 年中国隐私计算行业研究报告》，2022 年 12 月。

器学习或深度学习任务，让参与方在不共享、不泄露私有数据的情况下联合建模，打破数据孤岛，实现人工智能协作。此模式采用可信联邦学习技术，将银行内部信贷客户的申请信息、存款、理财、行为偏好等内部数据和外部大数据进行安全融合，丰富信贷用户风控数据特征维度，扩大了数据开放程度，在保证银行与工商、税务、水电、司法、运营商、征信机构等外部大数据源的原始数据不出各自私域的情况下，联合构建风控客户画像、风险规则和信用评分模型，帮助银行更加安全、全面、智能地评估信贷客户的风险状况。

案例来源：大数据产业生态联盟《2022中国数字化转型生态建设百佳案例》

第十八章 | Chapter 18

提高数据时效性，共享流通效率

数据共享流通是数据要素市场建设的核心环节，是数据从资源向资产"变现"、实现要素价值释放的重要前提。据不完全统计，我国每年全社会数据量增长约 40%，但真正被利用的数据增长率只有 5.4%，这在很大程度上是由于数据共享流通的灵活性、动态性、实时性不足，导致数据活性和价值随共享链、流通链的延长而日益降低。在数据要素市场培育发展的过程中，数据共享流通的需求增长迅猛，政务数据共享、公共数据开放走在行业前列。但是，与之相比，数据权属仍不明确、"数据孤岛"尚未打破、"信任鸿沟"横亘其中、数据利益分配不均等问题始终存在，导致高价值数据不被共享，流动困难。在这种情形下，提高数据时效性，确保数据在保持时效性和安全性的前提下，充分实现数据要素的共享流通，规避数据使用、共享中存在的风险，促进数据要素价值合理分配，是当前数据要素市场快速推进的有效途径。

第一节 数据共享流通的定义及价值

数据共享流通是数字经济蓬勃发展的重要内容，只有数据在不同主体间持续共享、流转和使用，而不是始终保持静态和孤立，才能促进数据的价值释放，赋能各行业数字化转型，激发数字经济发展活力。推动数据要素共享流通，已成为各行业发展数字经济的重要途径，在促进内部数据向外部价值转化、提高公共决策效率、扩展商业应用场景等方面有着显著的作用。

第二节 数据共享流通的发展现状

一、"可用不可见"的数据空间模式探索加快

数据空间是基于标准通信接口技术建立安全可信的数据共享环境，是支持供需双方数据"可用不可见"共享开发的虚拟架构，被业界视为推动数据流通的有效途径和挖掘数据价值的重要支撑。

从架构设计看，数据空间将从业务、功能、流程、信息和系统等层面开展建设，从治理、认证、安全等方面完善运行机制，从而保障参与数据空间的不同主体分布式数据之间的安全交换。

从制度模式看，数据空间将更多采用"双认证"模式，在制度上要求加入数据空间的参与者进行分级、分重点的事先认证，评估每个参与者是否满足规定的安全级别，在技术上确保数据连接器和数据小程序等核心组件在经过认证后获取准入资格，在功能、协议等方面遵循参考体系架构模型，以确保互操作性和安全性，并推动加强对组件的开发和维护。

从发展生态看，数据空间将呈现"多主体、分角色"的发展特征，核心参与者、中介机构、软件/服务提供者和治理监管机构等多方主体将更多参与数据空间建设，且每个角色都有一定的权利和义务。

数据空间基本框架如图 18-1 所示。

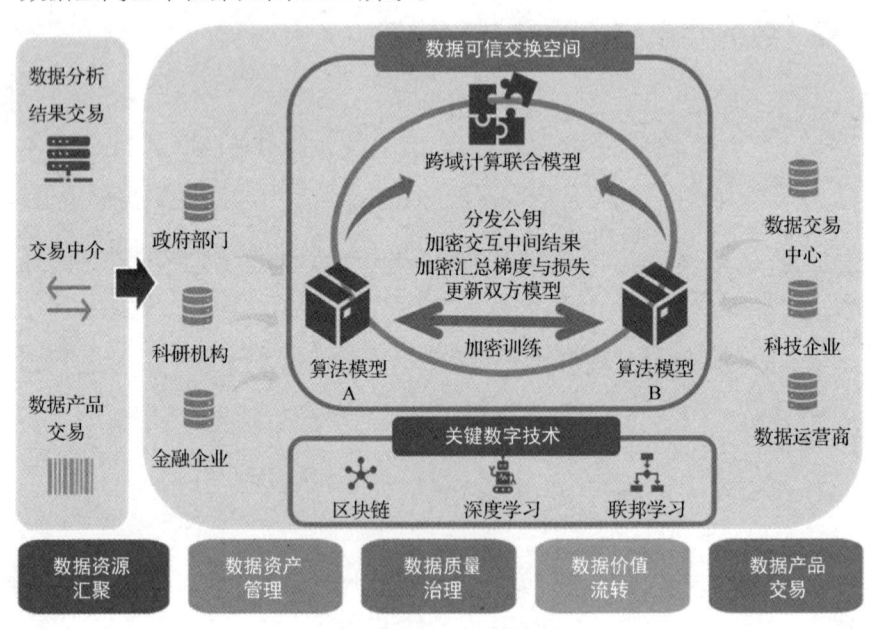

图 18-1　数据空间基本框架

二、区块链+隐私计算赋能数据可信共享

区块链为多方协作流程增信，隐私计算实现数据可用不可见，区块链与隐私计算融合，既能保障数据共享全流程可验证、可追溯、可审计，还能有效保护数据免遭泄露，保障数据流通全过程隐私安全，为实现数据价值共享提供了新的技术路径和解决思路。随着行业对数据可信、可控共享的需求持续释放，隐私计算和区块链加快结合，既结合了二者的优势，也解决了各自面临的难点问题，正逐渐成为推动各行业数据流通的必要路径。两种技术的融合可以应用于数据活动的各个环节，强化多方协作的信任，确保多方数据的安全隐私，包括数据生成及采集合法性验证、数据处理存证和共识、数据使用授权、数据流转、数据协作，以及数据监管审计等。基于区块链进行授权存证的隐私计算平台与增加隐私计算功能的区块链系统，正在成为区块链与隐私计算结合的两个重要方向。两种技术的进一步融合发展、运用，将改变传统的集中式数据聚合和管理中心模式，并促进数据流通逐渐向分布式、多层次、市场化的方向发展。

隐私计算产业链如图 18-2 所示。

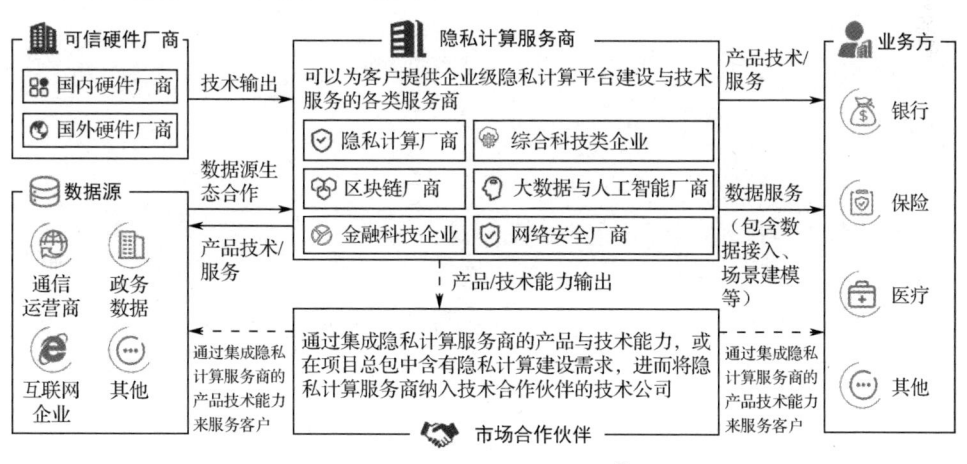

图 18-2　隐私计算产业链[①]

---

① 数据来源：PCview 隐私计算研究院《2022 年中国隐私计算行业洞察报告》，2022 年 12 月。

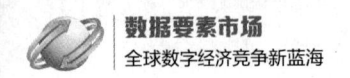

案例 1：基于区块链和隐私计算的数据要素交易平台

数据作为国家基础性战略资源和关键生产要素，是经济社会发展的基础资源和创新引擎。实现数据资产的优化配置，是促进产业升级的关键因素。目前普遍存在数据分布不均衡和信息不对称问题，又因在数据流通过程中的隐私安全、权益和责任不明、溯源困难等问题始终难以解决，导致各方对数据流通交易的意愿不强，无法充分发挥数据价值。

光大科技搭建了基于区块链和隐私计算的数据要素交易平台，将数据以服务的形式进行交易，可以支持多方数据大批量数据建模需求，为大批量数据的流通和共享提供渠道。同时，该平台将源数据和模型结合进行销售，建立一种数据交易即呈现价值的模式。另外，基于安全的数据共享，政府可以发现更多民生问题，从而制定合理的改革和治理措施；企业通过数据分析，可以更好地发现客户需求，孵化更好的服务模式和创新性的产品。基于数据资产，结合区块链的证券型通证，给中小微数据服务商提供便捷、低廉的融资服务。同时，这种与平台资产绑定的证券型通证被提供给二级市场进行交易，吸引更多的 C 端用户享受数据要素发展的红利，刺激市场活力。

案例来源：大数据产业生态联盟《2022 中国数字化转型生态建设百佳案例》

第三节 数据共享流通的技术演进

一、应用程序接口开放技术日益成熟

应用程序接口开放技术在对元数据进行隔离的基础上，面向用户的数据请求，通过编程程序从元数据中抽取、调用数据，并共享给用户。应用程序接口开放技术基于互联网的应用正变得越来越普及，数据应用程序编程接口服务是按需消费模式，无须购买全量数据，可控性强，能够在很大程度上减少对数据质量的争议。同时，该技术能实现对数据流通的过程监管，用户只能调用与业务相关的数据，相关数据调用行为被系统记录，并可以形成自主可控的标准化

技术来实现对应用程序接口的网络管控。据不完全统计，应用程序编程技术服务头部企业聚合数据已经沉淀了超过 500 个分类的应用程序编程接口，日调用次数已经达到 3 亿次，目前已合作客户逾 120 万家，涵盖智能制造、人工智能、第五代移动通信技术应用等领域。

二、区块链核心数据技术创新不断突破

区块链数据技术是描述区块链的数据层存储、验证及数据关系等形态的底层核心技术，其演进将从根本上提高区块链的性能，且不影响去中心化程度和安全性。据赛迪研究院《2021 中国区块链发展白皮书》，区块链底层结构的数据技术正朝以下三个方向加快演进。

第一，数据账户模式重构区块链数据结构。67%的区块链数据技术创新型企业更倾向于采用数据账户新模式推动数据层结构创新，数据账户能够提供分布式实体身份唯一标识、可信数据交换协议，促进跨部门、跨地域的身份认证和数据流通合作，确保数字身份绝对可控和绝对拥有。

第二，有向无环图（DAG）技术加快融入数据结构创新。由清华大学、北京航空航天大学、腾讯等头部高校和企业共同研发的国内首个自主研发的区块链软硬件技术体系"长安链"（ChainMaker）在并行调度上允许在提案-验证整体框架下，支持基于有向无环图的块内交易并行调度提案和并行验证。同时，长安链支持确定性调度和随机调度等多种并行调度算法。

第三，大容量数据处理的交易模型不断优化，推动数据库编程开发者上链兼容，并通过统一数据模型快速构建跨企业、跨部门数据标准，满足数据管控、长期治理和部门业务个性化的需求。

长安链核心技术优势如图 18-3 所示。

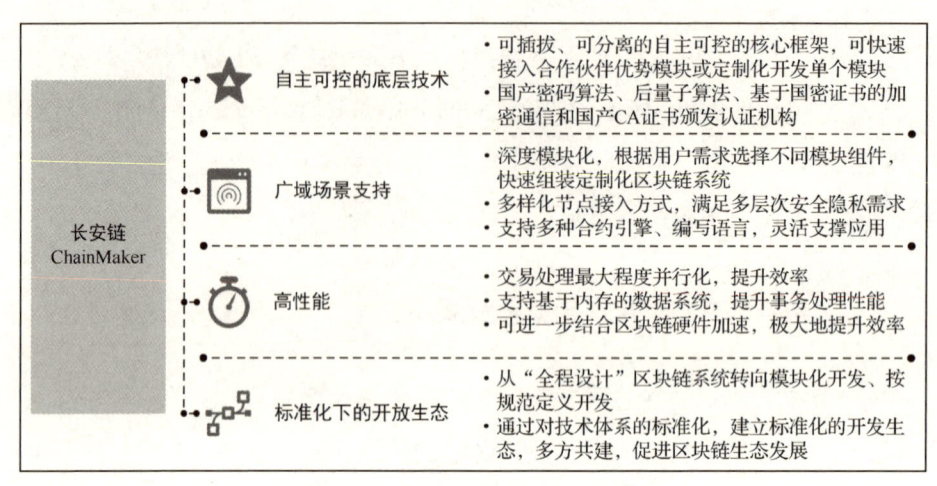

长安链 ChainMaker	★ 自主可控的底层技术	• 可插拔、可分离的自主可控的核心框架，可快速接入合作伙伴优势模块或定制化开发单个模块 • 国产密码算法、后量子算法、基于国密证书的加密通信和国产CA证书颁发认证机构
	广域场景支持	• 深度模块化，根据用户需求选择不同模块组件，快速组装定制化区块链系统 • 多样化节点接入方式，满足多层次安全隐私需求 • 支持多种合约引擎、编写语言，灵活支撑应用
	高性能	• 交易处理最大程度并行化，提升效率 • 支持基于内存的数据系统，提升事务处理性能 • 可进一步结合区块链硬件加速，极大地提升效率
	标准化下的开放生态	• 从"全程设计"区块链系统转向模块化开发、按规范定义开发 • 通过对技术体系的标准化，建立标准化的开发生态，多方共建，促进区块链生态发展

图 18-3 长安链核心技术优势[1]

三、加快探索区块链多链融合互通

随着数据可信流转需求的爆发，基于区块链多链融合互通的解决方案正在被加快探索，旨在通过解决跨链、跨应用、链上链下互操作等方式，支撑数据可信流转。其中，中继链方案采用"以链治链"的思路，可实现对跨链互操作全流程的管控，让链与链协同增效。同时，在中继链上，不同参与方地位平等，便于快速达成共识，形成协作联盟优势。中继链方案已成为多数跨链项目的共同选择。除技术之外，还需要吸引行业供需双方、标准组织、监管部门、开源社区通力协作，以具有行业共识的互操作标准体系为指导，以跨地域、跨行业、跨组织的互操作基础设施为支撑，以包容审慎的监管政策为保障，以积极活跃的社区生态为动力，多方协同，共同促进跨链互操作，从而支持数据的可信流通。

案例2：基于区块链的食品安全溯源服务平台

养殖险业务与食品卫生安全工作密切相关，但养殖业产业链参与方众多，各方数据质量标准不统一、数据易被篡改，导致信用缺失和难以溯源。

南天公司与保险公司深入合作，搭建了基于联盟链的区块链平台，借助联

---

[1] 数据来源：微程序学堂《长安链技术架构与共识模块》，2021 年。

盟区块链交易透明、公开、不可篡改等特点，让产业链参与方对接动物源性食品溯源安全服务平台，进行闭环管理，通过快速获取数据、比对多方数据，加强了数据安全，提高了数据准确性，做到食品安全可控、可追溯。基于该平台建立的病死畜禽无害化处理与保险联动系统，将保险作为经济杠杆，提高养殖户主动报案的积极性。同时，搭建养殖行业信用体系，使被监管主体从"被动接受监管"转变为在信用机制下的"主动参与监管"。

案例来源：大数据产业生态联盟《2021中国数字化转型生态建设百佳案例》

第十九章 | Chapter 19

深入推进数据高质量治理

数据治理是各类主体经过数字化转型、拥有一定体量的数据之后需要面对的首要问题。面对每时每刻产生和更新的大量数据，各类主体通过构建高质量的数据治理体系，规范数据全生命周期的行为活动，能够及时、准确、高效地掌握最核心、最有价值的数据，确保数据更有效地用于流程优化、业务协同和决策分析。同时，跨主体的数据流转更需要开展规范的数据治理，明确在数据流通中利益相关方的权利和义务，平衡分享数据的利益分配。面对日益上升的数据治理需要，推动高质量数据治理技术的发展应用，结合内部、外部数据治理规则和机制建设，能够有效促进数据组织、管理和流转的标准化，提高数据要素市场的供给质量和价值水平。

第一节　数据治理的定义及价值

数据治理以数据源汇入为开始，对数据进行清洗加工，消除数据的不一致性，建立规范的数据标准，提高组织的数据质量与实现数据广泛共享，最终将数据变为宝贵资产，应用于企业的经营、管理与决策，是实现数据服务与应用的重要环节。在数据全生命周期的各个阶段，数据治理利用工具与方法论，在数据存储、数据计算、数据服务应用等环节提供持续的治理服务，构建出高质量、高效率的数据闭环，使数据发挥更大的价值。当前，数据治理已经成为各类主体关注的重点，用于提高数据资产的价值水平，确保数据的标准化。同时，数据治理的目标也随着不同主体的发展需求和外部环境的变化而变化，从而影响数据治理的对象和范围。

第二节　数据治理的发展现状

一、数据治理技术工具实现体系化发展

综合运用大数据技术，结合数据治理理念、框架和机制开展数据治理，推

动数据价值化开发利用,日益成为各领域数字化转型工作的重中之重。数据治理工作是帮助各类主体从海量数据中挖掘出有价值的数据,通过标准化流程、集成化技术手段整合、分析、管理数据,将其变为可用的宝贵"数据资产"。这一工作贯穿整个数据的生命周期,相应的数据治理技术工具也随之体系化,既包括数据架构、元数据、主数据、数据标准化、数据质量、数据资产、数据安全、数据生存周期等技术工具,又包括在数据采集存储、清洗去重、共享交换、分析应用等过程中运用的大数据技术工具。总体而言,相较于技术本身,数据治理更侧重一类理念,或一套涵盖技术、规则、机制等在内的工作体系。

数据治理技术体系如图 19-1 所示。

二、数据资产一体化治理实践步伐加快

由开发运维一体化理念催生的数据运维倡导采用自动化、智能化技术,实施数据开发治理一体化、敏捷数据开发、自助数据服务等行为,满足不同数据资产治理角色(如数据管理者、数据开发者、数据消费者)的需求,提高各类主体的协作效率,不断改进数据质量,降低数据管理成本,促进数据价值的释放。

第一,加速数据开发治理一体化,将数据建模、数据标准化、数据开发流程全面贯通,打通全环节数据管理活动,促进元数据全流程自动化治理。

第二,敏捷数据开发运维集成,通过低代码、可视化、自动化等技术手段消除流程障碍,缩短开发周期,解决数据开发环节不明确、开发语言不统一、开发质量无管理、开发任务难以复用等一系列问题,以应对快速变化的数据分析需求。

第三,发展自助式数据服务,降低数据使用门槛和沟通成本,让业务人员直接参与数据分析过程,实现对数据分析需求的及时响应,更高效地释放数据价值。

第十九章 深入推进数据高质量治理

图 19-1 数据治理技术体系[1]

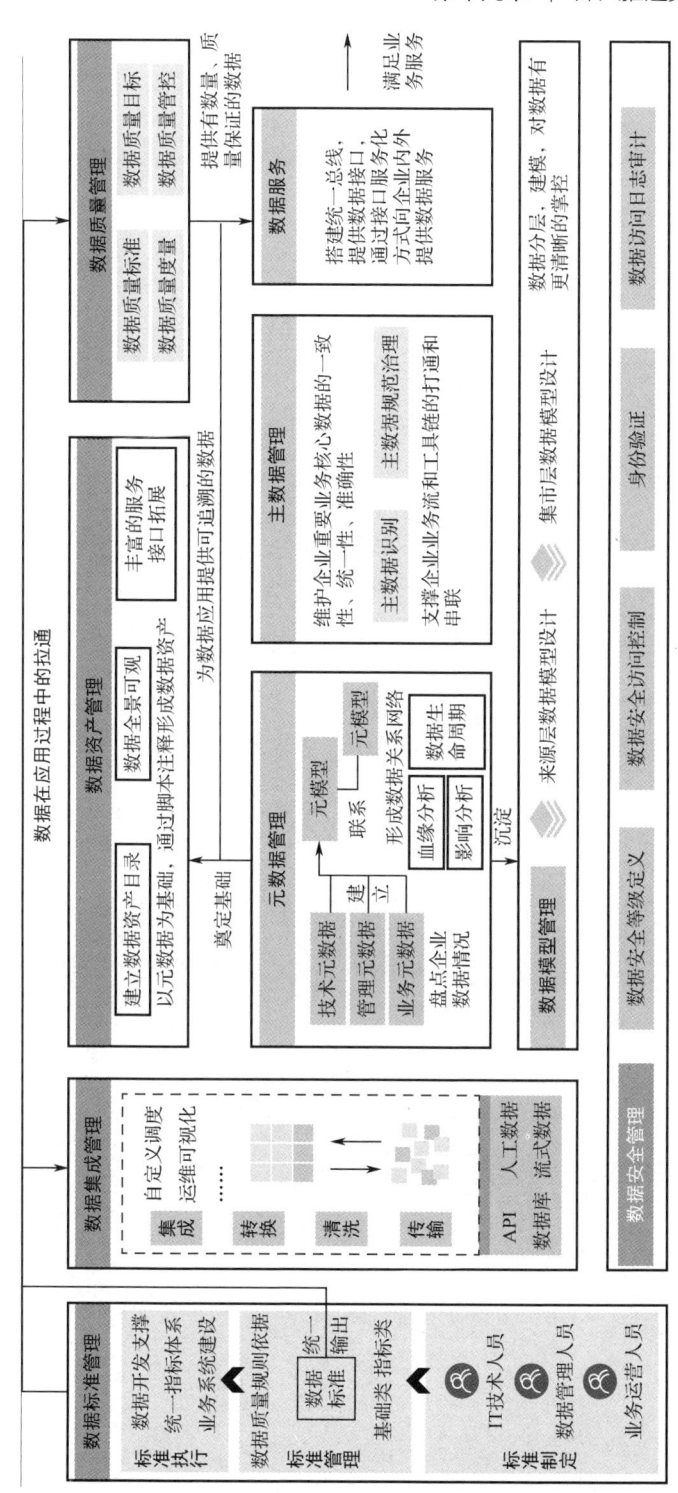

① 数据来源：艾瑞咨询《中国面向人工智能的数据治理行业研究报告》，2022年12月。

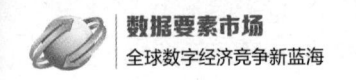

案例1：金融数据资产管理平台

在数字化转型的背景下，金融业务全面向线上化发展，数据规模也随之以几何倍数增长，数据类型多样，数据关系复杂。金融业数据资产具有特殊性，在数字化转型中数据特征持续变化。金融业数据资产管理横向连接多部门业务，纵向贯穿数据采集与资产应用，如何将海量数据资源转化为有价值的资产，在做好数据资产管理的同时深入挖掘数据资产价值，推动整体数据资产市场良性发展，是当前金融业面临的重要挑战。

东方金信数据资产管理平台为金融机构建立数据资产管理体系提供了可靠、便捷的工具支持。该平台具有元数据管理、数据标准管理和数据质量管理等功能，能够帮助金融机构健全数据资产管理体系，助力金融机构实现数据资产管理的可见、可用、可运营，帮助金融机构有效发掘和利用信息资产的价值，辅助实现精准高效的分析和决策，为金融机构数字化转型提供规范管理和系统支撑。该平台能够全面盘点数据资产，通过可视化呈现方式，建立全面、系统的数据资产目录，支持数据资产管理者对数据资产进行规划、开发、运营和监控，实现有效管理。建立健全数据资产管控机制和流程，让管理者实时掌握数据资产情况。数据资产管理平台广泛应用于产品研发、运营管理、风险防控等金融业务流程，依托数据分析、需求挖掘和机会洞察，及时捕捉客户真实的金融需求，对各类业务应用进行创新。

案例来源：大数据产业生态联盟《2022中国数字化转型生态建设百佳案例》

三、数据治理平台化建设成为重要方向

数据治理是数据深化应用的基础，数据平台与数据治理一体化规划和建设模式逐渐成为行业共识。一体化规划和建设向以下三个方向快速升级。

第一，低质量数据系统治理。对企业用户已有的信息系统积累的大量数据，以应用场景、业务需求为导向，精准治理"碎（碎片化）、多（重复）、少（缺失）、乱（格式混乱）、错（数据冲突）、旧（内容陈旧）"等问题。

第二，异构数据标准化治理，构建平台统一的治理规则和机制，明确数据格式、调取、质量等全方位的标准，以便更好地服务于数据集成、共享、关联分析和应用。

第三，保障平台运营与治理的一致性，采取数据治理与平台建设运营一体化方式，在平台建设、运维管理、实际使用、数据治理等各环节实现理念、团队、机制等方面的统一，形成平台治理和数据治理同样适用的治理体系。

案例 2：公共交通数据治理平台

公共交通治理涉及部门多、渠道广，各部门数据单独存储，数据运营主要依托行业内部数据，无法进行多源数据的有效聚合，难以准确掌握城市客流出行规律，以更好地服务治理需求和调配优化运力。

半云科技自主研发的数智中台产品体系，包括"数藏"产品，即一款面向实施人员的、智能的、敏捷的数据全生命周期管理应用平台。该平台将多种数据开发能力融为一体，提供完整的数据开发环境，拥有数据集成、数据开发、监控运维、数据资产、数据质量、数据安全、数据服务等功能组件，实现全局数据治理及服务。该平台在云端或数据中心部署，让公共交通部门快速拥有大数据处理能力，在单一平台下实现对海量数据、全类型数据、外部数据的存储归档、搜索访问、计算加工、价值挖掘、安全控制，以及数据资产全生命周期管理，保证公共交通数据在采集、集中、转换、存储、应用整个过程中的完整性、准确性、一致性和时效性，从而建立起符合公共交通治理的数据架构和数据治理体系。

案例来源：大数据产业生态联盟《2022中国数字化转型生态建设百佳案例》

第三节 数据治理的技术演进

一、元数据管理技术走向"主动"范式

元数据是开展数据治理的基础数据，是数据的数据，用以描述数据的类型、

名称、值等信息，以及其他关联描述，包括数据的所属业务域、取值范围、数据间的关系、业务规则、数据来源等。元数据管理技术是对最小数据单元进行创建、存储和控制的技术，以便更容易地理解、更快地查找和更有效地管理数据，确保在开展数据相关的行为活动时达到一致。Gartner 在 2021 年发布的《主动元数据市场指南》认为，元数据管理技术正从"被动"范式走向"主动"范式，具备元数据持续访问和处理并支持持续分析的功能，在以下三个方面表现出突出优势。

第一，主动元数据技术能够智能收集系统日志、查询历史、使用记录等载体的所有元数据，并可以通过全文检索方式进行智能化展现。

第二，主动元数据技术能够创造智能检索方式，通过对数据应用程序接口的使用自动连接和智能处理检索到的元数据，推动元数据自治。

第三，主动元数据技术能够打通元数据与数据的通道，推动数据系统智能使用和分析数据质量故障记录、准确预测问题所在，并在没有任何人工干预的情况下进行修复或预警，最终让用户体验变得更好。

元数据主动式管理流程如图 19-2 所示。

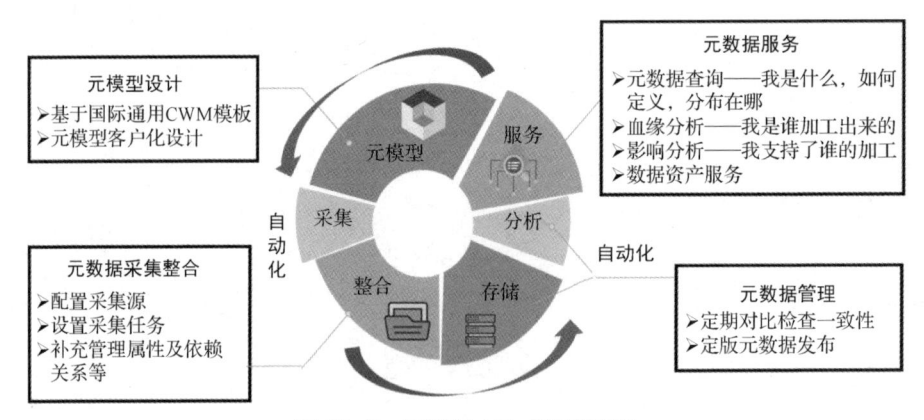

图 19-2 元数据主动式管理流程

二、主数据管理与人工智能技术加速融合

主数据是指满足跨部门业务协同需要的、反映核心业务实体状态属性的组织机构的基础信息，属性相对稳定，准确度高，唯一识别。主数据管理技术是根据业务规则和数据质量标准识别、清洗、整合、定义和维护主数据的一系列技术，如主数据维护技术，需在配合主数据创建、变更的流程审批机制的要求下，确保对主数据与各个关联系统数据同步监控、同步更新。随着云计算的广泛普及，主数据技术与云平台架构深度融合，与云资源调用的微服务模式实现服务共享，从而进一步提高了主数据管理技术及工具的可用性、稳定性和易用性。此外，人工智能技术的融合应用，促进主数据管理中的自动清洗、智能维护、实时更新等实现，有助于提高主数据的管理质量。

主数据智能化管理流程如图 19-3 所示。

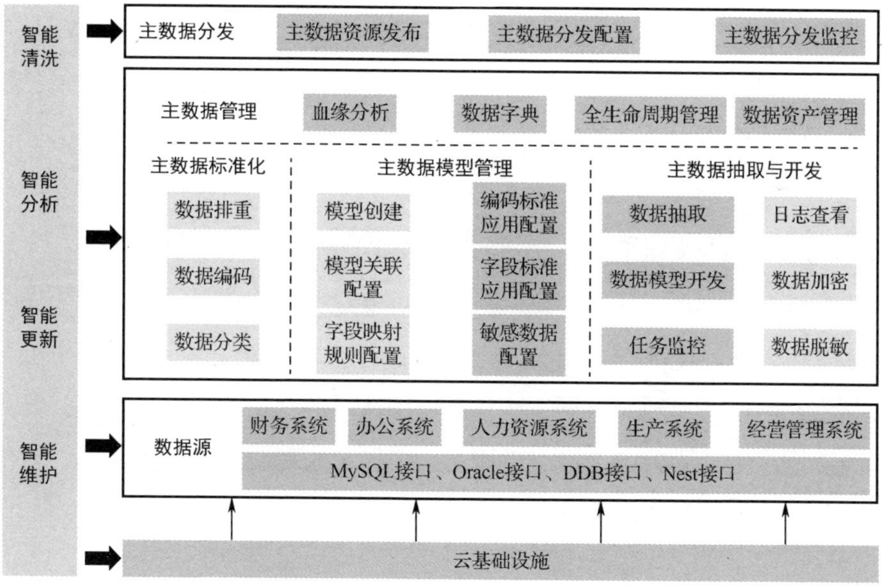

图 19-3 主数据智能化管理流程

三、数据确权治理将从技术层率先突破

数据要素的广泛流通使参与数据价值生产的主体角色更加多元和复杂，进

一步引发了对数据确权的需求。但是，在相关产权制度难以在短时间内实现突破的当下，产业界更倾向于加快数据标识确权、认证授权、追踪溯源等技术的突破，通过可信技术确保数据权属明晰。基于标识技术，为人、机器、算法、服务、内容、收益等数据价值产生、流转和开发的各个环节或角色"赋码"，通过唯一编码促进数据互操作，实现权属的确认和流转，这将是技术突破的关键。同时，由于多源、多模态数据的大量汇聚增加了对数据访问控制、授权管理的难度，非结构化、半结构化数据无法通过传统数据标识方式进行标识，导致过度授权和授权不足的现象并存，而数据认证、授权技术发展则需要进一步向兼顾多样化数据标识和合规性数据授权的方向演进。

四、数据编织技术或促进数据治理优化

当前，智能终端广泛普及，边缘计算蓬勃兴起，智能语音、人脸识别、智能安防等新应用大量爆发，数据开发利用环境日益复杂，传统的集中式架构已无法满足在复杂环境下对更高的数据容量与处理性能的需求，去中心化、分布式数据网络架构成为必然的选择，通过数据编织方式进行跨平台数据整合成为重要方向。数据编织能够对已存在、可发现的元数据直接进行分析，支持跨环境设计、多云部署和数据集成，为数据标准化治理带来更多的便利性。据 Gartner 预测，通过数据编织持续监控数据渠道、持续分析数据资产，推动异构数据部署、集成和使用，能够节省 30%的数据部署时间、30%的数据集成时间和 70%的数据维护时间。目前，数据编织尚未被纳入常规数据治理体系，但其理念和架构正在逐步形成独特的产品和解决方案，在未来更多地满足多样化、分布式和复杂化的数据开发利用需求。

数据编织优化网络连接如图 19-4 所示。

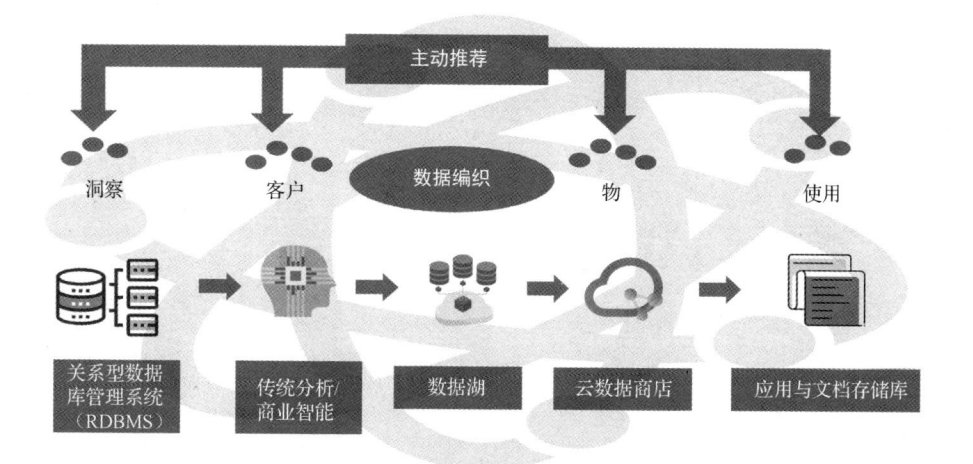

图 19-4　数据编织优化网络连接

第二十章 | Chapter 20

加强数据全方位安全保障

当前，各领域数字化转型深入推进，数据节点大量增加，数据场景不断延展，数据价值认知持续提高，针对数据的攻击、窃取、劫持、滥用等手段推陈出新，高价值数据泄露、个人信息滥用等数据安全问题也日益加剧。数据泄露已成为全球数据安全风险的首要问题。据美国分析机构 Canalys《网络安全的下一步》报告统计，2020 年数据泄露数量达到 310 亿条，同比增长 171%，超过过去 15 年的总和。数据破坏、个人信息诈骗、商业机密数据泄露等数据安全问题也层出不穷。面对数据安全的复杂性、严峻性、紧迫性形势，根据《中华人民共和国数据安全法》的要求，加强数据全方位安全保障技术发展，提高数据安全风险防控能力，是推动数据要素市场安全有序发展的重要保障。

第一节　数据安全保障的定义及价值

数据安全保障是在数据全生命周期流转过程中与数据所有者、开发者、使用者的利益有密切关系的关键环节。在网络架构相对简单的早期，数据一般只在服务器、网络和办公计算机之间流动和存储，数据安全通常被定义为数据库安全和内部数据防止泄露，可通过设置数据库访问权限、文档加密等方式实现。随着物联网的广泛普及和数字化的飞速发展，大量设备和信息暴露在公共数字空间，日益面临被窃取、篡改、滥用、攻击、销毁等方面的危险，原有的保护手段已无法满足当下形势复杂的安全需求，数据安全脱离网络安全，作为独立的安全体系被重新定义。《中华人民共和国数据安全法》将数据安全定义为"通过采取必要措施，确保数据处于有效保护和合法利用的状态，以及具备保障持续安全状态的能力"。这在一定程度上重新提出了以数据为中心的安全防御体系构建要求，即以数据采集、传输、存储、处理、交换、销毁等全生命周期安全为目标，保障数据的所有权、管辖权、隐私权等。数据安全保障技术是构建一体化安全防御体系用到的各类技术和管理措施，为网络系统或数据处理系统建立安全保护体系，确保数据在全生命周期的稳定性、可靠性和不可篡改性等，特别是不因偶然和恶意的原因遭到增加、破坏、更改、丢失和泄露，从而更好地维护数据要素市场安全稳定发展。

第二节 数据安全保障的发展现状

一、我国数据安全技术体系基本形成

在借鉴微软隐私权、保密性和合规性的数据治理（DGPC）框架、Gartner数据安全治理（DSG）框架、数据安全能力成熟度模型（DSMM）等国内外知名数据安全治理框架的基础上，中国软件评测中心《数据安全复合治理与实践白皮书》提出了集战略、运营管理和治理科技于一体的数据安全治理框架，并进一步在此基础上明确了集系统能力、算法能力、数据能力和产品能力于一体的数据安全治理科技体系，在一定程度上代表了面向海量数据、复杂业务和多维风险，确保数据安全的支撑技术体系。

数据安全治理技术体系如图20-1所示。

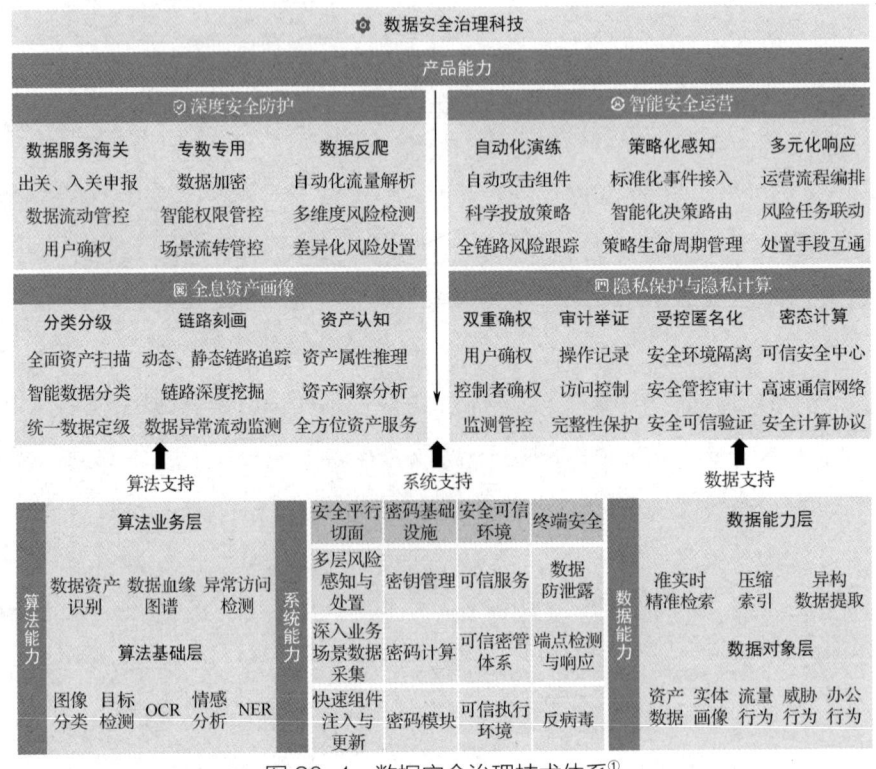

图20-1 数据安全治理技术体系[①]

---

① 数据来源：中国软件评测中心等《数据安全复合治理与实践白皮书》，2021年。

二、主流数据安全技术持续迭代升级

据国际数据公司统计，2021 年中国数据安全产品与服务的总市场规模（包含隐私计算与区块链技术中的数据安全部分）达到 12.43 亿美元，约合 80.2 亿元人民币。在梳理总结 18 个新兴及重要的中国数据安全技术发展曲线时，国际数据公司认为，企业级密钥管理、数据丢失防护、数据发现与分类、数据访问治理、数据加密、数据脱敏、数据隐私与合规、数字版权等主流数据安全技术正在进行持续迭代更新，并结合云计算进行部署，以提供更好的场景应用服务。此外，随着我国商用密码算法理论和标准的创新突破，密码能力集成、行业融合、泛在部署趋势日益明显，密码技术与行业应用的原生融合加快，密码产品向轻量级、低成本和无感体验升级，从而在涉及网络安全的各个角落广泛部署，更好地实现底层保障和贴身防护。

我国数据安全技术发展路径如图 20-2 所示。

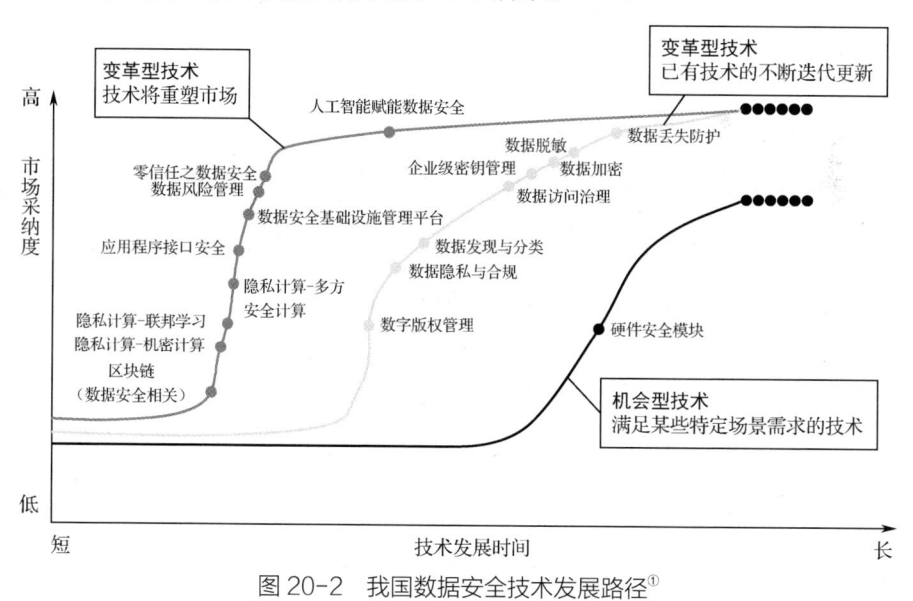

图 20-2　我国数据安全技术发展路径[①]

---

① 数据来源：国际数据公司 TechScape《中国数据安全技术》，2022 年。

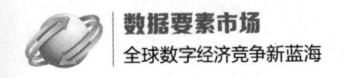

三、单点技术向平台融合、智能升级方向加速演进

当前，数据全生命周期各个节点的单点防护技术日益成熟。但是，业界普遍认为数据安全呈现出木桶效应，只有建立起集中化、联动化、体系化的安全防御平台，全面整合单点技术，形成数据安全防御合力，才能实现对数据安全风险的动态防御、主动防御、纵深防御、精准防护、整体防控、联防联控。在基于平台的数据安全体系构建的基础上，人工智能技术日益融入数据安全技术体系并逐步实现商用。例如，在数据资产识别、数据分类分级、数据流转等环节的安全风险分析及防护方面，通过引入自然语言处理、用户异常行为分析、知识图谱等人工智能技术，推动传统的基于人工设定规则或策略的防护技术向处理效率更高、准确性更强、全面性更深的智能化分类分级和风险分析方向升级，极大地提高数据安全水平。

案例2：银行集中化的数据安全审计应用

随着银行数字化、国产化建设的工作快速推进，银行数据安全部门面临巨大的挑战。例如，缺乏敏感数据分类分级，在面对海量的审计结果时，无法精确识别不同等级敏感数据的访问；传统的镜像流量的数据库审计方式无法承载超大流量的实时解析工作，并且对于数据库本地运维操作无法进行审计；对于一些数据库高危操作不能及时报警，只能在安全事件发生后进行事后追溯，无法进行事中监测和预警。

银行构建了一套覆盖总行、分行和租户环境的数据库审计系统，构建能够事中监测、事后审计的数据安全防护体系。数据库安全审计系统根据敏感数据访问监控策略进行风险防控，并将命中风险上报给数据库审计群集管理系统。数据库审计群集管理系统与资产管理系统对接，确认涉敏应用，且将审计日志上报日态平台备查，同时将高位风险上报集中监控平台，由平台统一管理和处置。通过系统建设，银行完成总行数据库系统与行内数十万条敏感数据对接，实现从数据资产治理、分类分级策略下发到数据库风险识别和处置的全周期闭环监控，确保对数据库操作、访问用户和访问应用的全量审计。

案例来源：中关村网络安全与信息化产业联盟《数据安全治理白皮书 4.0》

第三节　数据安全保障的技术演进

一、数据识别技术智能升级

数据识别即识别和发现经过分级分类后需进行重点监控的敏感数据，从而准确实施对敏感数据的安全防护行为。随着数据源的扩张和数据种类的剧增，数据识别技术需要应对更多非结构化数据的需求，为此日益融入自然语言处理、机器学习、AI 算法等人工智能技术，降低人工辅助识别的参与，提高数据识别的准确度、覆盖度和速度。同时，运用数据沙盒进行数据识别也在探索当中，即以虚拟方式模拟运行环境，检测未知数据在虚拟环境中的运行状况，根据事先定义的分析引擎对提取的信息进行关联分析，判断未知数据的敏感程度并标识，从而进行相应的等级保护。

图 20-3 为人脸识别技术应用。

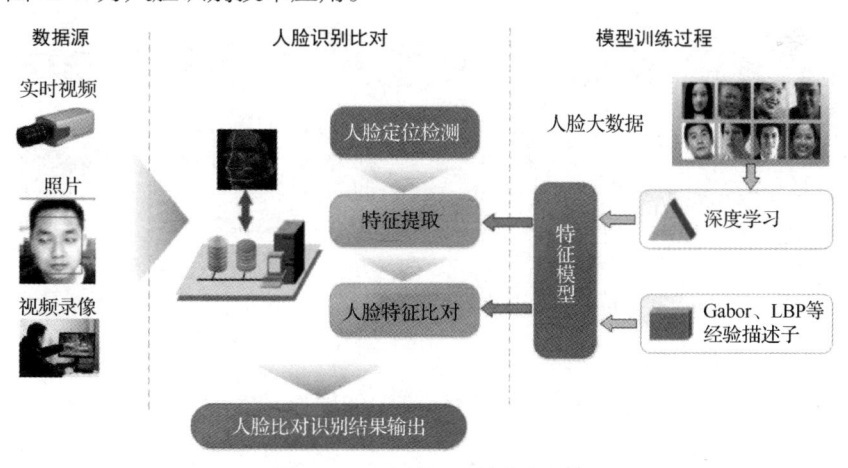

图 20-3　人脸识别技术应用[1]

---

[1] 数据来源：海通证券研究所，2021 年。

二、数据加密技术成熟商用

数据加密技术是通过加密钥匙、加密函数等方式对数据进行转化和保护的关键技术，可满足数据全生命周期各个环节的安全保障需求。随着数据流转场景日益复杂、流转日益频繁，传统的静态数据加密技术无法适应场景快速转换的需求，数据加密行为与业务流程加速融合，不断细化密钥管理和加密函数，并随访问控制需求变化而动态变化。数据加密一般通过链路加密、节点加密、端到端加密三种方式实现。国际数据公司认为，我国数据加密技术已经得到市场的广泛认可，市场发展已进入成熟期。同时，随着云计算的日益普及，数据加密技术的编码方式、密钥协同、双方验证等方法将随之改进，催生密文检索、代理重加密、密钥协商等技术，以确保云端加密存储的数据能够同时实现共享使用。

数据存储全过程加密流程如图 20-4 所示。

图 20-4 数据存储全过程加密流程

三、数据脱敏技术加速普及

数据脱敏技术是消除数据在原始环境中的敏感信息，保留数据在目标环境中应用所需特征或内容的安全技术，又称为数据漂白、数据去隐私化或数据变形。随着对数据共享流通和开发利用需求的持续增长，数据脱敏技术因既能满足业务对数据可用性的需求，又能保障数据中的敏感信息不被泄露，将得到更为广泛的应用。动态数据脱敏技术能够实时筛选请求口令，依据用户的身份、权限及实时脱敏规则，对敏感数据进行屏蔽、变形处理，将结果展示给用户，有效支持实时运维管理和应用访问等场景，将在更多的实时环境中得到应用，如即时或短时间内完成大量数据的脱敏处理需求。同时，结构化数据脱敏技术将越来越无法满足非结构化数据增长的需求，对非结构化数据的智能脱敏技术的应用将日益常态化。据 Gartner 2020 年《数据脱敏市场指南》报告，数据脱敏市场将在未来 5 年内保持稳步增长态势。

图 20-5 所示为数据脱敏流程。

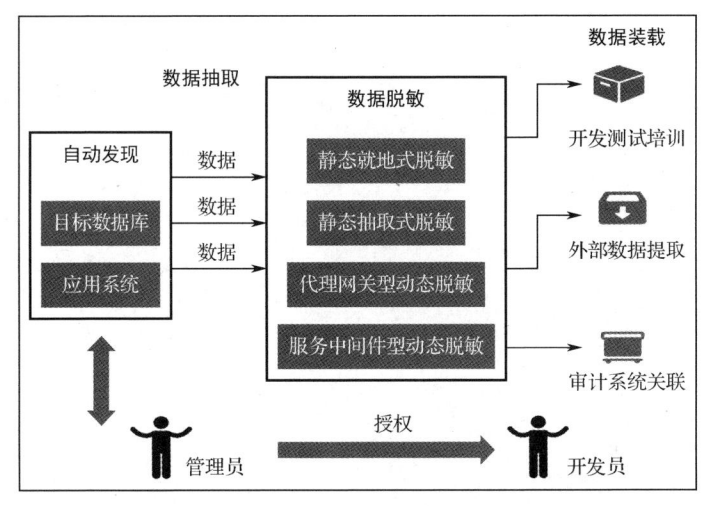

图 20-5　数据脱敏流程

四、数据零信任技术补足内生安全

随着第五代移动通信网络、物联网、云计算的广泛普及，数据生命周期关联节点数量持续增加，数据形式趋于复杂，数据安全的重要性日益凸显。在传统网络边界保护方法的基础上，"零信任"概念逐步兴起。所谓零信任，就是在用户网络中不设置任何安全区域或可信主体，而是将网络内外的所有操作均视为不可信任，并对各类操作进行分等级防御，以最大限度地保障用户数据的安全。面向日益普及的"本地+远程"结合的复杂分布式网络环境，数据安全服务商基于零信任理念，依据所有网络访问均遵循最小资源原则，开发了轻量级零信任网络访问模型，逐步向业界推广零信任网络访问（zero trust network access,

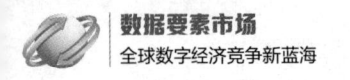

ZTNA)解决方案。零信任解决方案厂商埃里科姆软件公司在 2021 年调研发现，超过 80%的企业计划在一年内向零信任安全架构迁移。

零信任安全架构如图 20-6 所示。

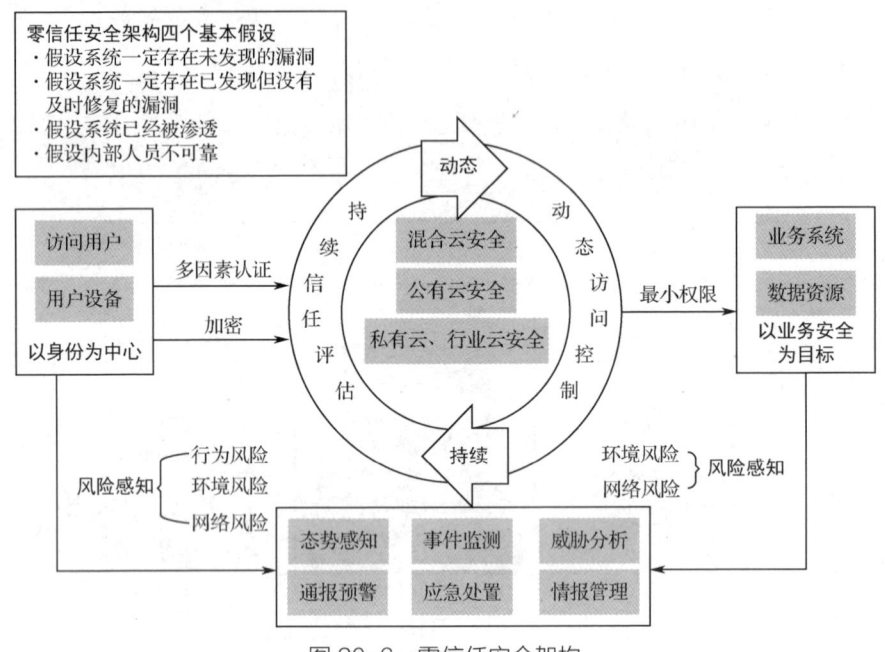

图 20-6 零信任安全架构

案例 1：面向企业数字化转型的"零信任"极致内生数据安全体系

随着互联网、物联网技术的快速发展，各行各业需要处理的数据来源越来越多，数据的结构、类型愈发复杂多样；数据体量越来越大，对时效性的要求越来越高，对数据的获取、处理、融合和集中化存储更加困难；同时，涉及公民的敏感数据增加，安全权限控制更加复杂。在这种情况下，需要研究更加安全、高效和智能化的融合计算、治理、分析和安全的大数据技术，合理、有序地对海量数据进行全生命周期治理。

面对大数据场景下的隐私泄露及数据使用安全等问题，美亚柏科乾坤大数据操作系统以大数据处理和运营智能化为目标，抽象处理全面数字化的各种资源的元数据及模型，建立统一的资源管理和运营机制，进而围绕数据全生命周期快速形成数据接入、处理、治理、建模、服务、应用、运营、运维及内生安全等大数据服务能力，实现一站式数据全生命周期管理，充分发挥数据效能，助力国家开发投资集团企业数字化转型。乾坤大数据操作系统基于PBAC授权模型，打造"安全、可信、合规"的零信任动态防护体系。该体系围绕主体、客体和环境，对一系列资源化对象进行全面的分级分类管理，并可以基于外部实体环境和当前业务场景来动态变更授权方案，实时鉴权，做到极致的内生数据安全。

案例来源：大数据产业生态联盟《2022中国数字化转型生态建设百佳案例》

参考文献

[1] 涂子沛. 数据之巅[M]. 北京：中信出版社，2014.

[2] 王伟玲，吴志刚，徐靖. 加快数据要素市场培育的关键点与路径[J]. 经济纵横，2021（3）：39-47.

[3] 蔡莉，黄振弘，梁宇，等. 数据定价研究综述[J]. 计算机科学与探索，2021，15（9）：1595-1606.

[4] 汪寿阳，洪永淼，乔晗. 推进数据要素市场化配置，加速释放数字经济新动能——"数据要素市场化配置问题探究"专题序言[J]. 中国科学院院刊，2022，37（10）：1400-1401.

[5] 乔晗，李卓伦. 数据要素市场化配置效率评价研究[J]. 中国科学院院刊，2022，37（10）：1444-1456.

[6] 刘金钊，汪寿阳. 数据要素市场化配置的困境与对策探究[J]. 中国科学院院刊，2022，37（10）：1435-1444.

[7] 尹鑫，田有亮，王海龙. 面向大数据定价的委托拍卖方案[J]. 电子学报，2018，46（5）：1113-1120.

[8] 段龙龙. 持续深化数据要素市场化改革[N]. 中国社会科学报，2022-09-21（003）.

[9] 彭慧波，周亚建. 数据定价机制现状及发展趋势[J]. 北京邮电大学学报，2019，42（1）：120-125.

[10] 于寅虎，彭森. 以工程化路径推进数据要素市场化配置综合改革[J]. 网络安全与数据治理，2022，41（9）：1-2.

[11] 张守文. 要素市场化配置的经济法调整[J]. 当代法学，2022，36（5）：3-13.

[12] 赵秉元，杨东. 构建促进数据要素市场化配置的数据产权制度[J]. 中国国情国力，2022（9）：69-72.

[13] 戎珂，陆志鹏. 数据要素论[M]. 北京：人民出版社，2022.

[14] 张平文，邱泽奇. 数据要素五论：信息、权属、价值、安全、交易[M]. 北京：北京大学出版社，2022.

[15] 姚宇. 公共数据资源化管理在地方立法中的检视与制度构造——基于数据经济要素统一大市场的构想[J]. 经济研究导刊，2022（24）：153-155.

[16] 王志刚，李承怡. 数据要素市场化的现实困境与对策建议[J]. 财政科学，2022（8）：22-29.

[17] 欧阳乐天，郭树行，佘万卫. 面向数据信托的数据要素市场化确权流通研究[J]. 互联网周刊，2022（16）：10-13.

[18] 王伟玲. 数字政府：开辟国家治理现代化新境界[M]. 北京：人民邮电出版社，2022.

[19] 梅宏. 数据治理之法[M]. 北京：中国人民大学出版社，2021.

[20] 梅宏. 数据治理之论[M]. 北京：中国人民大学出版社，2020.

[21] 张莉. 数据治理与数据安全[M]. 北京：人民邮电出版社，2019.

[22] 凌永辉. 新发展格局下建设全国统一大市场：体制障碍、突破路径与政策取向[J]. 新疆社会科学，2022（4）：53-62，188-189.

[23] 罗培，王善民，王宇声，等. 数据要素市场体系与机制研究[J]. 中国口岸科学技术，2020（8）：31-36.

[24] 王伟玲. 大数据产业的战略价值研究与思考[J]. 技术经济与管理研究，2015（1）：117-120.

[25] 王伟玲. 基于价值链的工业数据治理：模型构建与实践指向[J]. 科技管理研究，2020，40（21）：233-239.

[26] 吴前锋. 加快推进数据要素市场化配置改革[J]. 浙江经济，2022（6）：

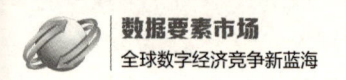

51-51.

[27] 陆志鹏. 坚持问题导向与跨学科研究 实现数据要素市场化高效配置[J]. 软件和集成电路, 2022（6）: 28-29.

[28] 余威震, 罗小锋. 要素市场化对稻农测土配方施肥技术采纳行为的影响——基于资源禀赋异质性视角下的实证研究[J]. 长江流域资源与环境, 2022, 31（6）: 1272-1281.

[29] 王伟玲. 从重大公共安全事件探析数据治理瓶颈与对策[J]. 领导科学, 2020（22）: 54-56.

[30] 陈兵, 郭光坤. 数据分类分级制度的定位与定则——以《数据安全法》为中心的展开[J]. 中国特色社会主义研究, 2022（3）: 50-60.

[31] 江小涓. 大数据时代的政府管理与服务：提高能力及应对挑战[J]. 中国行政管理, 2018（9）: 6-11.

[32] 唐建国. 数据要素驱动 北京建设全球数字经济标杆城市[J]. 当代金融家, 2022（6）: 18-23.

[33] 王伟玲. 数据跨境流动系统性风险：成因、发展与监管[J]. 国际贸易, 2022（7）: 72-77.

[34] 辛德嵩. 高质量发展视域下绿色全要素生产率测度及要素市场扭曲对其影响的研究[D]. 烟台：烟台大学, 2022.

[35] 王伟玲. 政府数据授权运营：实践动态、价值网络与推进路径[J]. 电子政务, 2022（10）: 20-32.

[36] 魏益华, 杨璐维. 数据要素市场化配置的产权制度之理论思考[J]. 经济体制改革, 2022（3）: 40-47.

[37] 王伟玲, 王宇霞, 高婴劢. 基于"新基建"情境的大数据中心：意义、困境和进路[J]. 行政管理改革, 2020（10）: 68-74.

[38] 王伟玲. 全球数据治理：现实动因、双重境遇和推进路径[J]. 国际贸易,

2021（6）：73-80.

[39] 程风雨. 我国主要城市要素市场化配置发展比较研究[J]. 产业创新研究，2022（9）：1-4.

[40] 罗序斌. 互联网发展与制造业生产率增长——基于市场化进程的机制研究[J]. 当代财经，2022（5）：113-123.

[41] 王连，周之浩，杜蔓云，等. 数字经济对区域协调发展的影响机制与路径研究[J]. 西华大学学报（哲学社会科学版），2022，41（3）：75-89.

[42] 林梓瀚，魏伟，施妤，等. 论我国数据要素市场化配置立法困境与进路[J]. 电子技术应用，2022，48（5）：1-6.

[43] 王森. 数据市场化背景下商业银行数字化转型发展研究[D]. 天津：天津商业大学，2022.

[44] 孔艳芳. 有序推进要素市场化配置综合改革[N]. 中国社会科学报，2022-04-27（003）.

[45] 范叙春. 要素市场运行机制研究[J]. 合作经济与科技，2022（10）：62-65.

[46] 林镇阳，侯智军，赵蓉，等. 数据要素生态系统视角下数据运营平台的服务类型与监管体系构建[J]. 电子政务，2022（8）：89-99.

[47] 严金明. 深化土地要素市场化配置改革的十大认知[J]. 中国土地，2022（4）：4-8.

[48] 贾俊秀，王晨，吴涛，等. 考虑大众健康数据共享回报的数据定价决策[J]. 运筹与管理，2022，31（6）：1-12.

[49] 王利，彭勇. 推动数据要素市场化配置　充分激发数据要素价值[J]. 产权导刊，2022（4）：18-22.

[50] 梁继，苑春荟. 数据生产要素的市场化配置研究[J]. 情报杂志，2022，41（4）：173-180.

[51] 杨秀琴. 城乡土地要素市场化配置方式改革探讨[J]. 南方农业，2022，

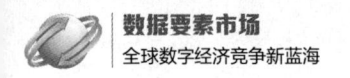

16（6）：137-141.

[52] 欧阳日辉. 我国多层次数据要素交易市场体系建设机制与路径[J]. 江西社会科学，2022，42（3）：64-75，206-207.

[53] 杨飞虎，龚子浩. 数据要素对城镇居民收入分配的影响——基于2003—2019年我国286个城市的经验数据[J]. 江西社会科学，2022，42（3）：87-96.

[54] 翁翕. 加快推进数据要素市场化建设 充分发挥数据要素作用[J]. 中国经贸导刊，2022（3）：31-32.

[55] 黄少安，张华庆，刘阳荷. 数据要素的价值实现与市场化配置[J]. 东岳论丛，2022，43（2）：115-121.

[56] 刘枬，徐程程，陈俞宏. 基于效用理论的数据定价方法研究[J]. 价格理论与实践，2022（11）：164-167，211.

[57] 黄少安，张华庆. 区块链对要素市场化配置的变革性影响及作用机理[J]. 求索，2022（2）：108-115.

[58] 宋绍繁. 着力破除阻碍要素自主有序流动的体制机制障碍——《要素市场化配置综合改革试点总体方案》浅析[J]. 资源与人居环境，2022（3）：52-57.

[59] 洪名勇. 要素市场化是引发农业生产变化的关键原因——评《非农就业、农地流转与农户农业生产变化研究》[J]. 粮食经济研究，2021，7（2）：113-115.

[60] 俞伯阳. 数字经济、要素市场化配置与区域创新能力[J]. 经济与管理，2022，36（2）：36-42.

[61] 周天勇. 要素市场化效率与土地和住宅资产化溢值——对中国二元体制转轨经济增长奇迹的一种解释[J]. 财经问题研究，2022（7）：12-27.

[62] 程蕾，艾新宇. 要素市场化配置、供应链弹性与流通企业绩效[J]. 商业经济研究，2022（5）：9-12.

[63] 贾彦. 以深化要素市场化配置综合改革为契机 加快推进产权交易资

本市场高质量发展[J]. 产权导刊，2022（3）：26-29.

[64] 熊承雪，李雪，李梦宇. 优化数据要素市场化配置的研究——以成都市为例[J]. 成都行政学院学报，2022（1）：59-67，118.

[65] 姜海，田双清，陈乐宾. 基于共识视角的新时代土地要素市场化配置改革研究[J]. 农业经济问题，2022（2）：70-84.

[66] 陈兵. 推动数据要素市场化交易健康发展[N]. 中国社会科学报，2022-02-22（008）.

[67] 周晓冬. 论大数据时代个人数据产权化的伦理准则[J]. 南大法学，2022（4）：152-169.

[68] 王家明，杜雪怡，林承耀，等. 要素市场化对山东省文化产业高质量发展的驱动研究[J]. 河南科学，2022，40（2）：322-330.

[69] 黄海瑛，文禹衡. 我国数据产权的政策计量与优化[J]. 图书馆论坛，2022，42（3）：18-30.

[70] 黄益平，沈艳. 数据要素市场化配置多点发力[J]. 经济，2022(2)：74-77.

[71] 陈希琳. 让要素"活"起来！[J]. 经济，2022（2）：1.

[72] 苏德悦. 推动数据要素市场化　促进数据价值释放[N]. 人民邮电，2022-01-17（003）.

[73] 鲁泽霖，陈岩. 数据要素市场化的理论内涵、现实挑战和实践路径[J]. 信息通信技术与政策，2022（1）：11-18.

[74] 任晓刚，李冠楠，王锐. 数字经济发展、要素市场化与区域差距变化[J]. 中国流通经济，2022，36（1）：55-70.

[75] 刘方，吕云龙. 健全我国数据产权制度的政策建议[J]. 当代经济管理，2022，44（7）：24-30.

[76] 李松龄. 要素市场化配置改革的理论逻辑及其制度创新[J]. 兰州学刊，2022（3）：40-51.

[77] 刘然, 孟奇勋, 余忻怡. 知识产权运营领域数据要素市场化配置路径研究[J]. 科技进步与对策, 2021, 38 (24): 9-17.

[78] 宋霞, 王云丽, 尹海波, 等. 区块链在数据要素市场化配置中的作用[J]. 中国信息化, 2021 (12): 87-88.

[79] 李岚. 银行业加快数据要素市场化探索[N]. 金融时报, 2021-12-06 (007).

[80] 颜蒙, 王超贤, 张伟东. 中国分省份数据要素市场化发展指数构建与分析[J]. 新经济导刊, 2021 (4): 72-76.

[81] 盘和林. 明权属畅流动实现数据要素市场化配置[N]. 每日经济新闻, 2021-11-26 (006).

[82] 李梦娇, 李卫东. 有序推进数据要素市场化配置[J]. 新理财（政府理财）, 2021 (11): 22-26.

[83] 刘昱洋. 中国五大要素市场化配置的制约因素及完善策略[J]. 区域经济评论, 2021 (6): 32-39.

[84] 卢现祥, 王素素. 中国要素市场化配置水平的南北差异及形成机理[J]. 数量经济技术经济研究, 2021, 38 (11): 21-42.

[85] 孔艳芳, 刘建旭, 赵忠秀. 数据要素市场化配置研究：内涵解构、运行机理与实践路径[J]. 经济学家, 2021 (11): 24-32.

[86] 杨艳, 王理, 廖祖君. 数据要素市场化配置与区域经济发展——基于数据交易平台的视角[J]. 社会科学研究, 2021 (6): 38-52.

[87] 梁继. 数据生产要素的市场化配置研究[D]. 北京：北京邮电大学, 2021.

[88] 白双翎. 健全完善沈阳要素市场化配置体制机制的对策研究[J]. 沈阳干部学刊, 2021, 23 (5): 57-59.

[89] 崔占峰, 辛德嵩. 深化土地要素市场化改革　推动经济高质量发展[J]. 经济问题, 2021 (11): 1-9.

[90] 俞林，赵俊红，霍伟东. 推进数据要素市场化配置 促进经济高质量发展[J]. 宏观经济管理，2021（10）：48-54.

[91] 卢现祥，王素素. 要素市场化配置程度测度、区域差异分解与动态演进——基于中国省际面板数据的实证研究[J]. 政治经济学季刊，2021，4（2）：17-57.

[92] 闫晓丽，范兆霞. 数据要素市场化机制及商业模式浅析[J]. 软件和集成电路，2021（9）：28-31.

[93] 王珅. 数据交易场所的机制构建与法律保障——以数据要素市场化配置为中心[J]. 江汉论坛，2021（9）：129-137.

[94] 李晓丽. 要素市场化对流通业高质量发展的影响——基于要素结构性视角[J]. 商业经济研究，2021（17）：18-21.

[95] 侯彦英. 数据资产会计确认与要素市场化配置[J]. 会计之友，2021（17）：2-8.

[96] 俞林. 发展数字经济应抓住数据要素市场化这个关键[J]. 智慧中国，2021（8）：40-41.

[97] 汪子旭. 构建数据资产估值体系 推进数据要素市场化[N]. 经济参考报，2021-08-11（007）.

[98] 朱太辉. 以市场化机制激活数据要素潜能[J]. 金融与经济，2021（7）：1-1.

[99] 陶卓，黄卫东，闻超群. 数据要素市场化配置典型模式的经验启示与未来展望[J]. 经济体制改革，2021（4）：37-42.

[100] 蒋洁. 培育发展数据要素市场的疑难问题与法律应对[J]. 图书与情报，2020（3）：22-24.

[101] 刘肖勇. 广东出台行动方案推动数据要素市场化配置改革[N]. 广东科技报，2021-07-23（003）.

[102] 陆志鹏. 数据要素市场化实现路径的思考[J]. 中国发展观察，2021（14）：31-34.

[103] 崔新蕾，孟祥文. 国家级承接产业转移示范区设立与工业用地要素市场化配置[J]. 产业经济研究，2021（4）：1-12.

[104] 吕沁兰，刘宝. 广东出台全国首个数据要素市场化配置改革行动方案[N]. 中国经济导报，2021-07-15（005）.

[105] 吴家明. 广东出台全国首个数据要素市场化配置改革方案[N]. 证券时报，2021-07-12（A02）.

[106] 肖文舸. 构建两级数据要素市场　加快粤港澳数字化发展[N]. 南方日报，2021-07-12（A01）.

[107] 杨肃昌，范国华. 农业要素市场化对农村生态环境质量的影响效应[J]. 华南农业大学学报（社会科学版），2021，20（4）：12-23.

[108] 毛振华，陈静. 数据要素市场化的核心[J]. 中国金融，2021（12）：39-40.

[109] 汪琼欣. 数据要素市场化背景下数据产权界定研究[J]. 河北科技师范学院学报（社会科学版），2021，20（2）：89-95.

[110] 无锡市大数据管理局. 基于区块链技术的无锡数据要素市场化配置研究[J]. 现代信息科技，2021，5（11）：166-172.

[111] 沈秋彤. 中国农村集体经济高质量发展研究[D]. 沈阳：辽宁大学，2021.

[112] 何盈颖. 中国数字经济对产业结构升级的影响研究[D]. 保定：河北大学，2021.

[113] 罗鎏锴. 要素市场化对中国经济高质量发展的影响研究[D]. 西安：西北大学，2021.

[114] 莫彩玲. 区域技术市场对经济发展的影响及其路径研究[D]. 南宁：广西大学，2021.

[115] 唐庆松. 长江经济带新型城镇化与产业结构双向影响研究[D]. 蚌埠：安徽财经大学，2021.

[116] 杜俊涛. 土地要素价格扭曲的效率损失及纠偏机制研究[D]. 大连：东北财经大学，2021.

[117] 崔楷. 要素市场化配置下国企混合所有制改革的创新驱动路径[J]. 经济体制改革，2021（3）：108-114.

[118] 孟祥文. 国家级承接产业转移示范区设立与工业用地要素市场化配置[D]. 呼和浩特：内蒙古大学，2021.

[119] 韩瑞栋. 资本错配对全要素生产率的影响研究[D]. 北京：中央财经大学，2021.

[120] 李鸣，刘亭杉，于泉杰. 基于区块链的数据要素市场化研究[J]. 清华金融评论，2021（5）：39-41.

[121] 杨发琼. 市场机制与企业竞争力[D]. 北京：中央财经大学，2021.

[122] 王晚秋. 要素市场化对高技术产业出口的影响[D]. 上海：上海财经大学，2021.

[123] 王明升. 供给侧结构性改革的核心：要素市场化配置[J]. 广西质量监督导报，2021（4）：188-189.

[124] 何玉长，王伟. 数据要素市场化的理论阐释[J]. 当代经济研究，2021（4）：33-44.

[125] 杨农. 数字经济下数据要素市场化配置研究[J]. 当代金融家，2021（4）：118-120.

[126] 陆岷峰. 数据要素市场化：禀性特征、发展障碍与推进对策[J]. 金陵科技学院学报（社会科学版），2021，35（1）：7-11.

[127] 姜奇平. 面向价值化探索数据要素市场化之路[J]. 互联网周刊，2021（6）：70-71.

347

[128] 刘典，李铎. 数据要素视角下北京建设全球数字经济标杆城市的未来展望[J]. 天津大学学报（社会科学版），2021，23（2）：129-135.

[129] 许经勇. "十四五"时期推进要素市场化配置改革的思考[J]. 学习论坛，2021（2）：112-118.

[130] 张展，潘兴亚. 数据要素市场化配置改革面临的困境及对策建议[J]. 辽宁经济，2021（2）：43-47.

[131] 范欣. 新时代要素市场化配置改革：内在逻辑、基本原则与制度保障[J]. 马克思主义与现实，2021（1）：166-172.

[132] 卢现祥，王素素. 要素市场化配置程度测度、区域差异分解与动态演进——基于中国省际面板数据的实证研究[J]. 南方经济，2021（1）：37-63.

[133] 陆岷峰，欧阳文杰. 数据要素市场化与数据资产估值与定价的体制机制研究[J]. 新疆社会科学，2021（1）：43-53，168.

[134] 湖北日报评论员. 加强要素市场化配置[N]. 湖北日报，2021-01-21（001）.

[135] 吴洁，张云. 要素市场化配置视域下数据要素交易平台发展研究[J]. 征信，2021，39（1）：59-66.

[136] 张伟，李茂. 船舶行业数据要素市场化发展模式研究[J]. 中国船检，2021（1）：59-63.

[137] 周辉. 加快数据法治建设 推进数据要素市场化改革[J]. 中国信息安全，2021（1）：94-95，100.

[138] 宁朝山. 数字经济、要素市场化与经济高质量发展[J]. 长白学刊，2021（1）：114-120.

[139] 胡瑞冬，郭芳芳. 要素市场化改革赋能城乡居民消费增长——基于收入差距视角的中介效应检验[J]. 商业经济研究，2020（24）：38-41.

[140] 冯奎. 深化京津冀要素市场化配置改革[J]. 前线，2020（12）：67-70.

[141] 杨东. 数据要素市场化重塑政府治理模式[J]. 人民论坛, 2020 (34): 60-62.

[142] 孙启泮. 劳动力要素市场化配置路径选择研究[J]. 山东工会论坛, 2020, 26 (6): 15-20.

[143] 戚聿东, 刘欢欢. 数字经济下数据的生产要素属性及其市场化配置机制研究[J]. 经济纵横, 2020 (11): 63-76, 2.

[144] 覃庆玲, 王远桂, 张则阳. 要素市场化配置背景下数据安全面临的挑战及应对策略[J]. 信息安全与通信保密, 2020 (11): 89-93.

[145] 刘俊海. 论要素市场化配置的法治保障体系[J]. 兰州大学学报（社会科学版）, 2020, 48 (5): 28-38.

[146] 张道航, 沙吉会. 深化要素市场化配置改革的若干思考[J]. 哈尔滨市委党校学报, 2020 (5): 23-28.

[147] 王一鸣. "十四五"时期深化要素市场化配置改革的重点和方向[J]. 北方经济, 2020 (9): 4-5.

[148] 司晓. 数据要素市场呼唤数据治理新规则[J]. 图书与情报, 2020 (3): 7-8.

[149] 常修泽. 关于要素市场化配置改革再探讨[J]. 改革与战略, 2020, 36 (9): 1-12.

[150] 项质略, 张德元, 谢双. 农户土地产权、要素市场化与正规信贷可得性[J]. 经济与管理, 2020, 34 (5): 19-27.

[151] 敦宏程. 数据要素市场化环境下的数据安全思考[J]. 中国金融电脑, 2020 (9): 10-13.

[152] 项质略, 张德元, 王雅丽. 金融素养对农户创业的影响及其异质性分析——基于要素市场化水平的调节效应[J]. 湖南农业大学学报（社会科学版）, 2020, 21 (4): 36-44.

[153] 张道航, 沙吉会. 论深化要素市场化配置改革的重点与进路[J]. 中共青岛市委党校. 青岛行政学院学报, 2020（4）: 25-29.

[154] 陈洲, 吴晓伟, 朱斌. 为要素市场化配置改革提供技术支撑——对当前公共资源交易信息化建设的思考[J]. 招标采购管理, 2020（7）: 34-36.

[155] 孙娜. 深化要素市场化配置改革 充分释放要素生产力[J]. 浙江经济, 2020（7）: 32-33.

[156] 孙晶. 大数据推进内蒙古科技创新要素配置的市场化改革研究[J]. 北方经济, 2020（7）: 29-32.

[157] 杨茂盛, 孙俊杰. 内蒙古要素市场化改革面临的问题及对策[J]. 北方经济, 2020（7）: 17-20.

[158] 余思勤, 孙司琦. 技术市场化、知识产权保护与生产性服务业[J]. 华东经济管理, 2020, 34（8）: 55-63.

[159] 刘莉. 数据资产要素市场化配置的困境与对策研究[J]. 中国管理信息化, 2020, 23（14）: 162-163.

[160] 亓昕, 郑重, 何文义. 我国体育产业高质量发展中的要素市场化配置策略研究——基于新结构经济学视角[J]. 北京体育大学学报, 2020, 43（7）: 36-46.

[161] 陈光, 王玓, 王智敏, 等. 以数据要素打造电网企业发展新引擎的路径分析——对《关于构建更加完善的要素市场化配置体制机制的意见》的政策解读[J]. 中国电力企业管理, 2020（19）: 57-59.

[162] 巩聪聪, 白洁. 数据要素市场化配置改革的机遇与挑战——访山东数据交易有限公司董事长彭勇[J]. 山东国资, 2020（6）: 23-25.

[163] 袁博, 闫树. 数据要素市场化配置上升为国家战略[J]. 互联网天地, 2020（6）: 34-37.

[164] 王德伦, 李美岑. 深化制度改革 建设高标准市场经济体制——要素市场化配置改革文件解读[J]. 债券, 2020（6）: 76-78.

[165] 刘晓曙. 把握数据要素市场化之机 推动城商行数字化转型[J]. 中国银行业, 2020（6）: 26-28.

[166] 魏婕. 完善新时代要素市场化配置的体制机制[J]. 长安大学学报（社会科学版）, 2020, 22（3）: 15-19.

[167] 常修泽, 何亚斌. 要素市场化配置与产权市场命运——产权"生产要素生命论"探讨[J]. 产权导刊, 2020（6）: 5-11.

[168] 杨锐. 培育数据要素市场的关键: 数据供给的市场化[J]. 图书与情报, 2020（3）: 27-28.

[169] 夏义堃. 数据要素市场化配置与深化政府数据治理方式变革[J]. 图书与情报, 2020（3）: 14-16.

[170] 李刚. 政府数据市场化配置的边界: 政府数据的"生产要素"和"治理要素"二重性[J]. 图书与情报, 2020（3）: 20-21.

[171] 王芳. 关于数据要素市场化配置的十个问题[J]. 图书与情报, 2020（3）: 9-13.

[172] 田杰棠, 刘露瑶. 交易模式、权利界定与数据要素市场培育[J]. 改革, 2020（7）: 17-26.

[173] 王一鸣. 深化要素市场化配置改革 推动经济高质量发展[J]. 中国经贸导刊, 2020（9）: 8-9.

[174] 朱雯琪. 要素市场化配置对高技术产业出口的影响[D]. 上海: 上海外国语大学, 2020.

[175] 吴芳. 数据生成要素市场化来了[J]. 计算机与网络, 2020, 46（8）: 72.

[176] 王璟璇, 窦悦, 黄倩倩, 等. 全国一体化大数据中心引领下超大规模数据要素市场的体系架构与推进路径[J]. 电子政务, 2021（6）: 20-28.

[177] 王一鸣. 深化要素市场化配置改革 推动经济高质量发展[J]. 中国合

作经济，2020（4）：30-31.

[178] 曾铮，王磊. 数据要素市场基础性制度：突出问题与构建思路[J]. 宏观经济研究，2021（3）：85-101.

[179] 杨锐. 培育数据要素市场的关键：数据供给的市场化[J]. 图书与情报，2020（3）：27-28.

[180] 刘吉超. 我国数据要素市场培育的实践探索：成效、问题与应对建议[J]. 价格理论与实践，2021（12）：18-22.

[181] 戎珂，刘涛雄，周迪，等. 数据要素市场的分级授权机制研究[J]. 管理工程学报，2022，36（6）：15-29.

[182] 黄倩倩，王建冬，陈东，等. 超大规模数据要素市场体系下数据价格生成机制研究[J]. 电子政务，2022（2）：21-30.

[183] 丁晓东. 数据交易如何破局——数据要素市场中的阿罗信息悖论与法律应对[J]. 东方法学，2022（2）：144-158.

[184] 刘翔峰，王磊，荣晨，等. 要素市场化配置改革研究[J]. 全球化，2020（1）：68-83，135-136.

[185] 王磊. 推进数据要素市场化配置：瓶颈制约与思路对策[J]. 中国经贸导刊，2019（24）：34-37.

[186] 刘翔峰，刘强. 要素市场化配置改革研究[J]. 宏观经济研究，2019（12）：34-47，166.

[187] 范小仲. 中国要素市场化改革的历史考察（1979—2013）[D]. 武汉：中南财经政法大学，2019.

[188] 张琳，黎小明，刘冰洁，等. 土地要素市场化配置能否促进工业结构优化?——基于微观土地交易数据的分析[J]. 中国土地科学，2018，32（6）：23-31.

[189] 杨佩卿. 西部地区新型城镇化发展目标、动力机制与绩效评价研究[D]. 西安：西北大学，2017.

[190] 钱龙，叶俊焘. 要素市场化如何影响城乡收入差距——基于省级面板数据的实证分析[J]. 中国农业大学学报，2017，22（7）：210-220.

[191] 李尚蒲，胡凝. 农地市场与相关要素市场互动：基于 1986—2009 年的实证分析[J]. 新疆农垦经济，2017（7）：1-10.

[192] 李小芳. 吸收能力对技术并购创新绩效的影响[D]. 南京：南京大学，2017.

[193] 杨勇，李忠民. 供给侧结构性改革背景下的要素市场化与工业全要素生产率——基于 31 个地区的实证分析[J]. 经济问题探索，2017（2）：31-38.

[194] 赵振洋. 我国企业费用粘性的影响因素研究[D]. 大连：东北财经大学，2015.

[195] 杨若愚. 要素市场化、市场法制环境与区域创新绩效——基于中国 31 个省市 2000—2009 年的面板数据分析[J]. 中国市场，2015（32）：57-58，63.

[196] 李民强. 金融抑制下我国流动性过剩形成机制及对通货膨胀影响的研究[D]. 长春：吉林大学，2013.

[197] 江小容. 改革开放以来农村经济发展历程研究[D]. 咸阳：西北农林科技大学，2012.

[198] 杨振宇. 中国公用事业市场导向改革研究[D]. 武汉：武汉大学，2012.

[199] 陈娟，邓晰隆，叶进. 农村生产要素市场化程度测度方法及实证研究——以四川省苍溪县为例[J]. 乡镇经济，2008（6）：15-22.

[200] 邓晰隆. 农村生产要素市场化测度及对策研究[D]. 成都：西南交通大学，2007.

[201] 张会平，马太平. 政府数据市场化配置：概念内涵、方式探索与创新进路[J]. 电子科技大学学报（社科版），2022，24（5）：1-8，17.

[202] SHANNONCE. The mathematical theory of communication[J]. The Bell System Technical Journal，1948，27（3）：379-423.

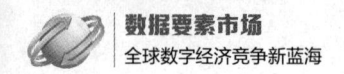

[203] BRILLOUINL. Science and information theory[M]. New York: Academic Press Inc, 1956.

[204] NONAKAI, TAKEUCHIH. The knowledge-creating company[M]. New York: Oxford University Press, 1995.

[205] BERCZI A. Information as a factor of production[J]. Business Economics, 1981, 16（1）: 14-20.

后　记

2019年10月31日，十九届四中全会审议通过的《中共中央关于坚持和完善中国特色社会主义制度 推进国家治理体系和治理能力现代化若干重大问题的决定》指出，"健全劳动、资本、土地、知识、技术、管理、数据等生产要素由市场评价贡献、按贡献决定报酬的机制"，首次将数据上升为生产要素。2022年12月2日，中共中央、国务院印发《中共中央 国务院关于构建数据基础制度更好发挥数据要素作用的意见》，对关系数据要素市场发展的重点基础制度做出安排部署，为数据要素市场破题奠定基础。各级政府积极响应中央号召，大力探索数据要素市场化配置改革，如何发挥数据要素的基础性、通用性、使能性作用，激发数据要素市场潜力，构建具有世界水准的数据要素市场，引领经济实现高质量发展，为社会主义现代化强国贡献力量，成为数据要素市场建设的重大使命和核心议题。

为贯彻落实党中央关于数据要素市场建设的指示精神，加快促进数据要素市场孕育形成，课题组在工业和信息化部委托课题"数据要素市场培育相关政策研究"、江苏省委托课题"江苏省数据要素市场生态培育研究"等前期研究成果的基础上，基于多年来对数据治理与流通的研究积累，走访调研10余个城市，历时1年多，经过20余次研讨、10余次修订，最终形成《数据要素市场——全球数字经济竞争新蓝海》一书。本书由王伟玲任课题组组长，对提纲和书稿进行修改、总纂和定稿，履行组长负责制；张小燕副院长、乔标副院长、李宏伟所长、姚磊所长、贾子君副所长、蒲松涛副所长、王宇霞主任对书稿进行了审阅和修改。本书撰稿人分工：概念篇由李书品、王伟玲负责；总体篇和制度篇由王伟玲、李书品负责；生态篇由王蕤、李书品负责；技术篇由高婴劢负责。

在本书编撰过程中，数据要素市场领域领导、专家及在企业一线工作的许多同志提出了大量宝贵意见和建议。清华大学经济管理学院副院长陈煜波、国务院发展研究中心研究员李广乾、北京市大数据中心资深专家穆勇、北京中润普达信息技术有限公司联合创始人兼首席执行官杜小军、数据堂联合创始人兼首席执行官齐红威、北京市经济和信息化局大数据应用与产业处处长唐建国、清华大学社会科学学院经济学研究所所长汤珂、北京国际大数据交易所首席专家郎佩佩、中国政法大学法治政府研究院教授刘艺、中国人民大学区块链研究院执行院长杨东、中国社科院法学研究所研究员支振锋、中国法学会法治研究所研究员刘金瑞、国家邮政局邮政业安全中心数据管理处副处长许良锋、北京师范大学法学院教授吴沈括、中国科学院科技战略咨询研究院大数据战略研究中心执行主任冯海红、华控清交信息技术有限公司董事长张旭东、北京鑫诺律师事务所合伙人律师林野丽等同志在数据要素市场化配置探索课题研究过程中，作为专家给课题组带来大量启发性思考，并对书稿完善提出了很多建议，在此特表感谢！

　　数据要素市场是一个宏大的命题，对其培育发展尚需进一步的总结和探索。在研究过程中，课题组感受到不同专家的观点并不一致。本书的内容和观点虽然经过广泛而深入的讨论，在编写过程中经过多次修改和提炼，但由于数据要素市场是新生事物，涉及领域新、研究难度大，需要通过实践不断验证，加之课题组理论水平有限，难免存在不少缺点和不足之处，敬请广大读者批评指正。